西北政法大学新闻传播学院学术出版基金资助

# 失衡与流动：
## 微博话语权研究

# Imbalance and Flow
### Research on Weibo Discourse Power

申玲玲 著

中国社会科学出版社

## 图书在版编目（CIP）数据

失衡与流动：微博话语权研究 / 申玲玲著. — 北京：中国社会科学出版社，2020.10
ISBN 978 – 7 – 5203 – 6958 – 9

Ⅰ. ①失… Ⅱ. ①申… Ⅲ. ①传播媒介—舆论—研究—中国 Ⅳ. ①G219.2

中国版本图书馆CIP数据核字（2020）第146862号

| | |
|---|---|
| 出 版 人 | 赵剑英 |
| 责任编辑 | 张　浩 |
| 责任校对 | 姜志菊 |
| 责任印制 | 李寡寡 |

| | |
|---|---|
| 出　　版 | 中国社会科学出版社 |
| 社　　址 | 北京鼓楼西大街甲158号 |
| 邮　　编 | 100720 |
| 网　　址 | http://www.csspw.cn |
| 发 行 部 | 010 – 84083685 |
| 门 市 部 | 010 – 84029450 |
| 经　　销 | 新华书店及其他书店 |
| 印　　刷 | 北京明恒达印务有限公司 |
| 装　　订 | 廊坊市广阳区广增装订厂 |
| 版　　次 | 2020年10月第1版 |
| 印　　次 | 2020年10月第1次印刷 |
| 开　　本 | 710×1000　1/16 |
| 印　　张 | 17 |
| 字　　数 | 251千字 |
| 定　　价 | 89.00元 |

凡购买中国社会科学出版社图书，如有质量问题请与本社营销中心联系调换
电话：010 – 84083683
版权所有　侵权必究

# 序　　言

　　新浪微博，作为一个弱关系社交、强媒体属性的开放平台，于2009年8月推出，2010年因"围观改变中国"为更多人所熟知。2011年3月，新浪微博拥有1亿注册用户，并成为热点事件发酵和传播的重要网络平台。目前，新浪微博拥有近5亿的月活跃用户，并深度嵌入网民的日常生活。

　　如何看待微博等社会化媒体带来的变化，学界已有不少研究成果。

　　申玲玲博士的著作《失衡与流动：微博话语权研究》选择从话语权的角度切入，结合传播学、社会学等相关理论，采用内容分析法、个案研究法等，研究不同群体和机构的微博话语权行使状况，探究微博给中国社会发展、不同阶层人群带来的变化，思考社会化媒体影响下人与内容、人与技术的新关系。

　　本书是在作者博士论文基础上结合微博的新发展、新变化修改而成。它在分析互联网相关技术演进和发展动力的基础上，梳理微博的发展历程、特征、功能和发展现状，描绘微博建构的话语空间特征，并重点探究了常态下和特殊时期微博话语权结构特征及其产生原因，同时对三大微博主体（媒体机构、政务机构、娱乐明星）的话语权状况及其成因进行了深入思考。作者还从宏观层面分析了微博话语的社会影响，总结了目前规制微博话语表达的五种方式。

　　本书最重要的理论贡献，是从失衡与流动这两个视角透视了微博话语权的结构特征及其成因。

通过研究由名人、人气草根、普通草根组成的16名微博博主发布信息的数量、频率、传播效果等数据，作者发现常态下的微博话语空间存在严重的失衡——现实世界中的名人（意见领袖等）在微博拥有更多的粉丝、更高的关注度、更大的影响力。通过比较16名微博博主在2012年和2018年的相关数据，作者认为随着时间的推移，个人身份、持续的更新行为等使名人保持了广泛而持久的影响力，而普通用户则并没有因为时间的增加而拥有更大的影响力。作者进一步从微博博主身份、社会资本、互动人群、内容生产行为、平台机制等方面回答了失衡产生的原因，既关照到了线上话语表达与现实社会的关联，又关照了时间这一变量所带来的变化。

与此同时，作者也注意到了话语权的流动。她通过对近十年的六个热点事件在微博平台的传播路径与特点的研究，分析了微博话语权的流动性。相比微博平台名人因"身份"而获得的关注度，热点事件中的话语弱势群体则是因"事件"而获得高度关注，他们被动地实现了暂时性的话语权力。这种随话题流动而产生的话语权力，体现了弱势群体的自我赋权和不同阶层网民对于社会中不公正、不公平等现象的联合对抗，本质上是一场规模空前的社会性信息协作实践。这一角度的观察，对于我们理解社会化媒体的意义是极为重要的。

今天，互联网开发者早期设想的去中心化、自由、平等、免费的理想并未完全实现，又出现了再中心化、网络暴力、社会撕裂、信息茧房、信息病毒等新问题。但我们并不能因此忽视以微博为代表的社会化媒体在实现表达权利、激发社会参与、呈现社会复杂性、监督公权力、汇聚社会资源等方面的重要价值。虽然话语表达门槛的降低并未从本质上改变社会弱势阶层在网络中的弱势地位，但是它提供了一种改变的可能性，话语的充分表达可以带来不同阶层的流动和资源的聚合。

失衡与流动，两者在微博话语权格局中同时存在，两者之间的对抗带来了一种张力，这种张力也在一定程度上决定着微博平台的走向：是会扑灭某些理想，还是会点燃新的希望？当然，我们期待研究者的观察、思考与行动，可以推动这种力量向更好的方向发展。

放眼未来，当我们进入智媒时代，技术将进一步带来内容生产、分发、消费等层面的变革。在技术的新浪潮下，如何凸显人的价值，改变信息传播中的失衡格局、缩小数字鸿沟、促进社会整合，是未来需要思考和面对的问题，也是作者下一步需要深入研究的问题。

彭 兰

2019 年 12 月 31 日于北京

# 目 录

**绪 言** ........................................................................ 1
  第一节 研究背景与研究思路 ........................................ 2
    一 研究背景 ............................................................ 2
    二 研究思路 ............................................................ 4
    三 全文框架 ............................................................ 4
    四 本书的创新 ........................................................ 5
  第二节 文献综述 ........................................................... 6
    一 话语权研究综述 ................................................... 6
    二 公共领域的研究综述 ........................................... 10
    三 社会分层研究 .................................................... 11
    四 微博研究综述 .................................................... 14
    五 网络话语权研究评述 ........................................... 19

**第一章 几个核心概念** .................................................... 20
  第一节 话语与话语权 .................................................... 20
    一 话语 ................................................................ 20
    二 话语权 ............................................................. 22
  第二节 网络话语权 ...................................................... 27
    一 网络话语权的界定 .............................................. 27

二　网络话语权的内容 …………………………………………… 31
　　三　网络话语权的特征与表现形式 …………………………… 36
　第三节　网络话语权的效果衡量 ……………………………………… 39

## 第二章　微博连接的社会网络 …………………………………………… 42
　第一节　互联网传播的演进：从内容整合到关系联结 …………… 43
　　一　从 Web1.0 到智媒时代 …………………………………… 45
　　二　互联网传播演进的动力 …………………………………… 47
　第二节　微博的发展历程与功能 …………………………………… 51
　　一　微博的发展历史 …………………………………………… 51
　　二　微博在中国的发展现状 …………………………………… 56
　　三　微博的特征和功能 ………………………………………… 62
　本章小结 ………………………………………………………………… 67

## 第三章　微博建构的话语空间 …………………………………………… 69
　第一节　微博作为一个话语空间的特质 …………………………… 70
　　一　多层次、多中心、多方向 ………………………………… 70
　　二　瀑布流式碎片化记录与还原 ……………………………… 71
　　三　"微"参与孕育着微力量 ………………………………… 71
　　四　众多主体参与的竞争化场域 ……………………………… 72
　　五　草根狂欢式的泛娱乐化空间 ……………………………… 72
　　六　承载用户生活的记忆空间 ………………………………… 73
　第二节　微博作为一个权力空间的特质 …………………………… 73
　　一　分化性 ……………………………………………………… 74
　　二　不平等 ……………………………………………………… 74
　　三　流动性 ……………………………………………………… 75
　　四　博弈性 ……………………………………………………… 76
　第三节　微博话语空间的影响因素 ………………………………… 77

一　宏观层面：微博整体话语权结构的影响因素 …………… 77
　　二　中观层面：微博群体话语权格局的影响因素 …………… 86
　　三　微观层面：微博个体话语权实践的影响因素 …………… 89
　本章小结 ………………………………………………………… 92

## 第四章　常态下的微博话语权结构研究 ……………………… 93
　第一节　不同个体新浪微博影响力的实证研究 ………………… 93
　　一　选取研究对象 ……………………………………………… 94
　　二　研究设计 …………………………………………………… 96
　　三　研究结果分析 ……………………………………………… 98
　第二节　失衡的微博话语格局 …………………………………… 105
　　一　粉丝数量的失衡 …………………………………………… 106
　　二　博主身份的失衡 …………………………………………… 107
　　三　内容传播量的失衡 ………………………………………… 108
　　四　发文数量的失衡 …………………………………………… 108
　第三节　失衡的话语格局产生的原因探讨 ……………………… 109
　　一　传播环境促成失衡格局 …………………………………… 109
　　二　用户的选择决定失衡格局 ………………………………… 113
　　三　微博客的行为催生失衡格局 ……………………………… 114
　本章小结 ………………………………………………………… 118

## 第五章　特殊时期的微博话语权结构研究 ……………………… 119
　第一节　热点事件微博传播的共性 ……………………………… 120
　　一　话语主体的影响力 ………………………………………… 121
　　二　话语内容的影响力 ………………………………………… 122
　　三　传播过程的开放性 ………………………………………… 122
　　四　参与者的自目的性 ………………………………………… 125
　第二节　六个热点事件中的微博话语权结构分析 ……………… 125

一　宜黄拆迁事件：当事人＋专业意见领袖 …………………… 126
　　二　药家鑫案：当事人＋一般意见领袖 ……………………… 129
　　三　郭美美炫富：围观者＋专业意见领袖＋公共权力机构 … 132
　　四　"7·23"动车事故：当事人＋围观者 …………………… 135
　　五　和颐酒店女生遇袭事件：事件当事人直接引爆 ………… 138
　　六　携程亲子园虐童事件：当事人＋一般意见
　　　　领袖＋专业媒体 ……………………………………………… 143
　　七　案例总结 …………………………………………………… 147
　第三节　特殊时期话语权的特征 ………………………………… 153
　　一　议题具有偶发性 …………………………………………… 153
　　二　失衡中的流动 ……………………………………………… 154
　　三　表达中的联合 ……………………………………………… 155
　　四　书写社会记忆 ……………………………………………… 157
　本章小结 …………………………………………………………… 158

# 第六章　专业机构微博话语权研究 ……………………………… 160
　第一节　媒体机构微博话语权研究 ……………………………… 160
　　一　媒体微博的功能价值 ……………………………………… 161
　　二　媒体机构微博的现状 ……………………………………… 162
　　三　提升媒体机构话语权的建议 ……………………………… 164
　第二节　政务微博话语权研究 …………………………………… 165
　　一　政务微博的功能价值 ……………………………………… 166
　　二　政务微博的现状 …………………………………………… 170
　　三　提升政务微博话语权的建议 ……………………………… 174
　本章小结 …………………………………………………………… 177

# 第七章　关于明星话语权的思考 ………………………………… 179
　第一节　被放大的明星话语影响力 ……………………………… 180

一　直接发言，掌握发布主动权 ·················· 180
　　二　精选内容，实现议程设置 ···················· 180
　　三　话语转化，凸显粉丝能量 ···················· 181
　　四　构建形象，获取粉丝认同 ···················· 183
　第二节　以明星为核心的"狂欢"与泡沫 ················ 184
　　一　自带光环：明星话语权的基石 ················ 184
　　二　主动曝光：设置议程的能力与动力 ············ 185
　　三　粉丝簇拥：想象的连接 ······················ 185
　　四　粉丝较量：烘托明星话语权 ·················· 186
　　五　数据注水：利益的推动 ······················ 186
　第三节　明星话语对公共话语空间的消解与挤压 ·········· 188
　　一　挤压公共话语空间 ·························· 188
　　二　加剧网络喧嚣与暴力 ························ 189
　　三　影响用户价值观 ···························· 190
　本章小结 ············································ 191

## 第八章　网络话语权的影响 ·························· 193
　第一节　映射现实社会话语权格局 ···················· 194
　　一　数字鸿沟 ·································· 194
　　二　社会不平等 ································ 196
　第二节　推动社会发展 ······························ 197
　　一　彰显个体力量 ······························ 198
　　二　整合信息资源 ······························ 199
　第三节　增强表达意识 ······························ 200
　　一　网络赋权 ·································· 201
　　二　网络分权 ·································· 204
　　三　网络民主 ·································· 205
　本章小结 ············································ 207

## 第九章　微博话语表达与规制 ········· 208

### 第一节　微博话语表达带来的负面影响 ········· 208
　　一　信息超载增加选择成本 ········· 208
　　二　虚假信息影响社会信任 ········· 209
　　三　网络暴力扰乱社会秩序 ········· 212
　　四　群体极化伤害社会理性 ········· 214
　　五　过度娱乐挤占公共空间 ········· 215

### 第二节　微博话语的规制 ········· 216
　　一　法律规制 ········· 216
　　二　行政监管 ········· 220
　　三　自我管理 ········· 222
　　四　技术监控 ········· 223
　　五　网民自审 ········· 224

### 第三节　网络话语权的忧虑与提升 ········· 225
　　一　网络话语权引发的忧虑 ········· 226
　　二　提高用户的网络媒介素养 ········· 228

本章小结 ········· 231

**结　　语** ········· 232
**附录1：新浪微博发展大事记** ········· 236
**附录2：《微博客信息服务管理规定》** ········· 239
**参考文献** ········· 242
**致　　谢** ········· 257

# 图表目录

图 2-1　互联网连接的演进 ············· 44
图 2-2　互联网连接的渐进层次 ············· 45
图 4-1　2017 年微博阅读量超百亿的领域 ············· 113
图 5-1　《新世纪》周刊记者刘长微博截图 ············· 127
图 5-2　郭美美事件微博传播效果图 ············· 134
图 5-3　"7·23"动车事故中一则引发高转发的长微博 ············· 137
图 5-4　和颐酒店女子遇袭事件传播的引爆点 ············· 141
图 5-5　和颐酒店女子遇袭事件传播的时间节点 ············· 141
图 5-6　携程亲子园虐童事件中当事人发的第一条微博的传播路径 ············· 143
图 5-7　携程亲子园虐童事件中当事人发的第一条微博的引爆点 ············· 144
图 5-8　携程亲子园虐童事件中当事人的第一条微博转发时间趋势图 ············· 144
图 5-9　携程亲子园虐童事件中当事人发的第三条微博截图 ············· 145
图 5-10　@hello 美少女壮士第三条微博的转发路径示意图 ············· 145
图 5-11　@hello 美少女壮士第三条微博的关键传播账号 ············· 146
图 5-12　@hello 美少女壮士第三条微博转发关键节点示意图 ············· 146
图 5-13　@等待戈多的老赵 2018 年 11 月 17 日的一条微博 ············· 151
图 5-14　2018 年 11 月 18 日 11:00 微博热搜榜 ············· 152
图 6-1　分省政务机构微博分布 ············· 171
图 7-1　明星活跃粉丝量 TOP 20 ············· 187

图 7-2　千万粉丝明星微博粉丝量与活粉占比情况 …………………… 187

表 1-1　话语表达效果的测量指标 …………………………………………  39
表 1-2　微博话语影响力的主要衡量指标 …………………………………  41
表 2-1　中国早期四家独立微博概况 ………………………………………  53
表 2-2　五家主要微博的特色 ………………………………………………  54
表 2-3　2014 年微博渠道下沉的三大举措及影响 ………………………  57
表 2-4　微博发展基本数据（2014—2019 年）……………………………  58
表 4-1　研究对象的基本数据 ………………………………………………  95
表 4-2　话语权衡量指标 ……………………………………………………  98
表 4-3　研究对象微博博文的话题类型 ……………………………………  99
表 4-4　研究对象博文中出现的人 ………………………………………… 101
表 4-5　研究对象在 2012 年、2018 年不同的微博数据 ………………… 105
表 4-6　新浪微博名人人气榜前 100 名微博客粉丝数量 ………………… 106
表 4-7　2012 年新浪微博广场内容设置 …………………………………… 111
表 9-1　微博主要管理文件一览表 ………………………………………… 218
表 9-2　微博不得发布的两大类信息 ……………………………………… 219
表 9-3　微博在运营管理过程中主要采用的技术手段 …………………… 224

# 绪　　言

2006 年，世界上第一家微博网站推特（Twitter）成立。短短几年，推特便在全球 120 多个国家拥有超过 18 种语言的用户，至 2018 年第二季度，在全球拥有 3.35 亿活跃用户，这些用户每天会发布 3 亿多条信息。

与之功能类似的网络应用，在中国被称之为微博，至今依然活跃的新浪微博于 2009 年 8 月 14 日内测，2010 年 10 月拥有 5000 万用户，同年 11 月被《新周刊》杂志评为"年度中国首页"，其颁奖词是这样的：一年时间，千万名注册用户，每天上百万条原创，几千万条转发评论——它是 2010 年中文互联网最大的惊艳，借助中文网络第一新闻门户的资源和以 Twitter 为基础的创新，迅速成长为华语世界声音最大、人气最高涨、观点最多元、传播最有效的互联网话语场。它让名人与草根直接对话，让网民从看客变身为说客，让坚硬的世界随时溶解在趣味的观点和话语里。它制定了限字发言规则，却横扫了社会各阶层的眼球，与社会无限时紧密互动，构筑了千万人同时驻足的网络广场。①

微博，在中国的发展历程也不是一帆风顺的，从 2007 年的几家独立微博萌芽、100 多家并存再到新浪微博一家独大，再到被微信、今日头条、快手等在用户规模上超越，但是仍稳居社交媒体排行榜前列，也是唯一一

---

① 《2010 网络生活价值榜：新浪微博获评年度中国首页》（http://tech.sina.com.cn/i/2010-11-11/16564855482.shtml）。

个在跌入谷底又成功反弹的互联网产品。

中国互联网信息中心（CNNIC）发布的《第42次中国互联网络发展报告》显示，截至2018年6月底，我国网民数量达到8.02亿，普及率57.7%，手机网民7.88亿，占所有网民的比例高达98.3%。其中，微博用户3.37亿，用户使用率为42.1%。虽然相对于微信的10亿用户，微博在用户数量上不具有优势，但是其开放式、弱连接、偏向媒体属性的特质，使它在重大新闻尤其是公共事件传播中的作用不可替代。

本书试图从话语权的角度切入，探究微博这一新的传播媒介在话语权层面给中国社会、不同阶层人群所带来的变化。

## 第一节　研究背景与研究思路

2011年，中国传媒大学网络舆情研究所发布的《2011年上半年中国网络舆情指数年度报告》指出：微博已超过论坛，由2010年的第三大舆情源头上升为第二大舆情源头，仅次于新闻媒体报道。同时，中国舆论的重心迅速向微博转移，网民爆料的首选媒体转向微博，论坛、博客和新闻跟帖作为最主要的网络舆论载体的格局已被打破。

### 一　研究背景

微博，在一定程度上，改变了公众参与公共领域以及社会生活的方式，改变了我国社会舆论传播格局和生成、演变的机制，也给中国的社会管理提出了挑战。当下，我国正处于社会转型期，不同的利益集团和各阶层人士都注重争取、维护自身的利益，价值观的多元化在一定程度上也需要更多的表达空间，相对于我国传统媒体话语资源的有限性和普通个体话语表达的困难，公众表达的需求显得更为迫切。Web1.0时期，虽然在话语资源层面解决了社会公众表达的问题，但是传统媒体和门户网站掌控话语资源的局面并未得到本质上的改变。随着互联网的兴起，信源主体从传统的大众媒介及其控制机构逐步扩展到公众个体层面。

党的十七大报告指出，要"保障人民的知情权、参与权、表达权、监督权"；时任总理温家宝在2009年3月的《政府工作报告》中指出，要"健全社会矛盾纠纷调查化机制，引导群众以理性合法的方式表达利益诉求"。这里的"知情权、参与权、表达权、监督权"和"利益诉求"都是公民的一些重要话语权利。

近年来，公民话语权受到广泛的关注。表达公民话语的网站如"农民工维护网站""民告官网站"等纷纷建立。现实生活中，公民话语权在社会中也发挥着重要的作用，在"华南虎事件""周久耕事件""郭美美炫富事件"等案例中，都显示了公民话语的力量；两会期间，公民的参政议政、国家领导人与网民的在线交流等，都显示了公民话语权在现实中发挥着非常重要的作用。微博话语场显示了日益重要的力量，这种力量是一种新生的力量，值得研究和总结。

微博，降低了网络表达的门槛，有助于个体实现话语权利，但是不同个体因为自身素养和资源拥有状况、社会地位等客观因素的存在，话语权力存在差异。本文试图结合传统的社会分层标准和互动理论，研究在微博这一传播平台上，不同阶层话语权的差异及其产生的主要原因。

本文以新浪微博（后改名为微博）为研究对象，原因如下：

第一，微博是Web2.0时代保持高活跃度的生命力最强的互联网产品。自2009年至今，已走过10年多的时间，基本体现了中国社交媒体发展的历程和影响因素，有利于作者廓清网络话语权的基本格局和影响因素。

第二，微博是热点事件传播的重要平台。纵观近年来热点事件的起源和发酵，基本离不开微博、微信这两个平台，而微博所具有的开放性和偏媒体属性的基本特征，使它在热点事件传播中略胜一筹，更凸显其重要价值。

第三，微博是最接近公共话语空间的互联网平台。与微信相比，微博使用者之间的关系是一种弱连接，借助于自由的"关注""私信""转发""评论"等功能，集成了人际传播、群体传播和大众传播的特质，更容易实现不同网民的互动与交流。

## 二 研究思路

本书主要讨论以下几个问题：

1. 互联网技术的演进与话语表达之间有什么关系？
2. 微博话语空间的影响因素有哪些？
3. 不同群体的微博话语权存在何种差异，产生的原因是什么？
4. 以微博为代表的网络话语权有哪些积极作用，又会带来哪些问题？

## 三 全文框架

全文分为绪论、主体和结语三大部分。

绪论部分主要包括研究背景、研究思路和文献综述。

第一章主要是概念界定。厘清话语、话语权利、话语权力、网络话语权几个重要概念之间的关系，分析网络话语权的内容、特征与表现形式，总结网络话语权的衡量标准。

第二章"微博联结的社会网络"，主要从互联网技术和产业发展的角度，概括互联网传播的演进及其动力，在梳理微博发展历程的基础上，描述微博传播的特征和功能。

第三章侧重于从话语空间的角度来研究微博，涉及网络表达、网络参与、网络交流等内容。考察微博中的话语表达和微博客们的参与情况，研究在微博空间中，话语权利如何转化为话语权力，以及这种转化所带来的各种变化。

第四章"常态下的微博客话语权结构研究"，主要是结合本领域相关专业调研机构的调研报告，并采用内容分析的方法，进行实证研究。考察不同阶层微博的使用情况及其话语权的分布，在此基础上研究影响微博话语权的主要因素。在质性层面考察不同阶层话语权的表达和分化问题。

第五章"特殊时期微博话语权结构研究"，采用个案研究法，以典型事例为切入点，分析新浪微博中药家鑫案件、郭美美炫富事件、"7·23"动车事故等相关信息的传播扩散状况，探究此类信息在微博传播中的特征，考察微内容生成、聚合的过程及其影响。研究在信息传播过程中不同阶层用户在信息传播中所承担的角色，并对比分析常态下的微博话语权的影响力。

第六章"专业机构微博话语权研究"，主要是分析媒体机构和政务机构的微博发展状况，认为此类专业机构微博，是党和政府网络影响力的延伸。

第七章"关于明星话语权的思考"，主要是研究娱乐明星微博的影响力以及与粉丝之间的关系，认为明星话语对公共话语空间形成了一定的挤压。

第八章"微博话语权的社会影响"，结合"数字鸿沟"理论，分析微博话语权的"马太效应"，研究微博话语权有可能带来的变化，以及对当下和未来的中国社会发展将会起到的作用。

第九章"微博话语表达与规制"，主要是分析微博话语权下移带来的信息过载、虚假信息泛滥、网络暴力、网络娱乐化、网络群体极化等问题，思考如何管理和规避上述问题。

全书的结语部分，一是总结全文，二是重新思考微博等互联网应用与个体话语表达和社会管理之间的关系。

### 四　本书的创新

本书的创新之处大致可以归纳为三点：

第一，从理论角度而言，目前国内外关于网络传播话语权的研究，侧重于传播学的角度，主要是分析信息网络传播话语权的含义和特征。本书则以传播学理论为主要框架，引入社会学、政治学等学科的相关知识，从社会分层的视角研究微博话语权的行使状况。

第二，从研究方法而言，采用内容分析法和个案研究法，结合业内的各种调查数据，通过实证研究分析不同阶层群体微博话语权的行使状况及影响力。在具体的研究过程中，将微博的话语权结构分布概括为常态下的话语权结构和特殊时期的话语权结构，尽力避免研究的简单化和片面化。

第三，从研究内容而言，本书从话语权的角度切入，对微博中的信息传递和不同阶层的微博使用及参与行为进行了全面、系统而深入的剖析，考察微博的出现是否会带来不同阶层话语权的变化，以及这种变化的产生机制。同时，本书试图在借鉴既有研究成果的基础上研究微博中影响话语权的主要因素，关注话语权利转换为话语权力所需要的条件，研究在这种转换过程中，不同公民话语权的变化及其对社会和个体的意义。

## 第二节　文献综述

### 一　话语权研究综述

"话语权"，最早出现在语言学领域，后来则被广泛应用于社会学领域。近些年来，又开始向政治学领域渗透。

#### （一）话语权

古典修辞学对话语做了最早的研究。

皮埃尔·布尔迪厄（Pierre Bourdieu）认为，话语并非单纯的"能说"，更意味着有权利说。[①] 葛兰西的"领导权"、福柯的"权力话语"、哈贝马斯的"合法化"、罗兰·巴特的"泛符号化"、鲍德里亚的"仿像"等思想也极大地丰富了话语理论，为研究媒介话语提供了理论基础。

真正把话语与权力结合起来的是福柯，他最早提出了"话语即权力"，认为话语和权力是不可分的，真正的权力是通过话语实现的，换句话说，影响、控制话语运动的最根本的因素是权力。他认为权力和知识是直接相互连带的；不相应地建构一种知识领域就不可能有权力关系，不同时预设和建构权力关系就不会有任何知识。[②]

从语言学的角度出发，冯广义认为，"话语权"是语言权利的一种具体表现形式，也是现实社会中的一个敏感话题，保障人民的"表达权"在很大程度上讲是保障人民的"话语权"。[③]

顾孟洁认为话语权一词并不具有可被确切把握和让人们达成共识的真

---

[①] 杨善华：《当代社会学理论》，北京大学出版社1999年版，第76页。
[②] ［法］米歇尔·福柯：《规训与惩罚》，刘北成、杨远婴译，生活·读书·新知三联书店1999年版，第29页。
[③] 冯广义：《论话语权》，《福建师范大学学报》（哲学社会科学版）2008年第4期。

实含义，主要是因为该词在具体表达层面普遍存在概念模糊、文理不通和逻辑混乱等问题。①

李水金认为，中国公民话语权在现实中仍然存在许多问题，突出表现为：弱势群体话语权的缺失，话语表达存在差别待遇，政治话语贫困，缺乏表达真实话语的环境。②

莫勇波认为话语权的出发点及根源是利益表达，本质要求是自由与民主，具有双重属性，即权利和权力：一方面它指的是社会人表达意愿的权利，另一方面指的是社会人以话语表达的方式表达自己的诉求，并影响他人或者政治决策的权力。③蔡文之认为话语权是表达权在网络空间的集中体现，是公民陈述意见、发表看法、维护权益的重要手段，也是公民言论自由的具体表现。④

此外，更多学者则是从传播学的角度来研究话语权。

郑保卫认为话语权指的是公民运用媒体，对国家事务、社会事务和各种社会现象提出建议、发表意见的权利⑤，属于舆论斗争的范畴⑥，其实是"一种信息传播主体潜在的现实影响力"⑦。本质在于它是一种"社会资源"和"社会力量"的组合，并且具有资源效应和支配效力。⑧

陈堂发认为如果将话语权作为一项政治权利来看待的话，话语表达的内容绝非一般意义上的言论范畴，应该是特指政治言论的表达。⑨刘学义则认为，话语权是表达权和参与权的体现，也是选举权和参政权等其他政治权利实现的前提条件。⑩它不但是公民权利中最主要的和最重要的权利

---

① 顾孟洁：《对流行新词"话语权"若干思考》，《术语标准化与信息技术》2008年第1期。
② 李水金：《中国公民话语权研究》，吉林人民出版社2009年版，第136—139页。
③ 莫勇波：《论话语权的政治意涵》，《中共中央党校学报》2008年第8期。
④ 蔡文之：《网络传播革命：权力与规制》，上海人民出版社2011年版，第142页。
⑤ 转引自高榕《试论弱势群体媒介话语权的维护》，《安阳师范学院学报》2005年第6期。
⑥ 张铭清：《话语权刍议》，《中国广播电视学刊》2009年第2期。
⑦ 张掬婴：《网络传媒与话语权的变迁》，《浙江统计》2007年第4期。
⑧ 张健：《"话语权"及公民社会中的话语表达》，《湖南行政学院学报》2008年第5期。
⑨ 陈堂发：《媒介话语权》，新华出版社2007年版，第112页。
⑩ 刘学义：《话语权转移》，中国传媒大学出版社2008年版，第26页。

之一，而且还是我国媒介发挥舆论监督作用的必要条件①。在传播学语境中，话语权是公民自由表达权的一部分，指人们自由发表言论的"权利"空间，隐含着信息知晓权与接近权的前提；更指言语影响他人乃至舆论的"影响力"，即"话语权力"。②公民话语权的获得及话语的分量，只能依靠合理的社会结构与制度设计。③

### （二）网络话语权

关于网络话语权，研究者们既注意到了互联网给话语权利的实现带来的渠道，也发现了不同群体话语权力的不平等性和马太效应的存在，进一步分析了网络话语权建设中的问题。

张明华认为网络时代的话语权，首先体现为说话的权利，其次表现为保障说话有效的社会环境和机制。新媒体环境下话语权的解放，不单指人民拥有了自由言说的渠道和空间，还指公民具备了话语和诉求被倾听和关注的可能性。④以新媒体为载体的网络传播中的表达权／公众表达呈现几个新特征：一是从话题聚合走向注重人与人之间关系的联结；二是行使表达权的形式日益多样和简便；三是表演的舞台更大，承担的使命更强。⑤

从权利层面看，每个人都拥有说话的权利，但如果从社会声音的表达来看，有些人的音量比较大，有些人的音量比较小。⑥彭兰教授则注意到了源于个体的社会资源、社会地位、专业知识、网络交往能力等带来的网络话语权的分化。⑦

---

① 李勤、丁洁：《新闻传播环境与话语权的关系探析》，《广西大学学报》（哲学社会科学版）2004 年第 8 期。

② 李名亮：《微博、公共知识分子与话语权力》，《学术界》2012 年第 6 期。

③ 李名亮：《现实与隐忧：微博意见的话语权力》，《今传媒》2012 年第 5 期。

④ 罗以澄、王丹艺：《新媒体赋权语境下网民的言论表达和行动研究——以"哈尔滨天价鱼"事件为例》，《当代传播》2016 年第 2 期。

⑤ 蔡文之：《网络传播革命：权力与规制》，上海人民出版社 2011 年版，第 142 页。

⑥ 喻国明：《21 世纪传媒业揭秘》，载赵均编《透视中国》，中国人民大学出版社 2001 年版，第 101 页。

⑦ 彭兰：《网络传播与社会人群的分化》，《上海师范大学学报》（哲学社会科学版）2011 年第 2 期。

有了可以自由表达的微博平台并不意味着人人获得了话语权，①微博空间的话语表达表面上看是"众声喧哗"，实际上却是一个存在二元对立的深层结构。②微博话语权的分配方式如同现实社会中权力关系的镜像，存在不均等。③微博加V机制的出现和自媒体专业化走向，使得社会话语权依然集中在少数精英阶层手中，没有出现明显下移。④主宰者依然是精英群体，草根话语权只是一种假象。⑤文化资本运作下的"马太效应"，导致微博话语权的不平等。⑥刘宁也认为网络并没有起到"均衡话语"的作用，毕竟网络传播在根源上其实已经设置了经济、文化的多重障碍。还很有可能导致农民群体与中国社会其他阶层之间的"信息沟"加大，⑦网络言论更多地代表社会中间阶层的民意，并没有解决产业工人、农业劳动者等阶层的话语表达问题，话语权结构不平衡是当下群体性事件突发的诱因之一。⑧

王君超认为由于用户的虚拟身份、话语权不平等以及理性沟通欠缺等原因，从而使得微博传播中客观存在着"扭曲的沟通"现象，为使微博用户理性而充分地行使"表达权"，需要构建"理想的传播情景"。⑨

夏雨禾对新浪微博互动的结构性要素以及发生机制进行了探究，发现新浪微博是一个文化性、个人性和情绪性的互动空间。在现实社会话语权力空间中处于弱势的"草根"将有可能成为微博互动再建构的主导性力量。⑩

谢新洲等认为新技术赋予网民多种形式、更自由的话语参与权，使得话

---

① 李名亮：《微博、公共知识分子与话语权力》，《学术界》2012年第6期。
② 张治中：《微博时代的草根话语权保障》，《新闻知识》2011年第6期。
③ 程丹：《微博中草根群体话语权的缺失》，《编辑之友》2013年第3期。
④ 杨磊：《媒介新环境下互联网群体传播研究》，《当代传播》2018年第1期。
⑤ 刘丽清：《微博：草根话语权的假象——对Twitter和新浪微博的审视》，福建师范大学2011年硕士学位论文。
⑥ 董昕：《后现代语境下微博文化的生态价值反思》，《学术论坛》2013年第10期。
⑦ 张羽、侯亚君：《微博中农民话语权缺失现象分析——以关中农村地区微博新闻使用情况调查为例》，《西北大学学报》（哲学社会科学版）2013年第1期。
⑧ 赵云泽、付冰清：《当下中国网络话语权的社会阶层结构分析》，《国际新闻界》2010年第5期。
⑨ 王君超：《微博的表达权及"理想传播情景"的构建》，《中国出版》2011年3月（下）。
⑩ 夏雨禾：《微博互动的结构与机制——基于对新浪微博的实证研究》，《新闻与传播研究》2010年第4期。

语表达摒弃了身份、内容、渠道等束缚，形成新的网络表达秩序，在公众话语权提升的同时，网络制度建设和网民知识文化水平的提升还有待强化。①

李彪和郑满宁研究了2011—2012年新浪微博中的21个热点事件后发现：微博话语场域的话语权力格局与传统社会话语场权力格局一致，只不过权力主体或影响机制发生了变化，被打上了社会化媒体的烙印却依然存在着所谓的话语权力中心和二级传播现象，看似话语平权的背后是话语再集权，形成了新的话语权力新贵。② 微博能够促成公众话语表达的"平权""零散"与"再中心化"，看似给予每一个普通人发声的机会，但是，塑造与指导公共舆论的权力仍在少数的社会精英手中。③ 普通民众及弱势群体在残酷的博弈中不断丧失资本，话语缺失加剧了他们在社会资源上的赤贫。④

微博在带来"话语权的春天"的同时，在话语权建设上也存在一定的缺陷，信息泛滥消解话语权，信息虚假扰乱话语权，娱乐过度侵蚀话语权，这些现象不利于微博话语权的实现。⑤

## 二 公共领域的研究综述

继哈贝马斯之后，公共领域概念在政治学领域掀起波澜，不少学者对公共领域在互联网空间实现抱有希望。但这一概念能否适用于中国，学界曾一度争议不已。⑥

英国学者约翰·基恩认为，信息技术的发展使得交往突破了地理疆域的限制，使得基于民族国家形成的"公共领域"成为过去式，互联网成为

---

① 谢新洲、李之美：《中国互联网公众的话语权感知研究报告》，《人民论坛》2013年第12期。
② 李彪、郑满宁：《从话语平权到话语再集权：社会热点事件的微博传播机制研究》，《国际新闻界》2013年第7期。
③ 李名亮：《微博、公共知识分子与话语权力》，《学术界》2012年第6期。
④ 赵云泽等：《中国社会转型焦虑与互联网伦理》，中国人民大学出版社2017年Kindle版本（Kindle位置1834—1837）。
⑤ 金婧：《我国微博话语权的现状及对策研究》，南京师范大学2012年硕士学位论文。
⑥ 尹连根：《结构·再现·互动：微博的公共领域表征》，《新闻大学》2013年第2期。

公共生活的空间，那些拥有共同目标的个人和组织加强联系，分享信息，并形成自我政治空间。①米特拉认为，网络空间相对较高的速度和流动性，有时会让边缘人群相信他们的事务被纳入到了主流政治的议事日程。②

从新闻传播学角度看，互联网与公共领域建构之间的关系一直是一个颇受瞩目的话题。尹连根认为微博颠覆和重构了我国现有公共领域的格局。③邹军认为我国从未实现社会与国家的二元分野，也就缺乏严格的公共领域产生的条件。④他通过对华南虎事件、孙志刚事件的分析，认为"中国互联网空间只是在某些时候呈现出公共领域的部分特征，这种出现是有条件的，因而是不牢固的，甚至是相当脆弱的"。⑤

### 三　社会分层研究

#### （一）社会分层

对于社会分层，西方社会研究者对其有诸多理论，而每一种理论又指导着一定的社会分层方法。比较经典的是卡尔·马克思的阶级理论，马克斯·韦伯经济、声望、权力的多元社会分层理论，布劳和邓肯则强调"先赋因素"与"自致因素"的地位获得模型。

而当代社会分层研究的主要任务就是描述不平等的轮廓和分布，并解释社会不平等产生的原因。

帕森斯主张以职业作为分层的标准，毕竟财富与声望都依赖于职业；⑥吉登斯认为，社会根据三种"市场能力"划分为三种阶级，即掌握生产资料的市场能力的上层阶级、具有教育和技能的市场能力的中产阶层、具有

---

① J. Keane："Structural Transformation of the Public Sphere", *The Communication Review*, Volume1, Issue 1, PP.1-22, 1995.
② 转引自[英]安德鲁·查德威克：《互联网政治学：国家、公民与新传播技术》，任孟山译，华夏出版社2010年版，第7页。
③ 尹连根：《结构·再现·互动：微博的公共领域表征》，《新闻大学》2013年第2期。
④ 邹军：《看得见的"声音"：解码网络舆论》，中国广播电视出版社2011年版，第13页。
⑤ 同上书，第74页。
⑥ 梁海宏：《社会分层的功能论、冲突论、交换论——解释及其综合》，《社会》2001年第2期。

体力劳动的市场能力的下层阶级；布尔迪厄则透过不同的人群对吃、穿、住房、商店、诊所等的消费品位偏好来进行分类。

　　国内的学者们结合中国的实际情况，也对社会分层进行了不同的研究。李强认为中国社会分层的一个重要特点是存在政治分层与经济分层的区分。改革开放以前是政治分层为主的社会，之后主要是以经济分层为主的社会，他从利益变动的角度划分出特殊获益者群体、普通获益者群体、利益相对受损群体和社会底层群体（即利益绝对受损群体）等四个利益集团。①

　　2002年，陆学艺在《当代中国社会阶层研究报告》中，依据对组织资源、经济资源、文化资源这三种资源的拥有量和其所拥有的资源的重要程度，把中国人分为十大阶层；②仇立平认为职业地位是社会分层的指示器和主要标准；③李春玲认为消费也是社会分层的一个重要维度；④李培林、张翼提出用恩格尔系数法对社会进行消费分层；⑤刘祖云则认为可以用社会资源确定社会分层的标准；⑥张宛丽主张坚持西方分层理论中的多元划分标准；⑦王春光和李炜发现社会成员划分社会阶层的标准其实是多样的，主要有职业分类标准、身价分类标准、经济收入标准、等级分类标准和传统的阶级划分标准等。⑧

　　除了社会学者外，传播学界的学者也试图对中国社会分层做出分析：俞虹和段京肃两人都在陆学艺等对中国社会现阶段社会阶层划分的基础上，给出了不同的划分。俞虹结合传媒现状和各阶层对三种资源（组织资源、经济资源和文化资源）的占有状况，将当代中国社会各阶层划分为：

---

　　① 李强：《中国社会分层结构的新变化》（http://www.aisixiang.com/data/4645.html）。
　　② 陆学艺：《当代中国社会阶层研究报告》，社会科学文献出版社2002年版，第1—9页。
　　③ 仇立平：《职业地位：社会分层的指示器——上海社会结构与社会分层研究》，《社会学研究》2001年第3期。
　　④ 李春玲：《当代中国社会的消费分层》，《中山大学学报》（社会科学版）2007年第4期。
　　⑤ 李培林、张翼：《消费分层：启动经济的一个重要视点》，《中国社会科学》2001年第1期。
　　⑥ 刘祖云：《社会分层的若干理论问题新探》，《江汉论坛》2002年第9期。
　　⑦ 张宛丽：《目前我国社会阶级、阶层研究综述》，《中国社会科学》1990年第5期。
　　⑧ 王春光、李炜：《当代中国社会阶层的主观性建构和客观实在》，《社会学研究》2002年第4期。

强势集团、中间阶层和弱势群体；①段京肃依据各阶层对媒介的控制和使用情况，将其划分为三类：强势阶层、中间阶层和弱势阶层②。

社会分层是客观存在的，只是研究者对于不同时期不同国家和地区的划分的具体指标则有所不同。童星、罗军认为网络社会的结构是扁平式，"上层阶级""中层阶级"和"底层阶级"这样的等级划分在网络社会中并不适用，传统社会中的垂直流动在网络社会中是没有意义的。③

（二）网络社会分层

互联网的出现和普及，使人类社会进入了网络社会，网络社会和现实社会相互连通、相互影响。网络社会同样存在社会分层，但是它与现实社会的分层标准又有着一定的差异。学者们从权力、舆论领袖和网络结构等方面对网络社会的分层标准进行了一系列研究。④

李燕认为网络的使用者与非使用者之间的区隔已成为社会分层的新维度。⑤周启瑞提出网络社会的分层标准主要有：个体对网络信息资源的获取意识和利用能力、个体拥有的信息资源状况以及个体在网络中的时间消费状况。⑥

鲍宗豪认为在网络社会中，按照与网络关系的密切程度和对网络所持有的态度，社会各界人士大致上可分为以下几个阶层：高层、中层、基层、浮层。⑦梅梅认为虚拟社区和现实社会一样，都具有权力结构，而虚拟社区的权力在一定程度上也会影响现实生活。⑧

由于我国处于社会转型时期，"社会话语机制出现明显的断裂特征——在社会话语系统中，政治精英占据着制高点；知识精英的话语空间日趋扩

---

① 俞虹：《当代社会阶层变迁与电视传播价值取向》，《现代传播》2002年第6期。
② 段京肃：《社会的阶层分化与媒介的控制权和使用权》，《厦门大学学报》（哲学社会科学报）2004年第1期。
③ 童星、罗军：《网络社会及其对经典社会学理论的挑战》，《南京大学学报》2001年第5期。
④ 范剑文：《虚拟社会分层研究》，上海大学2010年博士学位论文。
⑤ 李燕：《网络传播中的社会分层》，《商业文化》（学术版）2008年第10期。
⑥ 周启瑞：《网络社会分层研究》，湖南师范大学2007年硕士学位论文。
⑦ 鲍宗豪：《网络世界对现实社会的影响》，《深圳特区报》2001年4月8日。
⑧ 梅梅：《虚拟社区权力的结构和特征》，《学术交流》2008年第6期。

张;经济精英用财富支撑其话语霸权;社会弱势群体的话语权则往往处于文本的重视与实际的边缘化境地。"①

现有对网络社会分层的研究,一方面,注意到了网络社会对现实社会阶层分化所带来的冲击;另一方面,也考虑到现实社会分层标准在网络社会中的延续,但是对于社会个体在网络社会中的分层现状研究得较少,对网络社会具体的分层并没有清晰的公认标准。

### 四 微博研究综述

目前,国外对于微博客的研究主要集中在推特上,早期多采用定量的方法研究微博的传播特征、微博客的使用现状和使用动机、微博客社区、微博客商业模式等,2012年后多采用数据挖掘、文本挖掘、信息可视化、主题建模、情感分析和社会网络分析等方法与技术,研究热点主要集中在社交媒体研究、信息伦理研究、微博政治研究和电子口碑研究等方面。②

国内关于微博的研究,在2009年之后出现了激增。

内容上,2009—2012年的研究内容侧重于微博的传播特质及其影响,还有一部分文章从业界的角度,关注微博客的社会化媒体营销。2012年之后,开始关注微博这一平台在特定事件中的角色和存在的问题。

方法上,定性研究仍占据主导地位,但是也不乏一些较为成熟的定量研究,如沈阳对90多万条微博客数据的分析、谢耕耘和荣婷围绕30起重大舆情事件微博热帖进行的实证研究、夏雨禾对44个样本(新浪)微博和12512个样本消息的研究等。首都互联网协会在2012—2017年间发布的4本《中国微博发展报告》也采用定量的研究方法。

国内早期比较系统的研究是《南方传媒研究》在2009年底推出的"微博时代"专题,探讨微博与政治、新闻采集、新闻发布之间的关系。2010

---

① 贾西津:《中国公民参与——案例与模式》,社会科学文献出版社2008年版,第223页。
② 陈艳红等:《国外微博研究热点、趋势及研究方法:基于信息计量学的视角》,《国际新闻界》2013年第9期。

年初谢尔·以色列的《微博力》(2010年1月)是国内出版的研究微博的第一本著作,之后李开复的《微博改变一切》(2011年2月)、杜子建的《微力无边》(2011年10月)等也让更多的人了解了微博,喻国明及其团队的《微博——一种新传播形态的考察》(2011年5月)可以算是学术领域较早的成果。此后,有关微博的著作纷纷涌现,至2018年10月,已出版有近300本著作,内容涉及微博运营、微博营销、微博发展、政务微博、微博与突发事件、微博与社会管理等。

**(一)微博的特征和价值**

微博开辟了更为广泛的"一对多"的传播渠道,具有多渠道、碎片化、病毒式传播的优势,微博的媒体属性较强,而社交属性较弱[①],被称为"公共话语的集结地",往往能引发"全民围观和广泛的社会参与"[②]。它使得公众与公众、公众与媒体、公众与政府组织之间的互动关系扁平化。[③]微博的影响力是由微博上无数个账号的影响力共同组成的。[④]微博是以"熟人"为中心构建的交往圈子,并带有"差序格局"的特征,[⑤]也是一种开放空间,内部易形成个体被群体所围观、评论的传播结构,即福柯所提出的"共景监狱"。[⑥]

微博作为一个开放性平台,是一个以弱连接为主的环境,所以在这个平台中,更适合公众新闻的快速传播,公众新闻因而更容易出现在这个平台上。[⑦]

曹林总结了微博的十大特点及其对新闻评论的影响:"浓厚的围观氛围、段子化传播、报忧不报喜、易受操控性、精英性、封闭性、娱乐化、

---

① 杨澜:《杨澜访谈录——专访曹国伟》(http://tech.sina.com.cn/i/2011-11-06/12226281084.shtml)。
② 胡泳:《微革命从推特到新浪微博》,《新周刊》2010年第1期。
③ 尹连根:《结构·再现·互动:微博的公共领域表征》,《新闻大学》2013年第2期。
④ 毕晟:《政务微博可信度研究综述》,《新闻记者》2013年第3期。
⑤ 赵高辉:《圈子、想象与语境消解:微博人际传播探析》,《新闻记者》2013年第5期。
⑥ 李名亮:《微博、公共知识分子与话语权力》,《学术界》2012年第6期。
⑦ 陈昌凤、马超然:《连接、联动、认同:公众生产新闻的传播路径研究》,《新闻与写作》2018年第2期。

原创性不足、表达的碎片化、情绪化"。①周葆华通过考察2010年的三大"微博事件"（宜黄拆迁、李刚事件、上海大火事件），认为正是由于"微博事件"的传播和推动，微博才得以能进入传统媒体平台和公共视野。喻国明认为微博影响力的动力机制内生于微博作为信息服务平台所激发的内容协同生产及基于用户社会关系网络打通的信息通路，其本质是对信息资源的凝聚力和整合力。②作为一种新型的社会化媒体，微博构建了独特的网络社群组织，体现出自组织、后现代和群体动力学三个话语体系特征。③作为社会关联平台、社会关系平台、社会整合平台的微博④，具有形象塑造、关系建设和公共信息服务等三大功能。⑤

微博表达是记录个人社会思考的文本，可以新的权力主体消解传统的社会权力分配，重构出新的社会权力关系。⑥微博是推动文化构建和社会变迁的重要因素，但是它存在着多种内在矛盾，诸如大V和普通用户在话语实践中的冲突，微博建构的亚文化和主流文化之间的冲突等。⑦微博扮演着整个社会话语场域的信息源和桥节点，成为整个社会话语场域的舆论策源地、信息动力源和发酵池，并为公民社会的公民意识、公共空间、公共话语权三要素提供了发展空间，成为构建公民社会的重要公共话语平台⑧，还可以"创造社群"，让那些利益相同的人联合，并在不同舆情事件中分

---

① 曹林：《微博传播的十大特点及对言论生态的影响》，《新闻记者》2012年第9期。
② 喻国明、欧亚等：《微博：从嵌套性机制到盈利模式——兼谈Twitter最受欢迎的十大应用》，《青年记者》2010年第21期。
③ 李志雄：《网络社群的变迁趋势和负效应——以微博为例的多维视角分析》，《当代传播》2013年第3期。
④ 喻国明：《规则改变、系统协同、构建信任：微博有效传播的三个关键词》，《新闻与写作》2013年第9期。
⑤ 彭兰：《媒体微博要保持机构形象又要有人的温度》（http://tech.sina.com.cn/i/2011-02-20/12375194929.shtml）。
⑥ 胡沈明、赵振宇：《微博表达：意见与关系的重构》，《国际新闻界》2012年第12期。
⑦ 肖其、蔡琪：《文化与社会视域中的微博传播——兼论微博的内在矛盾》，《湖南社会科学》2012年第4期。
⑧ 李彪、郑满宁：《从话语平权到话语再集权：社会热点事件的微博传播机制研究》，《国际新闻界》2013年第7期。

别扮演不同的传播角色。①

微博正在成为当代中国重要的交往理性试验区,但是权力、资本以及传统文化价值观施加的深层次压力,使微博极有可能丧失对话的功能。②而从巴赫金的狂欢理论来看,微博则凭借其简单记录和快速分享的网络平台,实现了全民性的话语狂欢。③

**(二)微博带来的问题**

微博140字的容量,最易完成对"小情小境"的片段化描绘,很难完成"宏大叙事"的抒写。即使有宏大的主题,最终也只能是叙事深度的坍塌和完整意义的断裂。④

从受众的角度来说,微博也存在吞噬受众时间、信息内容深度缺失、信息质量良莠不齐、话语权不公平等的隐忧⑤。而被很多人所认可的围观也隐含道德风险。⑥微博的传播结构特别适合谣言的传播,有时还会因为谣言的传播而削弱政府的公信力⑦,而微博话语权的释放则又会加剧网络欺凌、攻击与煽动⑧。

"微博"是一个社会表达与社会运动的崭新场域,既受特定政治经济结构的制约⑨,也受商业资本、技术发展等影响。

---

① 刘左元、李林英:《新媒体打破了以往社会分层的对话机制和模式》,《新闻记者》2012年第4期。
② 许正林、李名亮:《微博"交往理性"的现实性质疑》,《西南交通大学学报》(社会科学版)2013年第3期。
③ 刘庆华:《巴赫金狂欢理论视角下的微博现象》,《河北师范大学学报》(哲学社会科学版)2012年第2期。
④ 于隽:《微媒介环境中的感知转向及对个人自我建构的影响》,《现代传播》2018年第7期。
⑤ 谢新洲、安静:《微博舆论面临的问题及对策分析》,《新闻与写作》2012年第11期。
⑥ 莫楠:《围观中的隐忧——对微博围观的道德反思》,《当代传播》2013年第1期。
⑦ 杨研:《自媒体时代政府如何应对微博传播中的"塔西佗陷阱"》,《中国行政管理》2012年第5期。
⑧ 郑燕:《民意与公共性——"微博"中的公民话语权及其反思》,《文艺研究》2012年第4期。
⑨ 姬德强:《谁的权力场域?——"韩方之争"与微博的政治经济学》,《新闻大学》2013年第5期。

### （三）微博用户分析

2012年3月，张志安发布了国内第一份《中国微博意见领袖研究报告》（以下简称《报告》）。《报告》显示，"60后"及"70后"中青年群体是微博意见领袖的主力，占到72%；男性比女性掌握着更大的话语权。在他所调研的前100位意见领袖中，男性占到91%，女性仅占9%，且排名也相对靠后。

2019年3月，新浪微博数据中心发布了《2018微博用户发展报告》。《报告》显示，截至2018年第4季度，微博月活跃用户增至4.62亿，23—30岁用户占比最高，达40%。一、二、三线城市用户占比分别为16%、24%、25%，四线及以下城市占比31%；2018年娱乐明星的微博粉丝总人次增至167亿。①

微博平台上的用户以血缘、业缘、地缘和兴趣爱好等为纽带形成了无以数计的网络群组。②赵月枝在《北大媒介观察的学者微访谈》中指出，微博大众由具备一定知识水平的群体构成。他们渴望贴近信息源，在双向互动中获得多方面的信息，做出自己的判断。③任家宣则认为受众使用微博是基于一系列的心理需要：认识的需要、情感的需要、个人整合的需要、社会整合的需要、舒缓压力的需要等。④

刘晓伟通过对新浪微博中"春晚吐槽"的研究发现，微博狂欢在话语喧嚣的同时存在"沉默的螺旋"，大V比普通网民发挥了更关键的影响力。⑤张明新在分析221位博主行为的基础上发现消费信息越多的用户越

---

① 新浪微博数据中心：《2018微博用户发展报告》（https://www.useit.com.cn/thread-22578-1-1.html）。
② 惠志斌：《微博事件信息扩散及其柔性把关机制研究》，《新闻记者》2013年第8期。
③ 《北大媒介观察学者微访谈之赵月枝》（http://v.youku.com/v_show/id_XMzc4NzE0MDQ4.html）。
④ 任家宣：《从"使用与满足"视角透视"微博热"》，《青年记者》2010年第15期。
⑤ 刘晓伟：《狂欢理论视阈下的微博狂欢研究——以新浪微博"春晚吐槽"现象为例》，《新闻大学》2014年第5期。

是积极地从事信息生产。①

微博的出现，形成一种不均衡的信息传播态势。人性的复杂，使得微博这个新型舆论场能够成为各种人性表演的无形且巨大的舞台。②以公共知识分子为主的意见领袖微博关注度可能不及娱乐明星，但他们通过微博内外不同领域的跨界交流，共同掌握了微博大部分的话语权。③那些高影响力用户节点的存在和转发是引起信息持续传播和形成更大规模扩散的关键因素，对舆论的走势有着重要影响。④

### 五　网络话语权研究评述

总体来看，既有的研究成果丰硕，但也存在不足之处：

第一，学科交叉研究的成果较少。研究者主要是从传播学的角度进行思考，另外，研究者都关注到了互联网以及各项应用的出现所带来的话语权的变化，但多数是静止地去看待这种变化，没有考虑到各种话语权主体之间的较量和平衡，研究的角度也多是从技术的角度进行分析，并没有深究导致这种变化的社会原因以及个体因素，更缺少对这种变化后果的研究。

第二，研究方法层面以定性研究为主，定量研究较少。可以说现有研究成果丰富，能紧跟实践的变化，注重从各个角度研究话语权的变化，但是对于话语权的衡量和界定存在较大的差异——对于话语权利层面基本上没有什么异议，但是对于什么是话语权力，不同学者衡量的标准差异较大。这种差异的存在会扩展研究的范围，但也会影响学术研究的连续性。

---

① 张明新：《社会关系网络中的信息消费与生产微博用户行为研究》，《新闻与传播研究》2012年第6期。
② 陈力丹：《微博"圈子文化"解码》，《人民论坛》2011年1月1日。
③ 李名亮：《微博、公共知识分子与话语权力》，《学术界》2012年第6期。
④ 谢耘耕、荣婷：《微博传播的关键节点及其影响因素分析——基于30起重大舆情事件微博热帖的实证研究》，《新闻与传播研究》2013年第3期。

# 第一章 几个核心概念

关于话语权,法学、社会学、政治学等学科都从不同角度做过研究,本章主要是在借鉴其他学科相关研究的基础上,从传播学的角度去思考。为此,首先要厘清几个重要概念及其之间的关系:话语与话语权、网络话语权;其次需要探讨网络话语权的内容、形式及影响因素,为后续分析做一个铺垫。

## 第一节 话语与话语权

### 一 话语

话语,英文为 discourse。20 世纪初,率先提出话语概念的是瑞士语言学家费尔迪南·德·索绪尔(Ferdinand de Saussure)。他认为话语是指在具体日常情景中进行的个体语言活动,是一种个人行为。

梵·迪克(Van Dijk)认为,话语与社会和认知密不可分,是一种交际事件的表现形式,包括话语互动、书写文本以及相关的手势、面部表情、印刷布局以及其他符号等。但只有话语有助于形成和确认社会态度和意识形态时,其社会效果和功能才会体现出来。[①] 他将话语分析简单分为

---

[①] 转引自刘立华:《批评话语分析概论》,《外语学刊》2008 年第 3 期。

文本视角和语境视角，文本视角是对各个层次上的话语结构进行描述，语境视角则是把对这些结构的描述与语境的各种特征，如认知过程、再现、社会文化因素等联系起来加以考察。①

福柯认为"话语是各种机构通过一种界定和排斥的过程，是运用其权力的手段"②，话语是"被建构的，这种建构与真理、知识及权力密不可分"，③还"涉及主体间的关系"，④意味着"一个社会团体依据某些成规将其意义传播于社会之中，以此确立其社会地位，并为其他团队所认识的过程。"⑤

巴赫金认为，人与人之间离不开相互依存的对话关系，"语言"这个抽象概念，不足以解释一些意义在历史、政治和文化上的"定型过程"。他主张不在语言体系中研究语言，而应在人们对话交际之中进行研究。正是在这一点上，话语这一概念开始取代通行的"语言"概念。

但是需要注意的是话语和语言完全不同，话语涉及的是思想和传播的交互过程与最终结果，体现出制造与再造意义的社会化过程。布迪厄认为："哪怕是最简单的语言交流，也涉及被授予特定社会权威的言说者与在不同程度上认可这一权威的听众（以及他们分别所属的群体）之间结构复杂、枝节蔓生的历史性权力关系网。"⑥话语实践与其所处的行为场域之间是一种建构和被建构的关系。⑦"长久的现代国家以及资本市场的统治，话语更多体现的是国家权力和市场资本，政治意识形态和市场逻辑不知不觉中已成为话语合法性的基础……新媒体使得公民话语的生产与传播成为

---

① ［荷］托伊恩·A.梵·迪克:《作为话语的新闻》，曾庆香译，华夏出版社2003年，第26页。
② ［英］约翰·斯道雷:《文化理论与通俗文化导论》，杨竹山等译，南京大学出版社2001年版，第130页。
③ ［法］福柯:《福柯说:权力与话语》，陈怡含编译，华中科技大学出版社2017年版，第34页。
④ 王治河:《福柯》，湖南教育出版社1999年版，第158页。
⑤ 同上书，第159页。
⑥ ［法］皮埃尔·布迪厄、［美］华康德:《实践与反思:反思社会学导引》，李猛、李康译，中央编译出版社1998年版，第171页。
⑦ Gilbert Weiss and Ruth Wodak. *Critical Discourse Analysis: Theory and Inter Disciplinarity*, Palgrave Macmillan, 2003. P22.

可能,叙事主体的多样性、异质性,观点在讨论、协商和辩论中不断角力较量,妥协可能是达成共识的一种方式,但更多的却是不可调和的分歧,出现所谓的'交流的无奈'。"①

在《规训与惩罚》中,福柯认为话语的功能是使权力的某种目标(如规训)得以实现,如果没有话语权利的表达,话语规训权力是谈不上的。可见,有话语权利保障的话语才有权力,无话语权利也就遑论话语权力了。

本书中的话语主要有三个层面的含义:一是指微博帖子的内容,包括原创帖、转发帖和各种评论内容,且不局限于文字内容,包括图片、图表、音视频等多种形式;二是指一种表达利益、诉求、观点、需求与建议的行为;三是表示一系列参与和互动的过程,在这一过程中,"话语"被制造出来,并被不同的人所接收、传播和讨论。

## 二 话语权

福柯在其著作《话语的秩序》中最早提出了"话语即权力"的观点,并在其后的《知识考古学》《规训与惩罚》等书中都涉及了话语与权力关系方面的问题。

### (一)话语权的界定

福柯认为"影响、控制话语运动的最根本的因素是权力。话语和权力是不可分的,真正的权力是通过话语来实现的"②,某个话语的"真理"很少取决于说的内容,而更多的是取决于谁在说以及何时何地说的。③

刘华蓉认为话语权指的是公民有就社会公共事务和国家事务发表意见的权利,是一种表达权和参与权的体现④,也是公民选举权和参与权等其他

---

① 师曾志、胡泳等:《新媒介赋权及意义互联网的兴起》,社会科学文献出版社 2014 年,第 7—8 页。
② 王治河:《福柯》,湖南教育出版社 1999 年版,第 182 页。
③ [英]约翰·斯道雷:《文化理论与通俗文化导论》,杨竹山等译,南京大学出版社 2001 年版,第 131 页。
④ 刘华蓉:《大众传媒与政治》,北京大学出版社 2001 年版,第 16 页。

政治权利实现的基本前提,①也是社会在尊重自然权利与崇尚理性法则之下私权利对抗公权力的状态。②

葛兰西较早从意识形态斗争的角度思考话语及话语权的问题,将话语置于一种作为霸权的权力观中,置于一种作为霸权斗争的权力关系演化观中;而哈贝马斯则在对现实世界民主政治的设想中提出话语民主理论,并将制度化民主的动力和合法性基础归结于交往行为中的话语民主。③

话语权和影响力紧密相连、相辅相成,有影响力的话语才会有真正的话语权。④但话语权从来就不固定在一处或者某个人手中,它始终处于循环过程中的一种链状结构,像网络一样向四面八方延伸出去。⑤

话语权往往同人们争取经济、政治、文化、社会地位和权益的话语表达密切相关。

本书对于微博的研究,所侧重的"话语"并非是微博客们所说的所有话(文本),而是特指那些与热点事件和社会公共事务等有关的文本,而非涉及个人生活和情感等的记录。综上所述,笔者认为,话语权与媒介使用权(接近权)密不可分,是公民就社会公共事务和国家事务发表意见的权利。话语权既是公民表达权和参与权的体现,也是公民选举权和参与权等其他政治权利实现的基本前提。

### (二)话语权与传媒

话语权的行使不可能离开特定的载体或者媒介,尤其是文字出现之后。人类自有了文字之后,就开始从口语传播时代进入书写传播时代,以往的口语传播依靠的是口耳相传、心记脑存,既不能"通之于万里,推之

---

① 刘学义:《话语权转移:转型时期媒体言论话语权实践的社会路径分析》,中国传媒大学出版 2008 年版,第 26 页。
② 陈堂发:《媒介话语权解析》,新华出版社 2007 年版,第 1 页。
③ 转引自胡春阳《话语分析:传播研究的新路径》,上海世纪出版集团 2007 年版,第 36 页。
④ 喻国明:《传媒影响力》,南方日报出版社 2003 年版,第 12—16 页。
⑤ [法]米歇尔·福柯:《两个讲座》,《权力的眼睛:福柯访谈录》,严锋译,上海人民出版社 1997 年版,第 233 页。

于百年",更不能保证信息在传播过程中不被扭曲、变形、重组和丢失。①

纵观人类的发展史和传播史,最早的媒介就是人类自身;再到刻画在不同介质上的各种标记;再到后来文字的出现,莎草、竹简、纸张等,都是人类跨越时空进行信息表达和传播的载体。直到古登堡印刷机的出现,才有了大规模文字信息的表达和传递,之后电子媒介、网络媒介等的出现和发展,人类话语逐渐呈现出多种形式的表达,传播的效率得以极大提高,传播的范围拓展到全球。

与之相伴,社会个体对话语权的认识、话语权主体的力量对比也处于不断变化之中。当众多个体和组织团体、政府等对媒介和话语的重要性越来越看重的时候,争取话语表达自由的主动权和表达能力就变得日益重要。

由于现代社会中威力最强大的话语平台是大众媒介,所以"话语权"与"媒介使用权"密不可分。② 以往,大众传媒掌握着社会中更多的话语表达权,在信息流通过程中掌握着绝对的控制权,而互联网的出现,带来了发布权的"泛化",每一个能上网的人都拥有了话语的"权利"。此时,话语权实现的保障是存在一种说话有效的社会环境和机制。有了相应的保障,人们才有发表意见的权利,而且还可以让别人倾听自己的意见,从而保证话语表达的效果和力量。③

### (三)表达自由

郭道晖认为,表达权即表达自由,主要有如下几种基本形态——言论自由、新闻自由、出版自由以及集会游行示威等。其中,言论自由是核心。④

美国耶鲁大学教授埃莫森把言论自由的价值或功能概括为四项:⑤

第一,"一切人在他自身的人格发展过程中,均有形成自己信念和意见的权利,同时他也拥有表达这些信念与意见的权利。压抑信念与意见的

---

① 夏德元:《电子媒介人的崛起——社会的媒介化及人与媒介关系的嬗变》,复旦大学出版社 2011 年版,第 32 页。
② 陈晓律:《话语权与媒介使用权》,《南开学报》(哲学社会科学版)2008 年第 5 期。
③ 娄耀雄:《信息法研究》,人民法院出版社 2004 年版,第 21—23 页。
④ 郭道晖:《论表达权与言论自由》,《炎黄春秋》2011 年第 1 期。
⑤ 参见甄树青《论表达自由》,社会科学文献出版社 2000 年版,第 162—163 页。

表达，就是对人的尊严的侮辱，对人的本性的否定"。

第二，每个人必须倾听关于该问题的各种意见，尤其是反面意见。

第三，言论自由有助于增强国民政治参与意识和水平，促进民主政治发展。他强调，"政治领域的表达自由，通常是保障其他领域自由的必要条件"。

第四，言论自由还能起到社会"安全阀"的作用，有助于建成一个"适应性更强更加稳定的社会"。

同时，言论自由也是公民参与政治的基本条件，是推进社会科学文化和人类精神自由发展的凭借。①

我国《宪法》第三十五条明确规定，"公民有言论、出版、集会、结社、游行、示威的自由"，中华人民共和国公民有以口头、书面或其他合法方式来对一定的问题表达自己的观点和看法的权利。

基于上述分析，我们可以看出话语表达之于个人和社会的重要意义，而表达的实现又不能离开大众传播媒介，两者具有密切关系。不同的传播媒介会给话语表达的方式、内容和空间带来不同的影响。当然，整个社会的制度、政治、经济、文化等也会影响话语表达。

### （四）从话语权利到话语权力

权力（power）与权利（right）存在着矛盾统一关系，二者既相互依存和转化又相互对立和冲突。网络技术除了为各种新的社会关系的建立和拓展预留了极大的空间，同时它还在吸引人们共同使用的实践中消解或缩小权利的"可以"与权力的"能够"之间的距离。②

话语权概念的核心在于"权力"这一维度。马克思·韦伯认为权力意味着遭到反对也能贯彻自己意志的机会和能力，它有三种来源：源自传统的权力、源自个人魅力的权力和源自法令的权力。③

与马克思·韦伯的对宏观权力的批判不同，福柯关注的是微观权力，

---

① 蔡文之：《网络传播革命：权力与规制》，上海人民出版社2011年版，第295页。
② 同上书，第96页。
③ ［德］马克斯·韦伯：《经济与社会》，林荣远译，商务印书馆1997年版，第81页。

他认为"权力应该是可见的但又是无法确知的"①,"现代社会,权力遍布方方面面,遍布每个人身上,每个人都有行使权力的能力……每个人既是权力的帮凶,也是被权力压迫的人"②,但"权力不能被任何人所占有,它只是在流动地运作着,权力在各种关系中,自下而上地运动着,没有人能够超脱于权力之外,即使对于权力的抵抗也要在内部进行"③;杜赞奇认为权力指个人、群体、组织通过各种手段获取他人服从的能力,是各种无形的社会关系的合成④;海瑞克·史密斯认为信息即权力⑤;约翰·P.科特认为权力来源于信息与知识、良好的人际关系、工作关系、资源网、明智的行动计划、优良的业绩等。⑥

蔡文之认为权力有三种,分别是:第一,作为资源的权力,体现为权力的资源和物质属性;第二,作为组织的权力,体现为权力的组织和管理特性;第三,作为观念和意志的权力,体现为权力的非物质性。而权力的核心是信息和知识。⑦率先提出网络权力概念的是英国政治学家蒂姆·乔丹,他认为网络权力除了包括组织网络空间中的权力形式之外,还指因特网上的文化与政治的权力形式。⑧在网络空间中具有决定性作用的权力就是信息和知识。福柯认为,权力与知识是"共生体",知识是权力的一种剩余,而这种剩余又产生着超权力的影响力。优势群体通过霸占包括信息财富在内的一切稀缺资源,以此支配和控制劣势群体。⑨网络权力是通过

---

① [法]福柯:《福柯说:权力与话语》,陈怡含编译,华中科技大学出版社2017年版,第125页。
② 同上书,第256页。
③ 同上书,第162页。
④ [美]杜赞奇:《文化、权力与国家:1900—1942年的华北农村》,王福明译,江苏人民出版社1995年版,第54页。
⑤ [美]海瑞克·史密斯:《权力游戏》,刘丹曦等译,中国言实出版社1997年版,第67页。
⑥ [美]约翰·P.科特:《权力与影响力》,吴明、崔新健译,中国国际广播出版社1992年,第38页。
⑦ 蔡文之:《网络:21世纪的权力与挑战》,上海人民出版社2007年版,第3—6页。
⑧ 转引自白淑英、牛鸽军:《微博社区中的网络结构与权力分配》,《湖南师范大学社会科学学报》2014年第6期。
⑨ 参见何玉兴《社会群体沟通平衡问题学理资源探析》,中国社会科学院2000年博士论文。

微博、论坛等新媒介对他人产生影响达到预期效果的能力,①与传统的权力看作是一方对另一方的统治、控制和支配不同,微博社区中的权力表现为人们通过发帖、转发、评论而形成的对他人的认知行为和价值判断进行有效影响和制约的能力。网络权力产生于"身份—权威"的整合体,其本质是理念和价值的影响力和传播力。②

基于上述观点,笔者认为权力的实现与话语的影响力密不可分,话语是实现权力的前提和基础。考察网络话语权,不能离开话语主体的个人特质、所处的传媒环境与社会环境等。系统而言,包括宏观的社会环境,如政治、经济、文化、科技等相关制度与发展水平;中观层面的传媒发展水平与生态环境等;微观层面主要是话语主体自身所处的社会阶层、拥有的社会资本、话语表达的目的、动力、技巧等具体要素。

## 第二节　网络话语权

网络话语权是基于互联网的发展和应用而出现的,并给传统的话语权提供了新的载体、形式和内容等。

### 一　网络话语权的界定

本节主要从网络话语权的概念、内容、特征与表现形式等进行分析。

**(一)网络话语权的概念**

网络话语权包含权利与权力两个层面。

1. 网络话语权利

霍华德·莱因戈德(Howard Rheingold)将20世纪互联网的演变过程概括为:50年代的电脑技术属于先知,60年代属于精英,70年代属于亚

---

① 白淑英、牛鸽军:《微博社区中的网络结构与权力分配》,《湖南师范大学社会科学学报》2014年第6期。
② 同上书。

文化，90年代属于数量不断增长的社会公众。① 快速发展的互联网技术和应用，越来越低廉的价格和服务，层出不穷的智能化接收终端，实现了人与媒体的"形影不离"，并占领了人类的碎片化时间。"我思故我在"，现在"思"的过程和内容，都可以成为和他人分享的依据，表达自由变得触手可及，随时随地都可以完成。互联网对这种自由的实现提供了可能和保障，并使获取、应用和控制信息的能力从少数组织和个人的特权变为公众可以享受的基本权利。

2. 网络话语权力

美国学者罗伯特·基欧汉和约瑟夫·奈在《权力相互依赖》一书中说，"在传统的世界里，权力是建立在以地理位置为基础的制度上的，也就是说它与信息资源的依赖关系相对而言比较弱，而到了网络时代，权力与信息资源的依赖强度则大大增加"②。托夫勒在《权力的转移》一书中指出，暴力、财富和知识是权力的三角基石，而信息时代品质最高的权力是知识，它甚至成为扩散前两种权力的最高原则。③

曼纽尔·卡斯特认为，网络时代的网络权力为精神或心灵的权力，是通过符码影像呈现出来的社会认同力量，④ 扎根于信息技术之中，"在这个基础上，一个新的社会结构正被扩展成我们社会的基础：网络社会"。⑤

哈贝马斯将权力定义为"通过旨在达成一致的沟通而形成的共同意志"⑥，他进一步指出，权力沟通论并不能有效说明个人和群体的权力实现过程。除了沟通性互动，权力主体的地位获得还需要策略性行动，这些行动需要既存的强制性支配，或者对舆论的操纵或者劝服。吉登斯的权力观

---

① 转引自蔡文之《网络传播革命：权力与规制》，上海人民出版社2011年版，第4页。
② 转引自唐魁玉《网络化的后果：日常生活与生产实践的变迁》，社会科学文献出版社2011年版，第39页。
③ [美]阿尔文·托夫勒：《权力的转移》，吴迎春等译，中信出版社2006年版，第12页。
④ 参见[美]曼纽尔·卡斯特《认同的力量》，曹荣湘译，社会科学文献出版社2006年版，第419页。
⑤ [美]曼纽尔·卡斯特：《网络社会：跨文化视角》，周凯译，社会科学文献出版社2009年版，第7—8页。
⑥ 转引自宋辰婷《互联网时代的权力演化趋势》，《社会科学研究》2017年第2期。

则既强调行动主体的能动作用,即转换能力,又强调结构对行动主体的制约能力,即支配能力。①

笔者认为这里的权力和杜赞奇所说的"权力"一样,是个中性概念,"它指的是个人、群体和组织通过各种手段以获取他人服从的能力"。②网络话语权力则是通过信息的传播对于他人在行动上的影响力。当然这种权力的实现并非仅仅依赖于话语表达者自身的位置与资源,还包含源自网络空间里蕴于关系网络之中的策略行动,③同时,话语本身的传播价值、平台提供者、政府的管理策略等也会对网络话语权力的实现起到一定作用。

### (二)网络话语权利到权力的转化

在《传播力》一书中,曼纽尔·卡斯特提出权力存在于那些能够控制社会、技术、政治、经济和信息网络的人手中,这些社会、技术、政治、经济和信息网络对现代社会来说至关重要。④

在网络空间,权力对个人或组织的影响主要是通过话语实现,这种实现的重要条件来自于微博的组织结构所产生的平台力量。⑤韩运龙认为网络空间中"结构洞"的存在是意见领袖网络话语权力的直接归因。⑥除此之外,还取决于以下几点:

1. 话语环境

技术的发展,并不必然带来很多新的变化,它只是作为社会发展的一个重要因素而已,但不是唯一因素。互联网突破了传统媒体由于时空间隔而造成的种种障碍,创造了可以承载海量信息的空间,给普通个体的话语表达提供了必要的前提条件和技术上的保障,使之可以打破传统媒体时代以精英为

---

① 参见郭忠华:《转换与支配:吉登斯权力思想的诠释》,《学海》2004年第3期。
② [美]杜赞奇:《文化、权力与国家:1900—1942年的华北农村》,王福明译,江苏人民出版社1995年版,第4页。
③ 刘少杰:《中国网络社会研究报告2016》,中国人民大学出版社2016年,Kindle版本(Kindle位置3427—3429)。
④ 转引自[美]亨利·詹金斯等:《参与的胜利:网络时代的参与文化》,高芳芳译,浙江大学出版社2017年,Kindle版本(Kindle位置2654—2657)。
⑤ 彭兰:《Web2.0及未来技术对数字化个体的再定义》,《当代传播》2013年第2期。
⑥ 韩运龙、高顺杰:《微博舆论中的意见领袖素描》,《新闻与传播研究》2012年第3期。

主导的话语格局,为普通人的话语表达提供了可能。但是话语权实现的关键还在于话语机制和话语环境是否足以保证个体表达被公众所关注。

2. 表达动机

互联网,改变了人们的互动结构与参与方式,也改变了信息的占有与分配格局,改变了人们以往不得不依赖专业传媒机构获得信息的局面,打破了传统媒体时代精英垄断信息的格局。个体的各种利益和诉求有了直接表达的可能,"沉默的大多数"拥有了一个利益诉求和情绪宣泄的出口,在见证"围观改变中国"的力量后,公众的表达动机相对比较强烈。

3. 聚合行为

克莱·舍基认为规模起了很重要的作用。规模上的变化意味着曾经不可能的事情变成了可能,曾经不太可能的事情变成了肯定。[①] 4亿多活跃用户,为在微博上形成舆论提供了必要的条件。另一方面值得关注的是微博的传播速度,短时间的裂变式、跨平台传播使得舆论可以快速生成,实现线上和线下的连通,进而形成对相关主体的压力,这种短期内的凝聚效应促成了话语权利到话语权力的转化。如巴兰和戴维斯所言,崭新形式的媒介意味着崭新形式的传播,而这又意味着新的关系的形成以及新的权力和影响力中心的出现。[②]

网络社会权利"如果仅由单人分散行使,其影响力很小,很难形成压力;若集合行使(如通过代表自己利益的群体组织去集体行动,通过多人发表集体声明、控告,形成社会舆论等)的话,就能转化为强大的社会权力。"[③] 但是在集合行使的过程中,为了一个共同的目标,聚合成同一种声音是使权利转化为权力的基本要素。当公民对热点事件的意见汇聚成集体的"非正式决议"时,便形成一种强大的控制性力量,而"促使"有关部

---

① [美]克莱·舍基:《未来是湿的:无组织的组织力量》,胡泳等译,中国人民大学出版社2009年版,第27页。
② [美]斯坦利·巴兰、丹尼斯·戴维斯:《大众传播理论:基础、争鸣与未来》,曹书乐译,清华大学出版社2008年版,第64页。
③ 郭道晖:《社会权力与公民社会》,译林出版社2009年版,第55页。

门或者个人做出回应，进而要求解决公共领域的重大问题。①

## 二　网络话语权的内容

### （一）网络话语权的主体

以微博为代表的网络平台，是一个由互联网公司出于商业目的打造的开放式平台，普通网民、一般的商业机构、媒体机构、政府部门等都可以进行信息发布与传播。目前，微博每天约有上亿条信息被发布，而发布者基本属于上述四类。笔者认为，政府部门、商业机构、媒体机构和普通网民组成了网络话语权的主体。其中，微博作为一般的商业机构也参与到信息发布中来，考虑到它的特殊性，本书并未将之归为一般的商业机构，而将之单列，毕竟它既是平台的搭建者、运营者和规则的制定者，也是政府部门管理政策的实施者，会直接影响微博话语空间的活跃度、参与度和整体氛围。

1. 政务新媒体：政府部门脱冕

2011年8月，中共中央办公厅、国务院办公厅印发了《关于深化政务公开加强政务服务的意见》，提出要借助微博等新平台，"及时回应社会关切"；2011年10月，国家互联网信息办公室召开"积极运用微博客服务社会经验交流会"，鼓励党政机关和领导干部开设微博客、用好微博客，在一定程度上推动了政务微博的快速发展，2011年也被称之为"政务微博元年"。在新浪微博开设的政务微博账号也从年初的0.5万个增至年底的2万个，到2018年6月，这个数字增至17.5万，总粉丝超过29亿，总阅读量达到1 500多亿次。②

相对于传统媒体时代的新闻发布会、吹风会等形式，政务新媒体使各级政府部门可以自主发声、自由选题、与网民直接互动，降低了对专业传媒机构的依赖，获得了较为强大的政治影响力；同时，缓解了"两个舆论场"的割裂状态，并极大地推动了电子政务、智慧城市等政府信息化工

---

① 蒋建国：《新媒体事件：话语权重构与公共治理的转型》，《国际新闻界》2002年第2期。
② 《2018年上半年人民日报·政务指数 微博影响力报告》（http://yuqing.people.com.cn/n1/2018/0803/c209043-30205381.html）。

作。①

政务微博的功能也从当初的信息发布、政策解读、答疑解惑等延伸至构建智慧政府和政务治理体系，推动社会治理。从中央到市县，从公安到旅游、教育等纵横交错的政务微博格局，体现了一种网格式的信息发布、政策解释和舆情应对的布局。何玉兴认为任何理念、理论和政策，都要通过话语来影响人，②而17万多个政务微博账号、数万个政务微信公号，则是实现习近平主席所说的"实现政府治理和社会调节、居民自治良性互动"的方式之一。

从传统社会的角度来看，国家权力一直怀有对微博文化网络进行"征服"的强烈冲动，通过征用各种象征符号加强控制，使国家权力嵌入其中。③以微博为代表的政务新媒体可以传达政府机构和主管官员的意志，直接与网民沟通，实现上情下达、下情上传，必要的时候进行舆情监测、危机管理。权威信息发布、政策解读、微博问政等功能，在塑造政府亲民形象的同时也提高了办事效率，客观上承担新闻业新行动者的公共责任和社会使命④。倒逼个别政府机构和公职人员注意自身言行，增强为民服务意识，接受民众监督。

2.传统媒体借力微博：拓展新渠道

传统媒体比较早地拥抱微博，纷纷通过建立官方账号来延伸自家内容和品牌的影响力，弥补时效性不足、传播空间有限的缺憾，甚至于将其视为媒体转型的尝试性举措。新浪微博当年适时推出的报纸类、电视类微博影响力榜单，在吸引更多媒体加入的同时也刺激后者参与竞争，保持较高的活跃度。

2014年8月18日，中央全面深化改革领导小组第四次会议审议通过了《关于推动传统媒体和新兴媒体融合发展的指导意见》，提出要打造一

---

① 张志安、章震：《政务机构媒体的兴起动因与社会功能》，《新闻与写作》2018年第7期。
② 何玉兴：《话语影响力研究的学术价值和现实意义》，《社会科学论坛》2017年12月。
③ 郭栋：《社交媒介法治研究：基于微博规制实践的考察》，复旦大学2014年博士学位论文。
④ 张志安、章震：《政务机构媒体的兴起动因与社会功能》，《新闻与写作》2018年第7期。

批形态多样、手段先进、具有竞争力的新型主流媒体。以《人民日报》、新华社、中央电视台等为代表的央媒,及以上海、浙江、江苏、湖南为代表的地方党媒,在雄厚的资金支持下,向新媒体进军。《人民日报》、新华社等党媒以不同于"母体"的语言风格、选题标准、沟通方式成功地在微博上赢得了数千万甚至上亿的粉丝关注,建立了新的影响力,彰显了专业的内容生产能力,赢得了主动的话语权,实现了品牌的延伸与拓展。

可以说,官方媒体的微博、微信公号及政务双微在发生危机事件的情况下,一改从前的被动处境,多选择主动地发布信息,争取舆论主动权,侧重传达"正能量"和正面情感[1],掌握更多话语权。

3. 商业机构:自主营销

开设微博账号的商业机构大致分为两类:一是利用自建的微博账号帮客户开展营销业务,以收取营销费用的机构;二是搭建官方微博为自己企业直接营销的企业或机构。前者的角色类似于自媒体,出售的是账号影响力,后者则是为了直接营销,拉近与消费者和潜在消费者的距离,全方位、多角度、立体化展示企业文化、产品信息、服务特色等,个别运营得当的官微,则直接推动了营收增长。

在新浪微博苦苦烧钱、盈利模式不清的时候,已有一批嗅觉灵敏者注意到了微博的营销价值,并从中获得了丰厚的利润。《创业家》杂志在2011年刊登了一篇报道《草根牛博操控者》,将最强势的微博营销账号划为三大门派——"微博福建帮"、杜子建、"酒红冰蓝",并称之为微博江湖最有权势的人,因为他们的公司占据了新浪草根微博排行榜中的前50名。他们旗下所运营的多家微博账号拥有数百万粉丝,所以靠发布广告、网络营销,就可以"日进斗金"。该杂志调查发现,2011年的行情是一个粉丝量60多万的微博账号,转发一条广告的报价是300元—500元。这些主要以发布冷笑话、时尚、星座、语录等内容为主的账号,依靠"大号带小号"的运营思路,吸引了众多粉丝,实现了一定的商业价值。

---

[1] 杨国斌:《情之殇:网络情感动员的文明进程》,《传播与社会学刊》2017年4月。

随着微博商业化战略的推进,多家公司选择它作为自我推广的重要渠道,据微博数据中心发布的《2017年微博用户发展报告》显示,化妆品行业发文量超过40亿次,评论超22亿次;至2017年8月,饮料行业在新浪微博开通官方账号5 630个,发文90多万条,阅读次数超过56亿次;酒类官博共发博28万条。还有众多报告中没有提及的企业官微,也是微博内容的主要生产者,如@小米手机,拥有2 700多万粉丝(2018年12月14日数据),自2011年6月创建账号以来,已发布1.6万多条微博,互动次数更是不计其数。

4. 网民:发现新鲜事儿

个体的表达和参与成就了微博的活力和商业模式。从早期的"随时随地发现新鲜事儿"到后来的"围观改变中国",再到微博热搜,体现的是用户从好奇好玩儿的尝试者,到社会参与者、见证者角色的改变。

微博的社交属性,使得网民之间的关系建立更为简单,大家在发布信息刷存在感的基础上,还可以拉近与明星、名人之间的距离,通过对热点话题的参与,一起见证某些事件的发展;通过评论功能,抒发情感与意见;通过转发等行为,扩大内容的影响力。

表达是人类的天性,就像杜威所指出的,"没有任何人和心灵可以因离群索居而获得解放"[①]。人类需要表达,而大众传媒的出现,为人类的话语表达提供了一个极好的介质和手段,也将全人类可以在瞬间联系起来,实现信息的共享。一方面,传媒给个体提供了话语表达的渠道和平台,让个体有了更好实现表达的权利和更强的传播能力;另一方面,传媒的发展给话语表达和社会沟通带来便利的同时,也在某种程度上改变了社会结构和传媒业自身的结构。众多普通个体"自由、便捷、实时"的话语表达,改变了既往传媒业制作与发布新闻的权力垄断,改变了传统信息传播权力的结构。

周萍认为,媒体的产生让大众获得了更多知情和表达的权力,而表达

---

[①] 转引自凯斯·桑斯坦《网络共和国:网络社会中的民主问题》,黄维明译,上海人民出版社2003年版,第135页。

的权力发展到网络评论提供的平台期,就形成了轰轰烈烈的大众话语权。[①]

**(二)网络话语权的客体**

网络话语权的客体,即网络话语权力所指代的对象,也就是网民参与话语讨论的话题。[②] 与传统话语权所指代的客体相比,网络话语权讨论的客体有两方面特点:首先是内容丰富且多元,既有与个人兴趣、爱好、情感等有关的私人话题,也有涉及政治、经济、文化等方面的公共议题,如腐败、贫富分化、食品安全等;其次,热点话题更替频率快,议题本身的特殊性和网友的主动参与等因素推动了议题的快速更替,再加之微博的热搜和推荐功能,更是助推了这种更替。

**(三)网络话语权的载体**

网络话语权的载体是网络和其所具有的各类传播形态,如 BBS、即时通信工具、微博、视频直播、短视频等。载体具体形态的变化与互联网技术发展紧密相关,随着万物皆媒时代的到来,网络话语权的载体变得易得、易用,与使用者的关系异常紧密。

从1456年古登堡发明了世界上第一台手摇金属活字印刷机而导致第一次信息技术革命以来,计算机和通信技术的结合又引发了人类的第二次技术革命。在上述信息技术的作用下,人类的交往空间达到了前所未有的扩大。

信息资源的垄断,使个体之间和阶层之间传播能力的差距进一步扩大,人与媒介发生大规模的分离,[③] 也就产生了话语表达的差异性。

换句话说,大众传播媒介的更替历史也是个体与组织话语表达方式的不断发展。传播载体的发展提供了话语表达的物质保障,互联网跨越时空的传播特点,改变了人们的参与和表达意识,同时让很多人可以见证参与和表达的力量与效果,在这一点上,给表达提供了动力。

---

① 周萍:《网络媒体公众话语权研究》,中央民族大学2005年硕士学位论文。
② 李水金:《论公共话语场》,《理论学刊》2011年第7期。
③ 夏德元:《电子媒介人的崛起——社会的媒介化及人与媒介关系的嬗变》,复旦大学出版社2011年版,第34页。

互联网,在人类传播史上具有划时代的意义,它彻底实现了信息的跨时空传递,扩大了人的生存环境,加速了人类知识和信息的传播速度和累积速度,并给人类营造了另外一个生活空间和传播语境——"网络社会"。

它是一种异乎以往任意媒介的方式,将话语权利加速从"垄断"或"非对称"的状态中解放出来,[①] 赋予普通个体更多的表达自由和共享自由,双向互动的交流方式在一定程度上解放了思想的桎梏,缓解了交流的困境,实现了社会连接器和放大器的功能,为网络话语权的表达、网络力量的凝聚、社会参与的实现提供了平台。

## 三 网络话语权的特征与表现形式

### (一)网络话语权的特征

表达载体或者媒介的变化,必然会带来话语权的一系列变化:

第一,表达议题和形式的自由。当然这种自由也是有一定限度的,只是这种自由若和传统媒体相比,则要大很多。毕竟传统媒介中的公共话语传播,需要经过层层把关和过滤,又囿于发布时间和版面容量等的限制,所呈现的是一个带有一定倾向性的、以传播者主观判断为中心的"拟态环境"。

第二,传受主体的突破。互联网时代,尤其是移动互联时代,信息的传播主体进一步拓宽,大众传媒再发达,其信息采集者也不可能出现在所有的新闻现场,而随处可在的普通公民则遍布于世界的各个角落,各种随身携带的具有网络功能的摄录设备的普及应用,使得普通大众可以根据自己的判断,实时记录相关片段并发布,这样,由公众传播新闻的方式也就成为他们实践话语权的方式。

信息一经发布,就会被很多人看到并进行评论或者进一步传播,信息流和意见流同步形成,借此大规模的交流和互动过程,传者和受者充分融合。另外,传统的信息传播者也越来越喜欢在互联网上寻找新闻线索和报道素材并关注网上舆论动向,进而形成互联网和传统媒体的合力传播,进

---

① 鲍传文:《网络时代的话语权重构》,中国人民大学 2009 年硕士学位论文。

一步扩大了话语权的影响力。

第三，传播效果的凸显。微博的每一位用户都是信息传播的节点，理论上每个节点发布的信息，都有可能在瞬间辐射到整个微博空间。在短时间内使得信息呈现裂变式传播效果，这种传播效果又会引起"潜伏"在微博寻找消息来源的传统媒体记者的关注，进而实现网下的快速传播。现实社会和网络社会相呼应，凸显传播效果。

第四，层次化明显。一方面，互联网使用率逐年上升，主体更加多元，机构与个人之间、个人使用者之间因自身差异而产生的影响力差异，使网络话语权也体现出了层次化分布，这种差异主要体现在话语传播的效果层面。微博的权力结构呈现出阶层化特征。另一方面，微博热门话题的形成过程又是网络权力流动的过程，实现着权力重组与分配。[①] 赵云泽等则通过对三个时间点网络浏览数最多的前500名网帖进行内容分析得出网络话语结构呈现中间大、两头小的纺锤形结构，网络言论更多代表的是中间阶层的"民意"。样本中有高达68%的内容是表达中间阶层的利益诉求的。同时，国家与社会管理者阶层的网帖达28%，也占有较大比例。而占有中国人口总数64.8%的"产业工人""农业劳动者""无业失业半失业人员"阶层，只拥有12%的网络话语权。[②]

### （二）网络话语权的形式

#### 1. 文字

微博早期是以文字表达为主，并且有140个字的容量限制。这有助于降低表达的门槛，尤其是和博客表达相比，降低了表达的难度，但是单独依靠简短的文字传递更多的信息，则需要微博博主具备较高的文字驾驭能力。准确、简洁、醒目等是第一要义。简短的文字固然可以降低写作者和读者的压力，适于分享，但却不利于信息的完整表达，影响信息的深度。高品质的内容，离不开翔实的资料、简洁准确的表达、完整清晰的结构、

---

[①] 白淑英、牛鸽军：《微博社区中的网络结构与权力分配》，《湖南师范大学社会科学学报》2014年第6期。

[②] 赵云泽、付冰清：《当下中国网络话语权的社会阶层结构分析》，《国际新闻界》2010第5期。

严谨的分析与论证。

创建初期 140 字的容量限制，可以看作是一个产品特色，便于吸引普通网民使用，在发展过程中，微博运营者也发现了字数限制所带来的缺陷，并于 2012 年推出"长微博工具"，给微博博主和粉丝提供选择便利，对特定信息有兴趣的可以进一步了解详细信息。2016 年推出的头条文章，则被认为是为专业媒体机构和作者提供的编辑工具，也是对微博碎片化信息的弥补与增强，以信息流大卡片的形式出现，极速打开，可以满足用户深度阅读的需求，提升阅读效率。数据显示，2017 年 1 至 9 月微博头条文章发布量同比增长近 90%。

2. 音频、视频等

相比于文字和图片，音视频一直以来被认为制作和传播难度较大，但随着智能手机功能的强大，视频的拍摄、编辑一体化且操作极简。微博推出的视频直播功能、秒拍 App，为制作者和传播者带来便利，为微博营销提供了可能，也给用户呈现了更多元、更丰富的现实世界。美食、搞笑、旅游等微视频内容更受用户欢迎，也契合用户使用的场景。

微博与其他视频的合作，如 @梨视频、@新京报我们视频等，提升了这些专业新闻机构内容的传播力，也有利于增强微博平台的活跃度。

3. 图片

图片是指由图形、图像等构成的平面媒体，包括图画、图表、照片、表情包等，具有直观、醒目、生动、形象、表现力强的特征，可以靠线条、色彩、构图、情绪、光影等形成较强的视觉冲击力，相比于文字，所占空间更多，更为抢眼。不同的表现形态有各自的传播优势，如照片，可以定格瞬间画面，拥有现场感、个性化，真实记录细节和情感冲突、内部要素之间具有的张力；图表，可直观、简洁地呈现报道对象的统计信息属性；表情包，可以恰当、戏谑、搞笑的方式表达特定的情感，增加传播的感染力。"一图胜千言"的效果在微博传播中也有体现。

在实践中，上述信息表现形态往往是综合使用，文字+图片、文字+视频等更能充分发挥各自的优势，形成 1+1>2 的传播效果。只有那些能熟练掌握多种信息表现形式的个体,才能具备更多的影响力。换句话说,微博等自媒体平台在降低普通用户表达门槛、使技术更为智能化、人性化的同时,更凸显了优秀的内容生产者的价值,这从之后的各自媒体平台推出的优质作者扶持计划就能看出端倪。

## 第三节 网络话语权的效果衡量

虽然前文将网络话语权简化为通过话语的影响力来进行体现,但系统而言,我们则可以从话语的表达效果将之分为多个指标进行测量。李水金就话语的表达效果制定了一个量表,用公平、公正、效率、效果来检测话语的有效性。表格如下:[①]

表1-1　　　　　　　　话语表达效果的测量指标

| 评价标准 | 指标 | 表现形式 |
| --- | --- | --- |
| 公正 | 话语的自由度<br>话语的讨论度<br>话语的参与度<br>话语表达的真实度 | 话语是在强制下进行还是在自由状态下进行的;<br>话语本身是否经过了充分的讨论;<br>话语参与是否公正;<br>话语表达是被胁迫的被操作的还是真实可靠的 |
| 公平 | 话语表达的平等性<br>话语表达的可理解性<br>话语的多样性 | 强话语和弱话语是否拥有平等的话语权;<br>话语表达是否清晰;<br>话语表达是否具有多种形式 |
| 效率 | 时间效率<br>空间效率 | 话语诉求是否得到了及时的反馈;<br>话语范围涉及的相关利益方是否广泛 |
| 效果 | 共识达成效果<br>利益实现程度<br>话语接受者的反馈<br>话语双方的影响程度 | 话语表达是否在一定程度上达成共识;<br>话语表达中的利益诉求是否在一定程度上实现;<br>话语表达是否得到一定程度的反馈;<br>话语表达是否对表达者和受话者产生双赢效果 |

如果参照这个量表,我们就会发现微博话语场正是这样一个在某种程

---

① 参见李水金《中国公民话语权研究》,吉林人民出版社2009年版,第48页。

度上实现了公平、公正、效率、效果的空间。微博话语场冲击了"把关人"理论，各种议题均可以在其中讨论、协商，特别是与弱势群体有关的话题。他们的议题可以不经过大众传媒的层层把关而在微博话语场中传播，向公众展示自身的遭遇，实现自己的利益。

但是不能忽视的是，作为弱势群体的一方以往是需要经过传统媒体把关人的筛选，现在虽然是可以自由发布消息，但从实际上依然面对表达效果的尴尬和被忽视。因为作为不拥有信息表达技巧和影响技术的普通人，需要在上亿条信息中，确立自己的传播地位，希望依然很是渺茫，如何出位，获得关注，远比想象中要艰难得多，实现的路径也要复杂很多，其间有运气的成分，也有事件本身的"引爆点"，如果没有，就很容易被湮没，其所发布的信息自生成的那一刻可能就已经没有了传播力。

人民网舆情数据中心在评价政务微博影响力时，主要采用传播力、服务力、互动力和认同度四大指标进行衡量，其中，认同度主要是通过获得的点赞数来加以衡量，详示如下：①

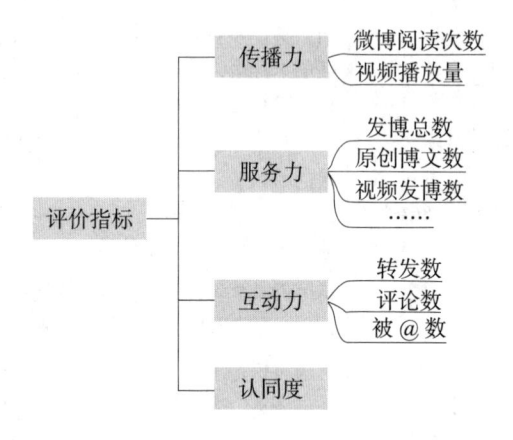

图 1-1 微博影响力评价的四大指标

陈昌凤等认为，阅读量、转发率、点赞数、评论数通常是计算社交媒体

---

① 人民网舆情数据中心：《2018 年上半年微博影响力报告》（http://yuqing.people.com.cn/n1/2018/0803/c209043-30205381.html）。

上信息影响力的主要标准。① 在笔者长期观察的基础上，综合上述标准，本文认为微博话语影响力的衡量标准主要如下（因为本文的目标只是体现不同群体话语影响力的差异而非建立排行榜，所以未深入研究各指标的权重）：

表 1-2　　微博话语影响力的主要衡量指标

| 一级指标 | 二级指标 |
| --- | --- |
| 传播力 | 粉丝数量 |
|  | 认证粉丝数 |
|  | 活跃粉丝率 |
|  | 粉丝忠诚度 |
| 内容 | 微博数量 |
|  | 微博发布频率 |
|  | 微博原创率 |
|  | 微博转发量、评论量 |

通过上述指标基本能评估一个账号的话语影响力，但是具体到每一条博文，又会有差异。一条博文的影响力与博主的粉丝数量有关，也与帖子本身的价值、发布的时间、转发的人等因素有关。

---

① 陈昌凤、马越然：《连接、联动、认同：公众生产新闻的传播路径研究》，《新闻与写作》2018 年第 2 期。

# 第二章　微博连接的社会网络

互联网，1969年诞生于美国，最初是美国国防部高级研究计划署的一个实验性网络，当时只有4台计算机相连。为了应付可能的战争，其设计目标之一是，即使它受到外来袭击，仍能正常工作。20世纪90年代进入商用阶段，开启了互联网经济时代的到来。

英国学者安德鲁·查德威克（Andrew Chadwick）从技术特点和传播模式上与以往其他媒体的不同之处来着眼定义互联网：互联网是当地的、国家的、全球的信息和传播技术以相对开放的标准和协议以及较低地进入门槛形成的一对一、一对多、多对多、多对一的网络之网络，[①]也是制度支撑的互动和信息储存的空间……根本属性是端到端的架构。[②]

要分析微博的出现和普及，可以借鉴麦克卢汉的媒介四定律进行分析。

麦克卢汉的媒介四定律对任何一种媒介的冲击力和发展都提出了四个问题：第一，它提升和放大了人类生活的哪一方面？第二，它遮蔽或使之过时的是什么东西？即它遮蔽的是它来临之前受到欢迎或地位突出的什么东西？第三，它再现的是什么东西？它把什么东西从过时的阴影中拉回来

---

[①] ［英］安德鲁·查德威克：《互联网政治学：国家、公民与新传播技术》，任孟山译，华夏出版社2010年版，第9页。

[②] ［英］尼克·库尔德利：《媒介、社会与世界：社会理论与数字媒介实践》，何道宽译，复旦大学出版社2014年版，Kindle版本（Kindle位置336）。

放到舞台的中央？第四，当它走完生命历程、潜力登峰造极之时，它逆转为什么东西？或者说，它摇身一变成为什么东西？①

如果用这四定律来分析微博的话，我们发现：微博使用户选择的各种信息和感悟可以在瞬间传递给该平台上的其他用户；它使既有的大众媒介包括传统媒体和门户网站的信息提供方式过时；它以碎片化的形式再现的是个体感知和接触的现实世界，而不仅仅是由大众传媒和熟人所呈现的信息；它在发展过程中曾一度被微信所领先，但当下又处于发展的第二高峰期，未来会逆转成什么，很难准确预测，但一定是基于更智能化的内容生产与分发技术与人的需求之间更精准的匹配。

一种媒介能够在多大程度上存活，取决于它完成下列任务的程度：第一，对人类有多大意义；第二，承担其他媒介不能承担的任务，或不能完全胜任的任务。按照达尔文式的媒介进化理论，人类既是生产新"有机体"的发生器，又是"有机体"的外部"选择"环境。

## 第一节　互联网传播的演进：从内容整合到关系联结

如果我们把互联网40多年②的发展历程做一个简单回顾，就会发现：前10年，技术帮助人们克服时间、空间距离带来的信息传输障碍；第二个10年，技术的互联网应用和社会网络的概念逐步融合，提供了使个人获得前所未有的与其他人接触和共享信息的机会；最近10多年，社会化媒体不仅吸引人人参与，而且将人们的注意力引向对现实生活的重新定义和领略。对人际关系的重新感悟和构建，对个人能力的重新评估和释放，数十亿人的参与和体验不仅把信息从等级制度中释放出来，而

---

① ［美］保罗·莱文森：《莱文森精粹——保罗·莱文森研究书系》，何道宽编译，中国人民大学出版社2007年版，第179页。

② 从20世纪80年代互联网开始进入民用阶段算起。

且创造信息、发布信息正在成为一种全社会的自主行为。这种技术路线可以被归结为"人－机器"——"人－机器－人"——"人－人"的时代进步。① 在一定程度上,"信息技术瓦解了等级结构,把权力分散到更多的人或群体当中"②。

前Web时代：机器的连接

Web1.0时代："内容"的连接——网络媒体出现

Web2.0时代："人"的连接——社会化媒体兴盛

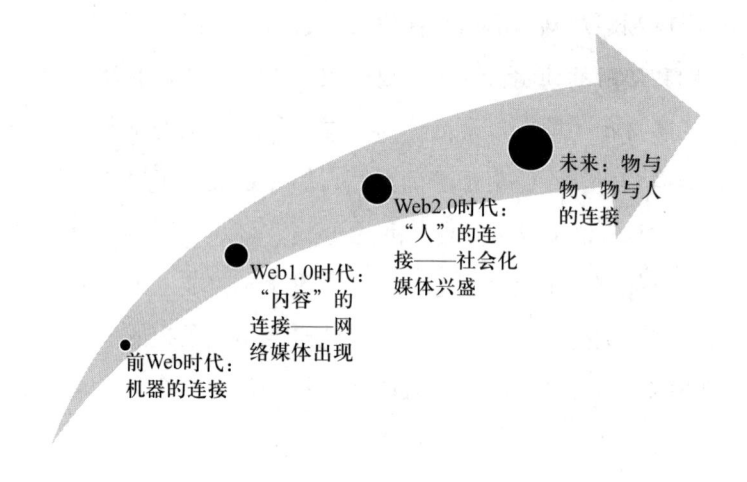

未来：物与物、物与人的连接

图2-1　互联网连接的演进③

新技术场景的驱动结构是"社交软件",其基本想法就是创新技术使人们关注并与他人互动。④ 互联网创新提高了信息传播效率,提高了网民（站）的信息传播能力,网民在构建一个更为有效的信息传播渠道,互联网创新与网民的信息传播能力相互促进。

---

① 蔡文之：《网络传播革命：权力与规制》,上海人民出版社2011年版,第52页。
② 刘文福：《网络政治——网络社会与国家治理》,商务印书馆2002年版,第194页。
③ 彭兰：《智媒化：未来媒体浪潮——新媒体发展趋势报告（2016）》,《国际新闻界》2016年第11期。
④ ［美］亨利·詹金斯等：《参与的胜利：网络时代的参与文化》,高芳芳译,浙江大学出版社2017年,Kindle版本（Kindle位置1844－1845）。

图 2-2 互联网连接的渐进层次[1]

## 一 从 Web1.0 到智媒时代

互联网自 1994 年进入中国以来，呈现一种从技术精英到社会精英再到普通用户的下沉式特征，从早期的 One To N 式单向传播为主发展到现在的 N To N 式弥散性传播。

### （一）Web1.0 时代

Web1.0 时代，是以超链接构成的内容网络，实现的是内容的连接，信息的提供者仍是以专业机构为主体，网络信息的生产和传播没有脱离传统媒体的"记者—编辑—受众"这一精英模式。网民更多地扮演的是信息接收者的角色。超链接在决定网络的信息组织架构时，在某种意义上也演变成一种权力。被链接越多的网站，意味着得到的认同越多，话语权力也越大。因此，链接的中心，也就是网络话语权的中心。[2]在中国，主要体现为新浪、搜狐、网易等几大商业门户网站和传统媒体新闻网站的高点击量，他们通过转载、整合来自传统媒体的新闻，逐步在新闻传播领域建立了影响力，也奠定了未来十多年网络媒体竞争的格局。

---

[1] 彭兰：《智媒化：未来媒体浪潮——新媒体发展趋势报告（2016）》，《国际新闻界》2016 年第 11 期。

[2] 彭兰：《"连接"的演进——互联网进化的基本逻辑》，《国际新闻界》2013 年第 12 期。

## （二）Web2.0 时代

一般认为，Web2.0 这一概念，是由 O'Reilly 媒体公司①总裁兼 CEO 蒂姆·奥莱利（Tim O'Reilly）于 21 世纪初在《Web2.0: Compact Definition》中提出的。但至今一直没有对此形成一个严格的、通行的定义。

彭兰教授认为，Web2.0 时代是以个人连接构成的"关系网络"，它的重要价值在于使得互联网的基本单元，从过去承载内容的网页，演变成连接关系的"个体"，借助于人与人互联的结构，从信息传播角度看，可以使个人的传播能量扩散与扩大。"关系"成为重要的生产力，推动着"内容"的制造与传播。"关系流"也是"内容流"运动的"基础设施"，没有关系的桥梁，内容很难得以充分的传播与流动。Web2.0 有三个主要要素：个体、连接、分享。基于"连接"和"分享"的"个体"产生种种"关系"，并且这些关系连成了一个复杂的关系网络。②虽然 Web2.0 强调内容的生产，但是内容生产的主体和模式已经发生了较大变化：从专业网站主导的把关式、制度化生产拓展为更多的自我把关式、随机的、"自组织"式的社会个体生产。社会个体提供内容的目的，也并不局限于内容本身，而是侧重于通过内容，建立并延伸自身既有的社会关系。

## （三）智媒时代

智媒时代一词最早由彭兰教授于 2016 年提出，其主要特征是：第一，万物皆媒；第二，人与机器智能融合；第三，具有自我进化的可能。③当技术推动着媒体智能化浪潮时，用户也积极跟进，在 2016 年基本完成向移动端的迁移，至 2019 年 6 月底，我国网民用手机上网的人数达 8.47 亿，占网民总数的 99.1%。

总体而言，互联网发展的内在动力是社会个体主动式的话语表达。互

---

① 在 UNIX 操作系统、互联网和其他开放系统图书领域具有领导地位的出版公司。
② 彭兰：《"连接"的演进——互联网进化的基本逻辑》，《国际新闻界》2013 年第 12 期。
③ 彭兰：《智媒化：未来媒体浪潮——新媒体发展趋势报告（2016）》，《国际新闻界》2016 年第 11 期。

联网吸引社会个体的广泛参与，调动并持续激发社会个体表达的积极性，进而搭建网络社会的信息发布和沟通平台，实现人类社会信息的实时传播和共享，在人类传播史上画了重要的一笔。

**（四）Web1.0、Web2.0 与智媒时代的差异**

詹志华在清华大学网络未来系列讲座中提出 Web1.0 与 Web2.0 的差异分析：在行为主轴上，从下载变成上传；精神上，从企业到社群；主体上，从网站到网友。而最重要的是，这些都形成一种"没有目的的目的性"——社会联结（Social Networking）；此外，服务本身一定要创造更多相遇、创作的机会。

简言之，Web1.0 时代的核心是"资讯"，Web2.0 时代的核心是"关系"，智媒时代的核心是 AI 为基础的连接。从话语传播路径而言，则大致经历了三个阶段：第一，海量式信息单向推送；第二，个性化信息沿社交关系流动；第三，特定性信息由算法精准推荐给特定用户。

一方面，作为信息接收者，用户拥有更多的选择余地；另一方面，作为信息生产者和传播者，拥有更多主动性，决定话语（文本）的传播范围和潜力。互联网相关技术给用户话语表达提供了物质基础，为话语权力的实现提供了技术支撑。

## 二　互联网传播演进的动力

互联网的发展离不开当年的军事目的和庞大的资金支持，但自 20 世纪 90 年代进入商用时代以来，资本在其中扮演的角色日益凸显。微博在中国发展的最初动力是商业利益。在中国互联网发展的第一个 10 年中独占鳌头的新浪却在第二个 10 年被挤入第二阵营，迫切需要转型的新浪当初不计成本地投入到微博的运营中来，而自 2003 年网络舆论年以来孕育的社会成员的主体意识，"逃离"传统媒体和机构对人的控制实现平等、自主交流的愿望，正在成为媒介形态演变过程中的主逻辑。[1]

---

[1] 赵云泽等：《中国社会转型焦虑与互联网伦理》，中国人民大学出版社 2017 年 Kindle 版本（Kindle 位置 2370 – 2372）。

## （一）技术创新是原动力

技术的发展是互联网不断向前迈进和创新的基础，Web1.0时代始于1994年，那时的网络主要是采用静态的HTML网页发布信息，并开始用浏览器获取信息；1995年，Java诞生，同时服务器端脚本技术也被开发出来，微软的Internet Explorer浏览器也诞生了。紧接着，互联网进入了".com"时代，这一阶段主要以HTML和WWW、BBS、FTP、MAIL等应用为主，人类充分体验到了信息跨越时空传播、瞬间传播的特征；2003年之后，BLOG、RSS、WIKI、SNS、P2P、即时信息（IM）等软件应用的出现，让人耳目一新，快速有趣又注重用户体验的创新和应用，吸引了更多人的关注和使用；移动网络的快速发展充分利用了人们日常生活中的碎片时间，各种新鲜、好玩的网络应用激增，契合了现代社会压力巨大的人们需要放松的心理需求。在此基础上，互联网相关技术和应用的层出不穷，改变了人们的信息接收方式和时间分配方式，给风险投资商们勾画了诱人的"钱景"，这又进一步为互联网企业的发展和创新打下了良好的基础，如此的良性循环，推动了互联网传播的飞速发展。

## （二）互联网的赋权特征

Web2.0的横向特性，赋予公民在传统媒体环境中所没有的力量，提高了信息传播的速度和效率，提高了个体的信息传播能力，更好地履行了分享的理念。

Blog、RSS、WIKI、TAG、SNS等一系列互联网新技术的发展而带来的去中心化革命使受者变成了传者，用户可以在网上获得更多传播、分享、交流的自由。"互动性"赋权成为一种权利的实现形式。即Web2.0的技术应用使得网络赋权能通过用户具体的"创造""选择""传播"等互动行为得以强化和凸显，并使整个赋权过程变得生动和可感知。[①] 值得注意的是，权力不仅是压制性的，而且是生产性的：它产生知识，产生言谈

---

① 丁未：《新媒体与赋权：一种实践性的社会研究》，《国际新闻界》2009年第10期。

（话语）。沿着这个理论路径和观察视角，社会化媒体时代尤其是微博时代，不仅仅是一个"人人"时代，而且还是一个社交关系的概念不断被强化和塑造的时代。网络力量的聚合不再仅仅是一种简单的分散的观点和力量融合在一起的"化学"催化作用。其中，网络赋权正在以连接众多的微力量和微关系，并以对社会政策和社会变革采取主动行为而产生的聚合能量来得以体现。[①]

### （三）互联网的理念和价值观

#### 1. 鼓励用户贡献内容，参与传播

任何技术开发都是期望能进入市场进而统治市场的，任何商业模式都是以盈利为目的，信息技术的开发应用也不例外。鼓励参与之所以成为Web2.0的核心理念，就在于其背后的数据库管理本身就是一种新的盈利模式。几十亿人的共同参与是一种巨大的商业资源。从某种意义上说，正是用户的参与热情激发了各种新的鼓励参与的新媒体技术的开发速度和推广力度，同时，这种具有诱惑力的鼓励性参与架构，在满足用户愉悦体验的同时，还培养了一种"去中心化"的、自由和平等的理念。

#### 2. 奉行分享和协作的理念

Web2.0的核心精神是分享主义，这种分享是建立在协作基础上的。体现在其商业运作上的原则是：用户越多，服务越好。可以说，有一种隐性的"参与体系"内置在合作准则中。在这种参与体系中，充分利用用户自身的力量来提供信息并进行再传播，运营商只是提供并设法优化和完善这个生产的平台而已。从这个角度而言，Web1.0到Web2.0的转变，表面上看是互联网用户从"读"信息向"写"信息、"共同生产"发展；实质上是互联网应用从"人－机"向"人－人"模式转变，注重用网络联结人类社会，更有效地整合、积累社会的各种信息资源，使人们可以生活得更好。

---

[①] 蔡文之：《网络传播革命：权力与规制》，上海人民出版社2011年版，第23页。

### 3. 注重群体互动和群体智慧

无论是鼓励参与还是共同建设，其核心理念是，在信息网络时代，集体智慧的作用力正在成倍放大，每个人在创造"集体智慧"的过程中都有用武之地。如果从传播学角度看，Web2.0 的基本特征是开创了一种包含人际传播的混合式大众传播方式，标志着网络传播精神的一种回归。当参与成为一种权利，分享主义成为改善沟通、合作和相互理解的黏合剂，那么"人—人"的互动则在更高层面上将网络社会与现实社会完美融合，从而打造一个文明和谐的社会新形态。

### （四）微力量进入权力视野

曼纽尔·卡斯特曾说过："在因特网和社会共同的演化过程中，我们生活中的政治范围已经被大大地改变了。权力基本上是围绕着文化代码和信息内容的生产和传播进行的。"[1]

跨入21世纪后，这种围绕着文化代码和信息内容的生产和传播在新媒体工具的不断催发下，具有了更多的主体特征和权力内涵。借用和引申福柯关于权力的经典，网络社会的权力并不是从某个中心（核心源泉）中散发出来的，而是遍布于网络社会机体的每一微小节点（部分）和看似最细小的末端，[2] 并在社会机体的运动中围绕着各种议题以节点的方式运动时，"第四种权力""第五种权力"乃至"第N种权力"都会由此而生，使得网络本身具有了权力特征。[3]

微力量之所以能进入权力视野，一方面是技术给了它达成共识并聚合的可能性，另一方面主要在于它并非个人能力的简单叠加，而是知识创造的合作增值过程。重要的是，微力量之所以能成为一股社会能量，主要是因为它是不张扬的，它是一种围绕着"非政治"因素的政治、一种非政党取向的政治，只是在对公共事务的关注，对个人和集体命运的救赎时刻汇

---

[1] ［美］曼纽尔·卡斯特：《网络星河：对互联网、商业和社会的反思》，郑波、武炜译，社会科学文献出版社2007年版，第177页。

[2] 刘娜：《从古典政治权力到现代权力关系分析》，《湖北社会科学》2005年第9期。

[3] 蔡文之：《网络传播革命：权力与规制》，上海人民出版社2011年版，第24页。

聚到一起，因此，被象征性的重视和习以为常的忽略给了它生生不息的渐进性成长空间。

总之，网络作为一个新的权力空间，打破了现实社会的力量平衡结构，使弱小者、甚至团体和个人也能取得战略优势或暂时的、局部的优势。由网络表达权利聚合起来的网络组织，正在呈现出社会动员和社会监督能力，使得网络问政、网络曝光成为常态，由此推动了现实社会的进步。

## 第二节　微博的发展历程与功能

### 一　微博的发展历史

微博（Micro-blog），在我国又被戏称为"围脖"，由杰克·多西于2006年3月创办并于7月启动，对应网站是推特（http://www.twitter.com），埃文·威廉姆斯是该公司的早期投资者之一，也是继多西之后的首席执行官。推特可以让用户更新不超过140个字符的消息。最早的推特只是用于向好友的手机发送文本信息，也被称为"互联网的短信服务"。

#### （一）推特在美国的发展历程

推特原意指的是小鸟叽叽喳喳的叫声，也有七嘴八舌之意。网站的宣传口号是：What are you doing？早期主要是用于人与人之间的私人信息传播。目前的口号是：See what's happening in the world right now。截至2018年6月，推特共有3.35亿活跃用户，估值约为256亿美元。[①]

2006年底，推特服务升级，实现了用户通过手机和推特网站上的个人主页收发信息，面向所有在线用户发布信息以及实时搜索功能。

---

① 腾讯科技：《Twitter用户数下滑引恐慌　股价暴跌20%创4年最大跌幅》（http://tech.qq.com/a/20180728/002436.htm）。

创建的第一年，推特可以说是在默默无闻中度过的。2007年3月的西南偏南音乐节大展，让推特名声大噪，因为该网站在 Alexa 的排名从无名小卒直接晋升至第 650 位。

2008年，美国总统大选为推特赢得了黄金发展期，推特用户出现了爆发式的增长。总统候选人纷纷将推特作为自己的参选工具，并在推特上实时发布自己的参选行程和随感，奥巴马更是通过推特成功塑造其亲民形象，借此机会，推特也赢得了不少美国本土以外用户的注册和使用。

2009年6月，美国歌手迈克·杰克逊在家中死亡，推特早于美国有线电视新闻网（CNN）等传统媒体发布了此消息。一个从杰克逊家门口经过的路人，当看到有人被从屋内抬出时，立刻编辑了一条短消息通过手机发布到推特上。这一消息在推特上迅速扩散，各国网民蜂拥而至推特。报道此次事件时，连美国有线电视新闻网、美联社也不得不援引来自推特的消息。

在此之后，微博客推特为世界所知，包括美国现任总统川普、前总统奥巴马等在内的各国政要、名人、知名商业公司、新闻媒体等纷纷在推特上开设账号。

**（二）微博在中国的发展历程**

微博，与中国其他互联网业务一样，发展的初期阶段主要是模仿国外的先行者，稍后再做出本土化的"改造"。在中国，微博的发展也不是一帆风顺的，其发展大致经历了三个阶段：独立微博的拓荒时代、门户网站微博激烈竞争、新浪微博一家独大。

1. 独立微博的拓荒时代（2007年5月—2009年7月）

作为推特的模仿者，中国本土化微博产品出现于2007年，代表者为饭否、叽歪、嘀咕、做啥、腾讯滔滔等网。

以下为这一阶段中国主要的独立微博网站简介：

表 2-1　　　　　　　　　　中国早期四家独立微博概况

| 名称 | 上线时间 | 尾声 |
|---|---|---|
| 饭否网 | 2007.5 | 2009年7月8日公告"服务器被关闭";2010年11月25日,恢复访问,但不能正常注册,仅能邀请注册。之后仅剩一个无法注册的网页 |
| 叽歪网 | 2007.6 | 2009年7月21日停止服务 |
| 做啥网 | 2007.7 | 2010年7月21日,其CEO牟志坚对媒体称"因资金链断裂,无法维持正常运营,决定出让做啥网" |
| 嘀咕网 | 2009.2 | 2009年7月21日突遭关停 |

除了上述网站之外,还有另外一些微博网站也先后关闭或者暂停发布功能,如大围脖、Follow5、贫嘴、MySpace聚友网旗下的9911微博客(于2010年12月底暂停发布功能)等。

中国独立微博在拓荒期,都不同程度地遭遇内容监管不力所导致的关停问题。与此对应的背景为2009年中国互联网领域掀起的专项整治运动,截至当年年底近10万家网站受到影响,其中多数为中小网站。在内容监管之外,各家也面临运营及资金问题。从2009年下半年开始,互联网巨头上演跑马圈地,独立微博的生存空间被严重挤压。

2. 多家微博的"厮杀"时代(2009年8月—2014年)

2009年8月新浪微博开通之后,搜狐、腾讯、网易等门户网站相继推出微博,新华网、人民网、央视网、凤凰网等多家媒体网站也推出微博。2010年被认为是微博发展元年,因为在这一年,中国的微博市场出现井喷式发展,微博网站达到103家,用户共计超过12亿[①]。门户网站对微博的高度重视和巨额投资,借助于各自的运营策略和热点新闻事件的推动,微博异军突起,并在快速发展中走向成熟。

以下简单介绍几家主要网站的微博特色:

---

① 《人民网发布2013年互联网舆情报告》(http://yuqing.people.com.cn/GB/371947/373066/)。

表2-2　　　　　　　　五家主要微博的特色

| 名称 | 建立时间 | 口号 | 特色 |
|---|---|---|---|
| 新浪微博 | 2009.8 | 随时随地分享身边的新鲜事儿 | 采用加V的方式对公众人物、政府机关、知名企事业单位等实行身份认证。提供评论、私信、微群等功能,支持多媒体信息 |
| 腾讯微博 | 2010.4.1 | 与其在别处仰望,不如在这里并肩 | 整合腾讯的优势IM(即时通讯)平台,可通过QQ客户端发布信息 |
| 搜狐微博 | 2009.12.14 | 来搜狐微博看看我 | 主要特征是不限字数,非注册用户也能查看微博内容;利用搜狐产品线的矩阵优势整合博客、视频、相册、圈子等多个产品 |
| 网易微博 | 2010.1.20 | 记录我们的微生活 | 字数限制为163个汉字;最初坚持草根路线,2011年初首次启用身份识别认证,推出"i达人"计划 |
| 人民微博 | 2010.2.1 | 以沟通促改变 | 人民网自主研发,是中央重点新闻网站推出的第一家微博。内容上与强国论坛等人民网互动社区的内容互通,并设立特色栏目"民意通""记者圈""牛媒体"等 |

在多家并存、激烈竞争的时代,各家运营商虽然进行了多种尝试,但作为投资巨大的微博在商业化层面的诸多尝试却以失败告终。因为缺乏成熟的盈利模式,同时面临活跃用户数和用户在线时长的双双下降,政府主管部门强化对微博的监管,内外交困,微博跌入谷底。

虽然阿里巴巴在2013年4月29日出资5.86亿美元,购买了新浪18%的股份,但并未使微博实现盈利。腾讯于2014年7月宣布决定战略性放弃微博业务,同时将核心业务全面转向微信,预示了微博由盛而衰的重大转折。[①]之后,2014年11月5日网易宣布将正式关闭微博;2014年11月,搜狐微博正式进入"半放弃"状态。

媒体再次集体宣布:微博时代终结,微信时代到来。

---

① 刘宏宇:《论微博现实困境的形成机制及解决途径——基于腾讯微博案例调查研究》,《国际新闻界》2016年第4期。

3. 微博微信的并行时代（2014年3月—　　）

2014年3月27日，新浪微博更名为"微博"。随着腾讯、网易、搜狐微博的关闭，微博市场进入新浪微博一家独大时代。但面对实力雄厚的腾讯微信、字节跳动的抖音和快手科技的快手等热门应用，微博一路走来也不容易。虽然有"双微"之说，但微博与微信在用户规模、活跃度、使用时长等方面其实并不在一个数量级。

经过持续调整与创新，微博终于在2014年第四季度实现上市后的首次盈利，净利润460万美元，自此进入快速发展时期。微博发布的2019第三季度财报显示：月活跃用户数增至4.97亿，比2018年同期净增约5100万，净营收4.678亿美元。国泰君安证券的研究报告指出，微博广场式的社交媒体定位鲜明，通过开放的关系链和去中心化的社交关系，构建了大众和现场之间的连接，实现脱媒化信息传播过程，这种独一无二的内容壁垒成为该公司的竞争优势。[①]

微博的发展离不开成功的运营和重大事件的传播。也正是在多次重大事件的传播中，微博微信两个社交媒体凸显各自的特性和差异化。

2014年的马航MH370客机失联事件、2015年的天津塘沽大爆炸（全站阅读量1037亿）和"9·3"胜利日大阅兵（阅读量146亿）、2016年的和颐酒店事件、王宝强离婚事件、2017年人民日报的#十九大#话题（阅读量52亿）、江歌事件、杭州保姆纵火案、北京红黄蓝幼儿园事件以及2018年的赵丽颖、冯绍峰宣布婚讯等众多掀起巨大影响力的舆论事件都发酵于微博。

微博是开放的，用户之间是弱关系，偏媒体属性，靠有影响力的人和内容站稳了脚跟；微信相对而言是封闭的，用户之间是强关系，偏社交属性，靠洞悉社交关系和提供生活服务的优势拥有最大规模的用户数量（10亿多）和较高的用户黏性，相信未来二者会长时间并存，深度嵌入网民的

---

① 小谦：《解读微博2019年Q3财报：进入5亿时代，微博正走向纵向发展》（https://user.guancha.cn/main/content?id=198915&s=fwzxfbbt）。

日常生活，满足用户差异化的信息和社交需求。

## 二 微博在中国的发展现状

鉴于新浪微博的一家独大且在 2014 年 3 月更名为微博，所以本部分的内容主要以新浪微博为描述对象。详细发展历程请见附录部分的"新浪微博发展大事记"。

### （一）新浪微博的发展历程与现状

1. 创建与突围（2009 年 8 月—2011 年）

2009 年 6 月，新浪管理层决定要做微博这个产品，由当时桌面产品事业部的主管彭少彬主持开发。为了避免政策性风险，彭少彬还创建了微博监控中心，即微博小秘书。2009 年 8 月 14 日，新浪微博开始内测，9 月 25 日，正式添加了 @ 、私信、评论、转发等至今仍在用的基础性功能。沿用了当年博客推广期间采用的名人战略，陈彤带领着团队不遗余力地邀请公知、明星、记者等"大 V"们开通微博，充分发挥他们的带动效应，新浪微博很快实现了早期用户的激增，2010 年年底注册用户已达到 7000 万。这一阶段的名人战略将记者们积累多年的人脉资源成功地转移到了微博上，可以算是新浪多年积攒下来的影响力的一次变现，也使得新浪在多家微博的竞争中获得了独特优势。

越来越多的专家学者、社会名人和突发事件当事人纷纷使用微博，微博逐渐发展成为积极介入公共事务的新媒体，还诞生了"微博反腐""微博问政"等新名词，几次微博维权事件也让民众体会到了"围观改变中国"。

2. 转折之年（2012 年—2014 年年底）

2011 年腾讯推出的微信、2012 年微信推出的微信公众号，直接影响了微博用户和流量的持续增加。在与微信的多次交锋中，微博在内容和发展方向上曾经迷失。加之 2013 年的互联网治理运动，一度使得微博的未来不被看好。

2013 年 8 月开始掀起的规模空前的互联网治理运动，被认为是中国微博发展的转折之年。中国互联网络信息中心（CNNIC）发布的第33次《中国互联网络发展状况统计报告》显示，2013年年底微博用户数下降2783万人，22.8%的网民减少了微博的使用，使用率降低9.2个百分点；手机微博用户数为1.96亿，较2012年年底使用人数减少了596万。

2013年4月，阿里巴巴通过其全资子公司，以5.86亿美元购入新浪微博公司发行的优先股和普通股；2014年3月27日，新浪微博正式宣布改名为"微博"；2014年4月17日上午，微博在美国纳斯达克股票交易所上市，首日涨19%，收20.24美元，市值40亿美元。在美国股市疲软的背景下，这一数字被认为是非常"振奋"的结果，但这距微博首次盈利还有8个月时间。

这一阶段，微博所做的渠道下沉举措，为2015年进入第二春奠定了基础。

表2-3　　　　　　　　2014年微博渠道下沉的三大举措及影响

| 三大领域 | 下沉举措 | 影响 |
| --- | --- | --- |
| 内容领域 | 社交媒体平台下沉到垂直细分领域 | 2015年，微博成为国内最主要的电影点评平台，成为旅游分享和商家点评领域的榜首；2016年，垂直领域头部用户阅读量比上一年增长74%，且2016年新增9个月阅读量过百亿的垂直领域 |
| 用户结构 | 一、二线城市下沉到三、四线城市 | 通过与小米、魅族等手机制造商展开合作预装APP，微博顺利进入了三、四线城市。用户从原先以80后和一线城市为主的用户人群转变为以90后和二、三、四线城市为主 |
| 头部用户 | 名人大V下沉到中小V和自媒体 | 2014年6月，微博启动自媒体商业化计划，通过广告分成、付费订阅和粉丝打赏等多种变现手段，来鼓励和扶持自媒体；2017年，微博投资30亿扶持MCN |

在互联网治理运动之后，微博开始调整发展策略，转向更丰富的多层次内容、更友好的商业生态，明星、段子手、网红取代公知成了最活跃的大V，泛娱乐化生态逐步形成并确立。

从2014年下半年开始，微博开始细分出旅游、电影、音乐、搞笑、电商、时尚、股票、汽车、美食、美容、寻医等垂直领域，其直接影响就是微博摆脱了政治舆论场的风险，用户关注的话题更安全。各个垂直领域都出现了一批中小网红，与他们的粉丝形成了一个个小圈子。这些活跃的粉丝们贡献了更多内容，拥有更高的参与感和活跃度。网红经济下的微博，销售电商广告位，将之变为重要的营收来源。微博也由"围观改变中国"变为适合盈利的娱乐大众的平台。

3. 焕发第二春（2015年初—今）

得益于上述举措，微博在2015年进入第二春，成为互联网领域唯一的从低谷成功反弹的老牌产品。如下图所示，2018年第三季度实现了微博月净利润的新高。

表2-4　　　　微博发展基本数据（2014—2019年）①

| 时间 | 月活跃用户数 | 净营收（亿美元） | 比上年同期增长 | 净利润（亿美元） | 比上年同期增长 |
| --- | --- | --- | --- | --- | --- |
| 2014.6 | 1.565亿 | 0.773 | 105% | 0.154 | -56% |
| 2014.12 | 1.757亿 | 1.052 | 47% | 0.046 | -79% |
| 2015.6 | 2.12亿 | 1.078 | 39% | 0.042 | -72% |
| 2015.12 | 2.36亿 | 1.49 | 42% | 0.191 | 332% |
| 2016.6 | 2.82亿 | 1.469 | 36% | 0.259 | 516% |
| 2016.12 | 3.13亿 | 2.127 | 43% | 0.43 | 125% |
| 2017.6 | 3.61亿 | 2.534 | 72% | 0.735 | 184% |
| 2017.12 | 3.92亿 | 3.774 | 77% | 1.31 | 205% |
| 2018.9 | 4.46亿 | 4.602 | 44% | 1.653 | 63% |
| 2019.9 | 4.97亿 | 4.678 | 2% | 1.462 | — |

2017年，微博加强了与主要手机厂商和头部App的合作，带动微博用户数量增长；而与NBA、NFL、央视春晚等国内外顶级内容IP进行合

---

① 数据来源：微博历年不同季度的财报（2014—2019）。

作,增强了微博的吸引力;2017年的视频化和垂直化战略,接入合作的MCN(类似于网红们的公会和经纪公司)就达1 300家,也稳固了内容生产首选社交平台的地位。

上千家MCN以短视频和直播为途径,帮助内容生产者打磨出受欢迎的作品,成为受人追捧的"网红",以此实现商业变现。

在与媒体及版权机构的合作上,微博正在成为中国传统媒体视频化的重要承载平台。2019年国庆期间有近6 000家媒体在微博上发布了近28万条国庆相关视频内容,整体播放量超过86亿。

随着垂直内容生态的日趋完善,微博也在积极探索自媒体商业营销模式。基于"内容—粉丝—用户—变现"的经济结构,微博将进一步加快构建基于自媒体内容传播和视频广告的变现模式。

微博核心信息流产品形成"关系流+兴趣流"的矩阵,进一步降低了用户的使用门槛,提升了中低频用户的留存和活跃度。一系列的措施,使微博在2019第三季度的营收达到新高,成为目前第7个用户过4亿的互联网产品。

**(二)微博发展面临的几大难题**

1. 监管尺度难把握

微博提供了可以相对自由发布信息的平台,但也为虚假、暴力、色情信息等提供了传播渠道,政府层面的管理与用户自由表达的诉求之间存在着操作层面的不一致,微博运营者需要在这两者之间进行调整。

遵守相关法律、法规,满足用户自由表达需要,实际中往往很难完美实现。微博发展中的下行拐点出现在政府主管部门强化微博监管并且处理大V不法行为之后,监管机关的雷霆手段虽然于理于法均师出有名,但是同时却也使得微博元气大伤。① 政府监管与用户诉求之间的差异需要微博在实践中予以弥合。当然,这也是其他网络话语平台需要面对的问题。这

---

① 刘宏宇等:《论微博现实困境的形成机制及解决途径——基于腾讯微博案例调查研究》,《国际新闻界》2016年第4期。

种安全性如果不能得到妥善把握，未来的发展空间必然会面临更多的不确定性。

2. 盈利模式单一

2011年，新浪CEO曹国伟在接受杨澜专访时认为，微博发展的现阶段主要还是用户培养，规模大了，产生了网际效应，别人要追赶就比较难。用户规模和活跃度是微博开拓盈利模式的基础。结合4年多的财务报表数据来看，微博的盈利模式主要包括：广告营销和增值服务两种。其中，前者收入占总营收的86%以上，2018年第三季度达到了89%。盈利模式的多元化是今后微博必须解决的问题。

3. 过度商业化

一项网络应用或服务，多数会面临用户一时新鲜所带来的快速增长之后的乏力期。微博也很难例外，得益于其名人战略和重大事件的推动，微博注册用户最多时超过5亿，但后来微博不再公布注册用户数，改为公布月活跃用户（MAU）和日活跃用户（DAU）。为了实现盈利，过度推送的微博商家广告和所谓的精准匹配的营销账号，在引发用户厌恶的基础上，损害了用户体验，在激烈的市场竞争中，并不利于微博自身的持续发展。

4. 增速放缓

中国网络普及率的提高、网民规模增速的下降、互联网热门应用的倍受欢迎、经济发展速度等因素都会影响微博在用户规模、使用时长和营收等方面的增速。如何实现增量式发展，要求微博在未来做出更多的创新与探索。作为盈利模式单一的上市公司，一旦增速放缓，势必会带来连锁反应。作为一个存在了10多年、拥有4亿以上活跃用户、依然是重要信息和热点话题原发地的微博，在商业价值和娱乐价值开发到极致后，是否能寻求到新的盈利支撑点或者开发出微博的接替者，是团队未来需要直接面对的问题。

**（三）微博的发展趋势**

当下，中国社会信息化进程继续加速和深化，微博所承载的广泛的话语表达和信息整合，使之成为中国社会发展必不可少且日益重要的传播媒介。结合微博的传播特质、运营商的发展战略以及国家对于互联网管理的思路，笔者认为微博未来发展趋势主要体现为以下几个方面：

1. 整合热门应用

微博的价值并不局限于信息传播，还体现为社会交往。借助智能手机、平板电脑等移动终端的普及，通过微博，个体可以便捷地完成沟通的实时化、伴随化，提高社会交往的效率。随意化的"关注"功能，还可以维系并扩大个体的社会关系资本。微博的发展，可以促进其社会交往功能的成熟与完善，微博的重心将从"围观"名人发展到传播信息和网络社交。其他运营商不断推出的新应用，也会进一步分散微博用户的注意力资源，作为平台，微博所提供的不止于当下的应用。基于移动网络，会有更多有趣的、创新的服务在微博这个平台建立并深入到个体生活的方方面面。

2. 服务政务微博

截至2018年6月底，经过认证的政务微博账号达到17.58万个，总粉丝已经达到29亿，总阅读量达到1523亿次。从中央到县级的各个政府部门纷纷开通官方微博。未来，微博可以进一步助力政务产品和服务体系全面升级，做好"智慧政府"的网络支持和配套服务工作。

3. 增强垂直内容

2018年年底，微博已覆盖包括摄影、搞笑、美食、萌宠、游戏、时尚、美妆、舞蹈等60个垂直领域（其中，月阅读量超百亿的垂直领域达25个），致力于建立每个领域的流量生态、变现生态。此外，还在电视剧、综艺、动漫等泛娱乐领域做深度运营。微博CEO王高飞在"2017年微博V影响力峰会"上宣布，微博将成立30亿元的投资基金，扶持MCN机构。[①]2018年微博宣布推出"潮汐计划"，宣称将在两年内提供20亿现金，

---

① MCN广义上是指有能力服务和管理一定规模微博账号的内容创作机构。内容创作机构成为微博MCN后，可获得微博平台的专属资源和政策倾斜，并通过持续运营，不断提升旗下账号矩阵规模和活跃度，扩大品牌影响力，提升其商业价值。

聚焦内容电商、内容IP、MCN、网红、艺人以及经纪公司，巩固微博内容生态行业领先地位。随着微博在各垂直领域建设的深化，涌现出的头部账号越来越多，在一定程度上改变了初期的UGC策略，通过专业方式增强内容的吸引力和用户的活跃度。今后可以尝试跨界发展，发掘优质内容及其生产者的传播价值，在影视、图书等领域发力。

4. 优化精准营销

作为中介平台，微博拥有海量的用户个人信息，如何将这些信息细分，并与商业客户的需求精准匹配，这是微博决策者在未来发展必须考虑的事情。算法为这一匹配提供了可能性，但是精准度层面还需要继续提高。社交化电商、边看边买式销售、及时发现并满足用户需求等，在进一步开发用户的购买需求层面，可以借鉴Google AD的发展策略。作为以广告为主要营收模式的微博，需提高匹配的精准度、洞察消费者需求与亮点、以更好的创意支撑更多的变现模式。

### 三 微博的特征和功能

微博，既有社交属性，也有媒体属性，同时也具备渠道属性和平台属性。对名人而言，其媒体属性大于社交属性；对草根而言，其社交属性大于媒体属性；对企业而言，其渠道属性大于平台属性；对机构而言，其媒体属性大于渠道属性。[①]

@宁财神曾说：我每天睡醒，第一件事就是看微博，满目疮痍，各种不公开不公平不公正的事，搞得我心乱如麻，感觉随时可能崩盘。后来终于想明白了，是我关注的人有问题，打算取消一批忧国忧民的精英，加一批只贴自拍美照和美食照片、只担心明天体重是否会增加一盎司的乐天派，世界又变美啦。

@宁财神还有一个名帖：我关注的人，1/10在戛纳，1/10在骂强拆城管毒食品，1/10在发萌宠，1/10在发自拍照、写朦胧诗，1/10在交流吃

---

① 杜子建：《微力无边》，万卷出版公司2011年版，第163页。

喝经验，1/10 在转冷笑话，1/10 在群聊刷屏，1/10 在喝大或喝大的路上，1/10 在讨论这个国家该去向何方，最后的 1/10 在潜水，他们应该是什么表情？①

这就是微博上的"媒体生态"：传播私人化、平民化、自主化。在这个生态里面，所有的信息源都来自个体的体验、认知及感悟。

**（一）微博的特征**

1. 碎片式表达：降低话语门槛

微博的出现，140 字的容量限制，无形之中降低了信息接收者的期望值和信息发布者的表达门槛，使得话语表达更为简单随意，不用过多的思考和表达技巧，而且"信息的收发几乎与其构想和书写同时，可以立即完成，如此，远程的传播就像近距离交谈一样轻而易举……在一定程度上放大了简短的书写形式，使长篇博客和电话交谈过时"。② 表达门槛的降低，发布和接收设备及其相关资费的降低，为个人的话语表达提供了更好的条件。

微博表达的碎片化与即时性相辅相成。欧阳修曾说"平生做文章，多在马上、枕上、厕上"，这可以说是利用碎片时间的典范。社会不同阶层的互动沟通，热闹夹杂冷眼，共同构建了一个虚拟新世界。普通用户可以非常方便地 @ 省级领导，这意味着微博可以促进社会各阶层的良性对话，寻找最大公约数。③

2. 直播式呈现：共享现场参与感

这一点是微博与传统媒体、网络门户和其他社交媒体的一个重要区别。"在场"就是直接呈现在面前的事物，就是"面向事物本身"，就是经验的直接性、无遮蔽性和敞开性，就是"无加工的现场直播"，它的重要特征就是"去蔽"，是无遮挡的、原生态的。④ 微博中的很多信息来自于生

---

① 同上书，第 180 页。
② [美]保罗·莱文森：《新新媒介》，何道宽译，复旦大学出版社 2011 年版，第 142 页。
③ 沈阳：《2011 年第 4 季度网络舆情和微博问政报告》，（http://www.waitang.com/report/1603.html）。
④ 杜子建：《微力无边》，万卷出版社 2011 年版，第 29 页。

活在社会各个层面、各个角落的不同个体，其信息的选择标准、制作水平与大众传媒有着很大的不同，但也正是这种不同，造就了个性化的信息，大众媒介提供的信息与普通个体提供的信息一起，可以更好地展现我们所生存的世界。身处不同环境场所的社会个体，以自己的眼光和感触发布信息，将自己看到的、接触到的世界，利用简短的语言、图片或者不加修饰的视频实时地呈现。

从受众角度看，若能直接参与到传播内容之中，与传播者和事件发生地距离都很近，就易产生现场参与感；未亲身参与的受众也能从中受到感染，产生心理参与感；行动的参与则可以使"无用之地变得有用"，既可以增加自己信息接收的密度，也可以实现与他人信息的交换与共享，提高信息的传播价值，给人们的生活带来便捷。

3. 裂变式传播：加速信息流通

微博的传播模式是开放式的"关注"与"被关注"，是一种圈子化的传播，而圈子之间又是互通的，因此消息的传播与扩散异常迅速，而某些关键节点又因其粉丝（关注者）众多，可以成为信息传播的转折点。粉丝的粉丝、粉丝的粉丝的粉丝等等，多级模式的异质性传播，提高了信息的扩散速度和传播范围，而圈子的交叉，又可以实现多次重复传播。即时评论则可以从多个角度、多个侧面去补充或者印证某一信息，尽可能地还原事实真相，其时效性和参与性、密集性和多角度性是以往的传播渠道所不具备的。

4. 协同式生产：凝聚信息资源

微博凸显了互联网使用的"社会化"和"即时化"，人与信息之间的联系不仅仅是依靠门户网站，而且依赖于每一个用户在网络中的"社会关系"，大规模同时在线的网民的实时互动成为微博信息传播的核心机制。喻国明、欧亚等认为微博影响力的动力机制内生于微博作为信息服务平台所激发的内容协同生产及基于用户社会关系网络打通的信息通路，其本质是对信息资源的凝聚力和整合力。[①] 众多个体、机构等加入微博，传递多

---

① 喻国明、欧亚等：《微博：从嵌套性机制到盈利模式——兼谈Twitter最受欢迎的十大应用》，《青年记者》2010年第21期。

种信息和诉求，扩充信息容量，更进一步地贴近现实社会。

**（二）微博的功能**

微博的功能，主要是看其在社会中承担什么样的作用。①

1. 监测环境

一个微博账户，可能就是一个社会瞭望所和意见观测点，成千上万的微博分散于社会各个角落，形成了一个巨大的、隐形的社会环境监测网络。微博客的普遍存在和广泛参与，在一定程度上，可以弥补大众媒体在环境监测方面的疏漏。一方面，大众媒体的记者不可能到达每一个新闻现场，不可能了解社会发展中所有的变化；另一方面，大众媒体的内容生产流程和体制也决定了它监测环境范围的有限性。但是微博不同，数亿分布于不同地方的用户，就像是庞大的社会有机系统的神经末梢，可以实时传递他们所感知到的各种变化，当各种变化的信息汇集到一起，更能充分地反映或者还原我们所生存的现实环境。

但需要注意的是，微博，既有助于真实信息或者知识的传播，同时也为虚假新闻、网络谣言的快捷传播提供了"舒适"的温床。就像克里斯蒂娜·拉森指出的，在中国赋予了微博这个平台以特殊的权力，但是在这个平台上，人们有时很难区分微博上的信息真实与否。②

2. 促进社会整合

微博为公民的自由表达提供了场所，而微博表达的公开性还可以保护公民合法的参与权利，使每个公民能够有效表达其利益与需求。微博设置了"关注""评论""转发""私信""即时通讯"等功能，借助于这些应用，可以促进微博客之间的交往。在实时的人际交往、群体传播抑或是大众传播过程中容易实现"观点的自由市场"，众多不同职业和知识结构的群体，还可以丰富信息的内涵和层次，补充更多的背景知识和角度。同时，这个共同交流的平台，还可以促进不同群体之间的了解，有

---

① 参见李水金《中国公民话语权研究》，吉林人民出版社 2009 年版，第 63 页。
② 克里斯蒂娜·拉森：《中国微博成了谣言制造机？》，江海伦编译，《新闻记者》2011 年第 8 期。

利于社会整合。

另外，政务微博的兴起，也提供了网民与政府互动的快捷平台，这为政府部门获取信息、实现"上情下达、下情上传"提供了前所未有的契机。在微博这个话语空间里，公众能够就相关问题进行讨论、争辩、协商，有利于培养多元化的观点，改变单一化的思维。而不同群体之间、政府与公众之间，即时、顺畅的沟通，是社会稳定的一个重要条件，对社会整合也大有裨益。

3. 充当减压阀

当前，我国社会正处于急剧的社会变革时期和矛盾凸显期，社会不公事件或者贪污腐败事件，很容易挑战网民脆弱的神经。公众在面对现实中的不满和不公时，更多地选择微博来曝光和评论，这样，很多不满就被分散到一个又一个新闻事件当中，分散地释放了怨气，避免了把社会不满凝结在某个断裂带上。① 而政府则可以通过监测网络舆情，较为及时、准确地把握社会"温度"，这样就可以一定程度上减少危机事件的发生。

微博，还促进了社会公众自我意识和维权意识的觉醒。监督公权力、维护个人利益或者群体利益的方式变为通过微博公开曝光。一旦有人公开相关信息，很快就有人跟进，整合线索、挖掘资料、共享信息，进而形成强大的互联网舆论场，推动事件真相的披露。这一过程，一方面是公众通过微博获得了广泛的话语权，某种层面上其实是填补了个人权力的空间；另一方面，对于社会的治理从长远来看也具有积极作用。

4. 重构话语权

传统媒体时代，现实社会的话语权分布是以官方和媒体话语权为主，普通公众的话语表达和对公共事件的讨论被局限在特定的空间，话语影响力相对有限。互联网的出现，增加了公众实现话语权的可能，打破了话语权的垄断态势。微博，进一步打破了公众交往和信息传递的时空边界，为公众设置议程提供了可能，降低了公众对传统媒体的依赖程度，

---

① 陈力丹：《虚拟社会管理的六个理念》，《中国党政干部论坛》2011年第4期。

使得媒体在话语权方面的控制也变得更为复杂。

5. 及时辟谣

自媒体时代的到来，实现了人人皆可发布信息，但也为虚假信息的快速传播提供了土壤，提高了信息甄别的成本。微博开放式的、异质性强的传播结构，有利于及时辟谣、澄清事实。相比于其他信息传播平台，微博的自净化功能更为强大。除了众多用户可以对信息进行主动纠正，微博自身的辟谣管理团队也从管理者的角度予以监测和保障。

6. 实现社会动员

微博，既可以用作发布私人信息，也可以策划或参与讨论公共事务。开放式的传播结构，可以使得信息瞬间实现裂变式传播，在抵达众多网民的同时，可以激发网民的参与意识和热情，应者云集的传播效果又会形成滚雪球式的效果累加，在某些外部条件的作用下，存在着集体情绪聚积和集体行动形成的风险。① 较之传统互联网时代，移动互联网上的动员范围更大、效率更高，其后果有积极的一面，如"随手拍照解救乞讨儿童"活动、免费午餐计划、在自然灾害发生期间的民间救援、募捐等集体行动等，都具有积极的示范和推动作用，但我们也应注意到由移动互联网上的社会表达所带来的群体心理的变化以及由此产生的集体行为，如2011年的伦敦骚乱等。

## 本章小结

本章从互联网发展的角度，梳理了微博发展的历程、现状、传播特质与功能。

技术与资本的双重驱动、网络赋权的示范效应、分享与协作的基本理念，吸引了数亿用户的参与，也为微博的商业化提供了可能性，但探

---

① 王迪、王汉生等：《"互联网与社会变迁"笔谈》，《中国社会科学》2016年第7期。

索之路并非一帆风顺，激烈的市场竞争、敏锐的商业眼光、独特的操作手法，使微博在历次热点新闻事件中凸显了不同于微信的媒体属性和不可替代性。与电视媒体和 MCN 的合作，开辟了微博广告和营销的新思路。

从功能而言，正是在保有用户规模和活跃度的基础上，微博才得以实现环境监测、社会整合、充当社会减压阀、重构话语权的功能，在众多互联网应用中独树一帜，成为用户实现网络话语权的重要平台。

# 第三章　微博建构的话语空间

曼纽尔·卡斯特认为，网络的出现及彼此相连，将使信息在全球范围内及时流动成为可能，从而形成一种特殊的空间形式：流动空间。于是，一切社会活动都可以在地理上获得延伸。在时间方面，曼纽尔·卡斯特区分了传统的机械时间、生物时间以及网络社会背景下具有相对性的社会时间——在这个意义上，网络社会将构建新的社会时空。[①] 身处这一时空的每个人，表达意识和自主意识更强，其行为、思想、观念也更容易受到他人影响，毕竟地球村时代，信息的海量性、异质性、快捷性、互动性、参与感等都是此前的媒介所未曾提供的，在一定程度上也改变了话语权的格局。

媒介发展历程中有两次重要的变革促进了话语权的转移、改变了话语权结构：古登堡的金属活字印刷术，使现代社会大众传播的媒介话语秩序得以形成，从而将媒介话语权从封建统治者转移到了独立的"资本"手中；互联网，开启了"人人皆记者"的时代，使话语权可以更好地实现，改变以社会精英为主导、弱势群体"被剥夺"的话语权格局。

本章拟从话语空间的角度切入，在与互联网既有的应用比较中，分析微博对现有话语权结构产生何种影响。

---

[①] 王迪、王汉生：《移动互联网的崛起与社会变迁》，《中国社会科学》2016年第7期。

## 第一节　微博作为一个话语空间的特质

微博所形成的话语空间是一个因交流而生的空间，这个虚拟的空间压缩了时空，创造了不同人群的实时交流和随时参与的平台。经济学有一个原理：贸易能使每个人状态更好，①简单来说，即社会个体之间借助贸易流通，互通有无，让每个人从事自己擅长的活动，从而通过交易来降低商品和劳务的成本。如果将这儿的"贸易"理解为"沟通"，那么这个原理也适用于分析微博的社会价值。作为一个特殊的时空载体来说，微博具有广场一样的开放性和包容性，汇聚了众多的主体和声音，可以彰显众多表达主体的力量。

作为话语空间，其具有如下特点：

### 一　多层次、多中心、多方向

这里的多层次，是指微博空间中的信息发布者的多元化，有普通网民，有社会精英、媒体人士、娱乐明星，还有众多的政府官员和行政机构；微博空间的多中心，是指微博的圈群化传播特点，既有因某一典型事件而凸显的中心人物，也有稳定存在的意见领袖，除了掌握话语权的精英阶层，普通人在特定时刻也能成为信息传播中心，改变了传统媒体时代或者门户网站时代话语集中的状态；微博空间的多方向，是指其发布的信息涉及的广泛性，因为信息源的多元化，微博中的信息除了新闻事件、公共政策等，还有个人心情、笑话精选等内容，每个使用者都可以根据自身的选择性关注，获得不同信息。众多个体的选择，最终造就了微博空间的热点话题。

---

① ［美］曼昆：《经济学原理》，梁小民译，机械工业出版社2003年版，第8页。

## 二 瀑布流式碎片化记录与还原

借助多种客户端尤其是手机登录的方式，使得微博和既往的 Web2.0 产品相比较，具有了实时交流的特质；使得微博上的交流具有了点对点、点对面的传播特征。个体可以在实时的信息发布和话题参与中释放表达欲望，实现群体传播和群体互动。更多普通个体的加入，众多信息的实时呈现，造就了微博的真相还原效应，喻国明教授称之为"无影灯效应"：每个人的观点都可能有不全面之处，就好比每一盏灯都有"灯下黑"一样。但是，当所有知情人的观点汇聚在一起的时候，就会形成一种相互补充、相互纠错、相互印证、相互延伸的结构性关系，真相就会在这样的信息结构中毕现。① 贝尔纳·瓦耶纳说过："谁也不能说自己掌握了全部新闻，但是通过每个人所掌握的分散的、不完整的片段，却可以最终合成一个协调的整体，形成一种'马赛克式'的真实，并最终组成总体真实。"②

## 三 "微"参与孕育着微力量

微博的出现，在一定程度上简化了既有的 Web2.0 应用，使普通人的网络参与变得轻松便捷，更容易得到反馈和实现社会价值。微博，可以实现跨平台、跨社区传播，并兼具人际传播、群体传播、组织传播和大众传播四大模式，因此，在网络参与中，微弱无力的个体，借助传播，可以作为整体通过蝴蝶效应展示出来"微力量"。③ 微博或网络中的任何变动，用户都可以在瞬间感知，个体表达所带来的影响力甚至可以做到立竿见影，而且这种影响力又很容易形成合力，形成网络舆论。网民的参与、互动和传播，可以推进议题的变化和信息的进一步丰富，最终产生影响现实社会的力量。

---

① 喻国明新浪微博：http://weiMicroblog.com/u/1003763994#!/u/1003763994?key_word= 无影灯 &is_search=1。
② ［法］贝尔纳·瓦耶纳：《当代新闻学》，丁雪英、连燕堂译，新华出版社 1986 年版，第 37 页。
③ 隋岩、曹飞：《从混沌理论认识互联网群体传播特性》，《学术界》2013 年第 2 期。

## 四　众多主体参与的竞争化场域

场域，在皮埃尔·布迪厄看来，是社会制度的产物，是客观关系的系统，他认为从场域概念进行思考其实就是从关系的角度进行思考。① 场域是一个相对独立的、对有价值资源进行争夺的空间，其中体现着权力。

笔者认为微博其实就是一个场域，它和传统媒体的场域有所不同，因为微博聚集着众多具有共同兴趣和归属感且相互交流的网民，同时还有着自身的运行规则与逻辑性。微博同时也是一个客观关系构成的系统，这个系统中的用户处于不同的位置并拥有不同的话语权力。政府、团体、企业、微博运营商、名人、普通人，以及各种各样的网络审查者，每一主体都在微博上发布信息、传递声音、有选择地进行互动和交流。但是在具体分析不同的议题所引发的舆情时，不同主体间的差异就会体现出来，关注点、基本诉求、倾向性、价值观等无一不在微博等公共空间被呈现，无理取闹随意骂人者有之，不明真相积极站队者有之，以专业知识补充资料或纠正信息者有之。微博映射着现实社会的话语空间、利益关系、社会百态，或者因为其匿名性特质，比现实社会的话语表达更随意和复杂，放大了不同群体在认知层面的差异。

## 五　草根狂欢式的泛娱乐化空间

微博话语场中的话语表达充满着"草根味"，有时甚至是张狂、叛逆的，这也使微博话语场形成一种有别于传统话语场的文化，泛娱乐化特征明显。泛娱乐化主要表现在三个方面：第一，微博排行榜中有影响力的博主和话题多与娱乐明星有关；第二，网民对娱乐性话题给予超高关注，微博发生的几次宕机事件都与明星的婚姻生活信息有关；第三，对非娱乐性议题的娱乐性解读。娱乐性话题最能引发关注、讨论和再创作的热情。赵

---

①　[法]皮埃尔·布迪厄，[美]华康德：《实践与反思——反思社会学导引》，李猛、李康译，中央编译出版社 2004 年版，第 171 页。

丽颖和冯绍峰通过微博宣布婚讯时，带动了"官宣"体的火爆。

具有泛娱乐化特征的微博空间，也是一个充满争斗的空间。快速商品化的微博平台，通过名人效应和看似多元的意识形态论争聚集了微博商品化的用户基础；而商品化的微博空间与微博表达的自由与公正绝非简单一致。① 官方话语中的管理、控制色彩，与民间话语的反控制诉求，以及两种话语各自内部的差异与交叠，使微博成为硝烟弥漫的舆论战场。②

### 六　承载用户生活的记忆空间

微博每天发布的上亿条信息具有一定的"史料"价值。网络中生产的信息具有可循环性，在一定程度上，是可以作为"历史资料"而留存，借助于微博强大的搜索功能，部分帖子会被人重新记起。和以往历史中普通人的地位缺失相比，微博等网络平台可以看作是社会记忆的承载者，而且很多是由普通人自己完成的个人书写，或许于社会发展的意义有限，但是对于个人的资料保存、生命记录又弥足珍贵。站在这个角度，微博所营造的话语空间，并非只有狂欢、围观、斗争，也有了属于个人形象塑造和价值构建的现实意义。

## 第二节　微博作为一个权力空间的特质

拥有4亿多用户的微博，无形之中形成了一个庞大的话语场，但这个话语场中传播的不仅仅是事实，还有很多观点、意见等主观性、知识性的信息，与之伴生的，还有各种权力的投射和较量。

微博，这个人人享有话语权、多层次、多中心的话语场中存在着权

---

① 姬德强：《谁的权力场域？——"韩方之争"与微博的政治经济学》，《新闻大学》2013年第5期。

② 王蔚：《公共性的迷思：微博事件中的知识分子及其社会行动——以钱云会案中知识分子观察团为例》，《新闻大学》2013年第5期。

力，其中最重要的就是话语权力，话语权力和现实社会相联系，在微博中具有以下几个特征：

## 一 分化性

微博，的确是给社会个体提供了一个表达空间或者称之为平台，但即使这个话语表达的门槛再低、话语表达权利再有保障，依然存在话语权的分化。这种分化体现在两个方面：议程设置能力和信息扩散能力。从产生原因来看，这种分化既与运营商的发展策略有关，也与现实社会的话语权状况有着一定的关联，毕竟不同用户拥有不同的社会地位、社会资本、网络媒介素养等。

彭兰教授认为个人中心传播模式会加速新媒体平台上话语权力的分化。从信息传播与意见表达两个方面引起的权力分化来看，网民会大致形成三个阶层：第一，权力顶层，即拥有较强影响力和内容生产能力的意见领袖；第二，权力中层，主要是有个人影响力的积极扩散者、无个人影响力的积极发言者；第三，权力底层，即被动的接收者。[①]虽然在不同阶段或不同话题的讨论中，权力阶层还可以细分，也可能会发生变动，但是，这种差序格局仍会比较稳定地存在。

## 二 不平等

微博等网络平台，使社会个体拥有了更多的表达机会和更好的表达平台，使原有权力结构中的力量对比关系发生了微妙变化，由此给传统的权力结构注入了一种导致内部持续紧张的新权力构成。之所以如此，主要是因为更多的社会个体可以通过微博发布信息，设置异于大众媒体的报道议程，依靠多元化信息的裂变式传播，不但能冲击既有的话语权垄断格局，而且还能表现出网络助燃的"蝴蝶效应"，使话语权力在瞬间成倍放大。[②]

---

[①] 彭兰：《Web2.0及未来技术对数字化个体的再定义》，《当代传播》2013年第2期。
[②] 参见刘少杰《网络化时代的权力结构变迁》，《江淮论坛》2011年第5期。

微博采用的明星战略、加V认证、会员制等则加深了这种不平等。微博通过"技术赋权"让草根用户自由表达或"围观",但其社会话语权力与意见领袖依然存在不对等性。微博中"关注""跟随""转发"功能,本身就是"再中心化"的过程。①2017年微博推出的MCN计划,可以看作是资本作为推力对这种不平等的强化。那些拥有更强内容生产能力的团队,比普通用户更容易在信息发布中获得更多关注,也更具备持续生产的能力。

为了争夺优质内容提供者,各家自媒体平台纷纷投入重金,打造扶持计划:

2015年9月8日,今日头条客户端推出了"千人万元计划"、2016年腾讯网发布"芒种计划"、2016年底微博启动中小V扶持计划,鼓励他们创造优秀内容,发挥细分专业领域的内容优势。

2018年微博又宣布投资5亿元的资源和现金,从产品、运营、服务等方面,加强对传统文化和新时代美好生活优质内容的传播建设,参与计划的优质内容将获得海量曝光资源和推荐,包括粉丝头条、视频推荐、官方账号矩阵转发等,还为此类内容开设线上专区,并联合秒拍、一直播,共同对此类优质内容提供扶持。2018年年的"微博资讯视频计划"建立了热点视频协作机制,针对分发资讯视频的媒体进行资源扶持,同时,在站内资源和流量上进行赋能。

内容生产者的生产和推广能力本就存在差异,运营商基于商业考量的选择和资助人为地使这种差距扩大化,马太效应愈发明显,同一层级账号之间的竞争更加激烈。

### 三 流动性

在微博这个话语空间中,信息的传播模式,由原来传统的"沙漏"式转变为分散的"蛛网"模式,基于此,该空间中的所有成员都有机会成为

---

① 李彪:《微博中热点话题的内容特质及传播机制研究——基于新浪微博6025条高转发微博的数据挖掘分析》,《中国人民大学学报》2013年第5期。

信息的发布者、消费者和传播者。①基于此，权力的流动性体现在如下几个方面：

第一，不同平台之间的流动。这种流动取决于不同网络平台的用户规模和受欢迎程度。

第二，不同话语主体之间的流动。在特定的情境中，普通网民也有可能拥有意想不到的权力，在微博舆论场中，原有的"公知型"意见领袖群落分散、公共讨论弱化，而营销类、娱乐类用户成为微博意见领袖群体的主流。②

第三，从线上世界转换到线下世界。微博上的热点议题往往与线下社会发展密不可分，在微博（网络）形成话语影响力的议题其最终指向可能是线下世界中的特定对象。

有学者认为网络权力改变了现实生活中权力坚不可摧的形貌。流动的权力挣脱了固定边界的限制，实时扩散，并且不断按照网络情境变化形貌，使你无法预见它下一刻的样子，更不清楚它最终流向哪里，这是一种流动的而不是被占有的权力。③

流动性产生的原因与不同人群在微博中所在位置有一定关系。那些在微博中拥有更多关注者的用户往往处于网络社会中更高的位置，其越有可能对信息传播具有积极的推动作用；而那些处于网络社会较低位置的用户所发布的信息，往往会因为内容本身的属性，使之具有向上传递和向外流动的特质。

## 四 博弈性

微博中存在的不同主体，一方面可以实现信息的即时传递和沟通，另一方面，则是话语权的争夺。与表达载体的无限容量和无限内容相对应的是信息接收方时间和精力的有限性，因此，话语表达的效果存在竞争关

---

① ［英］诺曼·费尔克拉夫：《话语与社会变迁》，殷晓蓉译，华夏出版社2003年版，第203页。
② 曹洵、张志安：《社交媒体意见群体的特征、变化和影响力研究》，《新闻界》2017年第7期。
③ ［英］蒂姆·乔登：《网际权力：网际空间与因特网的文化与政治》，江静之译，韦伯文化事业出版社2001年版，第2—3页。

系，而这种竞争的背后是话语权力等多种因素的较量与博弈。而对信息的解读和传播也体现了权力的博弈。"乌坎事件"本以乌坎村民的土地问题为核心要件，然而，随着事态的进展，新浪微博内言论关注的焦点却落在了乌坎村民选举事宜上。从"乌坎事件"所引发的微博舆论震荡不难看出，微博在某种程度上已成为各方政治论辩的一个场所。①

微博，这一权力博弈空间，正是因为众多用户的实时参与和共享而存在。微博强化了个体的参与意识，使之对政府、企业等相关部门的工作和信息发布有着更多的期待和解读。透过信息的背后，是对附着于信息之上的权力的监督和质疑。当这种监督和质疑形成一种合力之后，又会在无形之中改变人们对其已有的认识，这个过程就是权力博弈的过程。在这个过程中，提高的是个体的网络素养，改变的是个体在现实世界中的认知和态度。

## 第三节 微博话语空间的影响因素

以商业目的搭建的微博，并非运行于真空之中，而是处于特定的传播生态环境，其运营战略和具体措施都与政治、经济、文化等因素密不可分。使用者自身以及不同机构在微博的话语表达也受多种因素影响。微博等社交媒体是技术经济和商业经济合谋的产物，② 但作为信息发布的平台，它们在追求经济效益的同时必须服从行政控制，考虑社会效益，履行社会责任。

### 一 宏观层面：微博整体话语权结构的影响因素

从本质上看，无论是互联网规范、互联网的结构体系，还是它的一整

---

① 熊琦：《被置换的政治主体与微博政治——微博内的广东"乌坎事件"》，《新闻大学》2013年第5期。
② 李名亮：《现实与隐忧：微博意见的话语权力》，《今传媒》2012年第5期。

套运作机制，实际上都代表了一种社会选择。因而，互联网的局限和自由也便是一种社会选择。政府和系统设计师可以做出集中化的（集权性的）和自觉的选择，就像制定常规规则一样；非集权化的用户、系统设计师，甚至政府，也可以做出类似市场的选择，或者自觉的，或者其他类型的选择。所做选择可以通过规范进行限制，可以强制实行某些规则，或者通过间接地对其他人的行动予以制约来预先关闭系统或服务。①

政府监管机关优先考虑的则是在维护社会信息安全的基础上，确保社会秩序和传播环境的稳定，为了达到这一目标，反过来却可以部分牺牲运营商和用户的利益，在必要的时候甚至可以牺牲整个微博平台的发展前途。②我国的微博一般采取"自我把关"与"管理员把关"相结合的原则。后者多通过"后台关键词监控"与"前台管理员内容审查"的途径来实现。

**（一）政府**

戴锦华曾写道："在我看来，至少传统权力（比如政治权力）几乎仍是无所不在的，具有极大的制约性，但是这种权力又在不断经历着一种转移与多元化的进程，商品、市民文化、抗衡的声音、媒体获取自身权力的努力、知识分子以多重身份对这一进程的参与、跨国公司的介入……这一切构成了一种非常复杂的空间共享状态。"③

"先发展，后管理"成为各个政府相关管理部门的隐性指导思想。④管理措施和力度会影响微博等平台的业务，而平台业务的调整则对网络话语空间的规模和活跃度、结构等产生影响。

从出台的一系列法规条例来看，我国政府试图在民意表达和信息控制间寻求平衡：一方面积极推动新技术的发展，充分发挥互联网在现代化进程中的作用；另一方面，加强对互联网有害、非法信息的控制，防止负面

---

① 参见蔡文之《网络传播革命：权力与规制》，上海人民出版社 2011 年版，第 99 页。
② 刘宏宇等：《论微博现实困境的形成机制及解决途径——基于腾讯微博案例调查研究》，《国际新闻界》2016 年第 4 期。
③ 戴锦华：《犹在镜中——戴锦华访谈录》，知识出版社 1999 年版，第 225 页。
④ 方兴东：《中国互联网治理模式的演进与创新——兼论"九龙治水"模式作为互联网治理制度的重要意义》，《人民论坛》2016 年 3 月（下）。

影响的产生。①

　　自 2011 年 8 月央视播发三条有关微博造假的新闻开始，微博治理的序幕徐徐拉开，政府的治理力度也在不断加大。通过出台文件、开展专项治理活动、约谈负责人责令其自查自纠等方式，推进网络平台规范化和文明化，从执法、监督、管理三个方面加大力度，防止有害信息传播和扩散。②

　　2013 年 8 月，公安部部署全国公安机关开展专项打击网络谣言行动；9 月 9 日，《最高人民法院、最高人民检察院关于办理利用信息网络实施诽谤等刑事案件适用法律若干问题的司法解释》等有关法律出台。2016 年 2 月 28 日，国家互联网信息办公室（下文简称网信办）针对部分网络大 V 滥用自身影响力造谣、传谣的行为责令新浪、腾讯等网站依法依规关闭任志强的微博账号，由此中国开启了对微博大 V 话语霸权的治理。③

　　2018 年 2 月，网信办发布《微博客信息服务管理规定》；2018 年 10 月，针对自媒体乱象开展集中清理整治行动，依法依规全网处置"唐纳德说""傅首尔"等 9 800 多个自媒体账号（大部分开设在微信微博平台，其中一些同时开设在今日头条、百度、搜狐、凤凰、UC 等平台）。政府部门的系列行为和举措，在推动微博等平台规范发展的同时，也为网络话语表达带来了如下影响：

　　1. 规范大 V（意见领袖）的行为

　　2013 年开始的网络治理行动，意见领袖无论是微博活跃度、微博传播力还是互动程度都在下降，④对公共事务的关注度和影响力、批评政府管理部门的声音明显减少，观点、评论变得谨慎与平和，⑤负面情感词力度下

---

① 胡泳：《众声喧哗——网络时代的个人表达与公共讨论》，广西师范大学出版社 2008 年版，第 318 页。
② 《国家网信办部署开展跟帖评论专项整治》（http://www.cac.gov.cn/2016—06/21/c_1119086937.htm?from=singlemessage & isappinstalled=0#0—tsina—1—3331—397232819ff9a47a7b7e80a40613cfe1）。
③ 叶穗冰：《微博大 V 话语霸权研究》，《广州大学学报》（社会科学版），2017 年 8 月。
④ 吴英女等：《微博意见领袖网络行为——"净网"前后的数据分析》，《新闻记者》2014 年第 1 期。
⑤ 靖鸣等：《微博"大 V"舆情新态势与治理策略》，《新闻与写作》2015 年第 12 期。

降。① 微博意见领袖发博量整体下降，但公务员、律师、作家、学者等群体人均每日发博量上升；博文内容涉及政治话题减少，更加倾向于法制主题；意见领袖群体对个体影响力减弱，群体之间信息控制力和传播力差距缩小；少数微博意见领袖参与舆情事件的热度上升，但微博意见领袖群体对舆情事件的影响力有所降低。②

2. 内容分布发生变化

2018 年 1 月 27 日，微博被约谈并要求整改，整改后的微博热搜在多个版块都增加了一条置顶内容，同时新增"新时代"栏目，微博热搜原有的明星娱乐八卦事件大幅度减少，侧重关注重要新闻、正能量事件和人物；娱乐和低俗信息的传播量明显降低；"净网"前"大V"的政治话题倾向比较明显，政府、官员、体制、真相等问责型文字成为高频词汇；"净网"后"大V"对社会体制和法治的思考逐步深入，反思总结式的传播词汇发布频率上升。③

国家或政府层面的管理，对微博等平台运营商具有一定的影响，个别用户被要求停更、封号、关闭评论功能等，对普通用户的影响相对有限；而对微博的方向性调整、对有影响力的博主的行为和话语表达产生了一定的影响。

**（二）运营商**

微博自身的发展遵循的是商业逻辑，为了实现商业利益，规避政治风险，一般都会实行自我审查制度。对有可能产生政治风险的信息进行严格过滤。新浪微博不仅通过机器对相关信息进行审查，把用户分成不同的等级以及派别，还有大量的审核员管理用户博文，确保运营规范。

1. 严格执行政府部门相关政策，规范内容管理

实践中的商业逻辑需要和政府的管理实践进行磨合，作为被管理者的微博需要在政府约束下进行内容和用户监管，配合职能部门的行动。

---

① 《2013 年中国互联网舆情分析报告》（http://yuqing.people.com.cn/n/2014/0318/c364391-24662668.html）。

② 吴英女等：《微博意见领袖网络行为——"净网"前后的数据分析》，《新闻记者》2014 年第 1 期。

③ 靖鸣等：《微博"大V"舆情新态势与治理策略》，《新闻与写作》2015 年第 12 期。

以网信办为主要管理单位的政府部门框定了传播内容的大致边界，微博等平台运营商不得不更加主动地通过设定敏感词、安排审查员、招募社区委员等方式实现对用户及其发布内容的管理，以期在政府监管、用户体验、企业营销等之间寻找最佳平衡点，实现商业利润最大化。

2012年3月底4月初，新浪和腾讯微博暂停评论功能三天；2018年1月27日北京网信办约谈新浪微博，指出其违反国家有关互联网法律法规和管理要求，传播违法违规信息，存在严重导向问题，对网上舆论生态造成恶劣影响。微博负责人表示将严格落实网信部门的管理要求，对问题突出的热搜榜、热门话题榜、微博问答功能等版块暂时下线一周进行整改；28日，微博又公布了对存在刷榜行为的热门话题以及主持人的处罚办法，以加强对热搜榜的管制。点名了38个刷榜话题和热搜词，并做出"3个月禁上热门话题榜和热搜榜"的处罚。

可以说，新浪在经营门户网站时代的内容管理经验为微博言论尺度把握、信息审查等提供了难得的经验，发展早期，在吸引政府部门入驻、积极推动政务微博发展中，体现了微博运营者的自信和智慧。

2. 发展战略凸显名人话语权

新浪微博发展早期，出于战略考量，延续了博客推广时期的名人策略，顺利地将名人影响力导入微博平台，并推出各种细分榜单，增强名人对于微博的认同感，培养他们的忠诚度，激活其号召力，吸引了大批粉丝注册。2013年推出的热门话题榜，号称"帮你发现微博上正在热议的新鲜话题"，鉴于企业、媒体、名人等对榜单的重视，在提供话题内容的同时压缩了普通网友的讨论空间，降低了话题的多样性。为了进一步提升"热门话题榜"发掘内容的效率，微博于2015年5月对话题榜规则做出调整：新榜单排序规则除了会考量话题的真实阅读传播覆盖能力外，还会注重话题在传播过程中引发的用户参与度（例如讨论人数、微博数），以及话题参与用户构成的多样性。[①] 微博运营商还通过算法推荐、热搜、排行榜等

---

① 《热门话题榜单规则升级》（https://www.wcibo.com/p/1001603847097966306098）。

方式提升少部分用户的微博影响力,这在一定程度上也加剧了不同人群话语影响力的分化。微博平台话题呈现规则的调整,肯定会影响不同个体的影响力,越是能在榜单中排在前列的,越容易引人关注。

3. 约束用户使用行为

在网信办等管理部门的政策既定范围内,微博运营者既要对用户发帖进行不同限度的管理,还要维持并激发用户的参与积极性,在管理者要求与用户体验之间实现一种微妙的平衡。

《微博服务使用协议》标明:"微博运营方对微博内容(指用户在微博上已发布的信息)享有使用权……用户同意微博运营方在提供微博服务过程中以各种方式投放各种商业性广告或其他任何类型的商业信息(包括但不限于在微博平台网站的任何页面上投放广告)……微博运营方有权对用户使用微博服务的行为及信息进行审查、监督及处理"。[①]

与其他类似的网络产品使用协议类似,用户显然没有与网络中介讨价还价的能力,只能选择接受或拒绝。[②]当然,微博运营者还会通过一些柔性的方法来推进或激发用户的活跃度。对于敏感话题,新浪 CEO 曹国伟曾坦承"新浪可创造性地限制谈话内容,而不是将其全部删除。"[③]而这种"创造性地限制谈话内容"的手法,无非是在长期审核拖延、劝告等温和手段失效后,采取删帖、屏蔽帖、禁言、删 ID 等方式。[④]

4. 付费制推动用户话语权分化

基于商业化考量而推出的付费服务,给了一部分用户以"特权",在一定程度促进了不同人话语权的分化。

微博的推广产品"粉丝头条"(分为账号头条和博文头条)和"超级

---

① 《微博服务使用协议》(https://www.weibo.com/signup/v5/protocol)。
② 张小强:《互联网的网络化治理:用户权利的契约化与网络中介私权力依赖》,《新闻与传播研究》2018 年第 7 期。
③ 宋石男:《我为什么离开新浪微博》,《搜狐评论》2011 年 7 月 22 日。
④ 李名亮:《微博、公共知识分子与话语权力》,《学术界》2012 年第 9 期。

粉丝通"①，可以提高博主和博文的阅读量和影响力。如用户购买"粉丝头条"后，24小时内，其博文会出现在所有关注者信息流的第一位（每天只推送一次），增加帖文的阅读量，有利于扩大博主的影响力；微博推出的会员服务，付费会员可以拥有36项特权，昵称会显示会员标识和不同勋章，头条的阅读数预计增长2.5倍；微博还提供"帮上头条"服务，直接以让带有用户设置关键词的微博内容被推送给别的博主，增加特定博文上头条的概率。账号头条、博文头条、粉丝头条等应用，既可以满足微博盈利的诉求，也为有特定需求的用户提供了加速传播、精准传播、提升传播效果的可能性，用商业的力量实现微博和个别用户的个性化传播诉求。

这种商业干预为微博带来了利润，但也人为地干预了网络话语的分布，加速了网络话语权主体的分化和传播格局的复杂性。但商业力量的不当干预，也会出现明星微博刷量等负面影响。

作为网络话语空间秩序维护者之一的微博运营商，给普通网民提供了网络话语权的载体，采取敏感词过滤手段和谨慎的审核措施维持其正常运转，但出于商业目的和品牌发展的需要，又通过名人战略、算法推荐等强大的外部力量改变了平等的话语权利，人为造成并加剧了不同阶层网络话语权的分化，以自己的意图调整或改变着不同群体用户的网络话语权，使得微博的话语空间实现再中心化的特征。

简而言之，微博运营商要学会讲政治，守底线，懂管理。② 由于我国给予网络中介的是无限管理责任，所以微博、微信等运营商面临的压力更大，经营风险更高。③ 作为平台的搭建者，微博等运营商不仅仅需要负责技术层面的保障，还需要考虑内容的安全、用户的活跃和忠诚、网络空间

---

① 2017年9月21日上线的付费产品，通过大数据技术精准洞察用户，收集用户状态、话题参与、博文互动、账号关系等社交行为数据，为品牌主提供更丰富的数据标签选择、产品形态和投放方式。

② 毕宏音：《微博诉求表达与虚拟社会管理》，中国社会科学出版社2014年Kindle版本（Kindle位置4918—4920）。

③ 张小强：《互联网的网络化治理：用户权利的契约化与网络中介私权力依赖》，《新闻与传播研究》2018年第7期。

的秩序、商业价值的开发。

### (三) 利益集团

蔡文之在其著作中提到：平等和共享被认为是互联网的主要特征之一。然而，随着网络的发展，这种理想主义的意境正在逐渐消失，人们看到了全球范围内由虚拟网络连接的巨大商业机会和财富利益，于是，独裁和霸权正在网上显现，并使得对互联网的有意图的强化控制变得越来越严重。① 而微博搭建的平台以及潜在的巨大的商业价值，也吸引了很多商业主体多种方式的介入和利用。据《创业家》杂志2011年5月的文章称，微博江湖第一大门派是"福建帮"，新浪草根微博排行榜前50名中，有一半属于他们，其中蔡文胜旗下的账号在新浪微博拥有最多的粉丝数——2 000万，至少占1/8新浪微博用户；第二大门派则是北京的华艺百创传媒科技有限公司，据称他们拥有新浪草根微博前50名中的15个；第三大门派则是活跃于长三角的"酒红冰蓝"，控制"全球时尚""爱情物语"等100多个账号，拥有的粉丝数字已经突破700万。②

这些账号的拥有者已不再是普通的个体，而是规模较大的商业公司，他们拥有并依靠众多账号，实现互相转发、评论等，在网络营销、制造话题等方面拥有较大的潜力。在新浪微博还没有实现盈利的时候，这些账号的运营者通过微博实现了盈利。他们最常用的手段是进行有组织、有计划的炒作，但后来业务范围扩展到行政权力和公共利益领域，一些个人或组织出于自身意图，雇用网络水军按照其意图编造虚假言论以遮蔽真实民意，从而侵害公众应有的话语权。③

"网络水军"背后隐蔽的操盘手可以算作是利益集团，他们受雇于明确的组织或个人④，他们通过发帖时间的持续性和空间的规模性，保证传播

---

① 蔡文之：《网络传播革命：权力与规制》，上海人民出版社2011年版，第103页。
② 参见卢山林等《草根牛博操控者》，《创业家》2011年年第5期。
③ 吕晶、刘瑞芳：《论"网络水军"的影响力》，《北京邮电大学学报》（社会科学版）2011年第10期。
④ 李彪、郑满宁：《微博时代网络水军在网络舆情传播中的影响效力研究——以近年来26个网络水军参与的网络事件为例》，《国际新闻界》2012年第10期。

的流量与强度，形成强制性的话语权力，容易掩盖客观事实或误导普通用户，区别于其他网络行为的根本特征是付费。他们将自己在网络上的传播权力"让渡"给受雇者，[①]以集体密集炒作某个话题或人物的方式，进行产品宣传，制造话题借机营销或恶意攻击、抹黑竞争对手，有的打着"舆情监测""舆论监督""法制监督"等旗号，有的则是以"网络形象营销""品牌维护"为幌子，招揽业务。实践中，网络水军主要是通过有偿删帖、有偿发帖、非法广告宣传、恶意传播木马病毒提高点击率等四种方式实现盈利。网络水军的一些行为，涉嫌从事敲诈勒索、非法经营、侵犯公民个人信息等违法犯罪活动，严重破坏互联网秩序，干扰国家对互联网的正常管理，危害传统文化、社会公德和公序良俗。[②]

网络水军的人员构成相对复杂，核心人员主要包括网络公关公司（幕后老板）及其雇佣的"写手"和"水军"；上游人员及"网络水军"业务的需求者，主要是广告商、委托人、爆料人；下游人员，协助"网络水军"删帖、置顶帖文等，从中牟取非法利益，主要由专业推手（部分网络大V、网红等）、小型非法网站运营者和知名网站"内鬼"（如编辑、版主等）构成。

据李彪和郑满宁的研究发现，网络水军发生作用的范围主要是商业竞争，他们利用网民的信息不对称造成的信息真空，误导民众。但在关系民生和国家利益的社会重大事件上，基本看不到网络水军的身影。

来自麻省理工学院的团队通过分析推特上机器人在舆论事件中的表现，发现社交网络中少量高度活跃的机器人可能足以显著改变社交网络中的意见，因为他们能歪曲许多重要议题中的公众话语。[③]而这些机器人或水军幕后都是有着商业诉求的话语操控者。各种公关和广告技巧的隐性运用，使舆论被有意识地操控，强势的商业机构或者个体皆可以在微博平台

---

[①] 李彪、郑满宁：《微博时代网络水军在网络舆情传播中的影响效力研究——以近年来26个网络水军参与的网络事件为例》，《国际新闻界》2012年第10期。

[②] 参见李欣《公安部严打自媒体"网络水军"违法犯罪 关闭大V账号1100余个》（http://china.cnr.cn/gdgg/20181208/t20181208_524443767.shtml）。

[③] Zakaria el Hjouji, D. Scott Hunter, Nicolas Guenon des Mesnards, Tauhid Zaman, *The Impact of Bots on Opinions in Social Networks*, from https://https://arxiv.org/pdf/1810.12398.pdf.

上经营民意，制造虚假的公共意见。① 由此，不同主体的话语权在特定的语境中也呈现为一种更复杂的格局。

## 二　中观层面：微博群体话语权格局的影响因素

"微博推动了信息公开、透明，使藏污纳垢处都射进了新鲜的阳光。微博启蒙了每一个个体意识，也启蒙了他们的公共意识，由此使觉醒的个体都竭诚来维护公共利益。越来越多的人在这里完成了公民的洗礼，完成了在彼此关怀、辩证基础上的信息公平与信息公正。"②

尽管网络中人人平等似乎是重要的信条，但事实上，在网络中，有很多因素可以导致权力的落差，甚至话语本身也是导致权力不平等的重要因素。③ 微博的发展和价值的核心在于微博客们的参与，在这种参与的背后，有两个问题值得注意：

### （一）影响议程的意见领袖

网络中的事件传播在相当程度上依赖于意见领袖的传播与解读……微博大 V 彼此之间可能形成相互关注与互动，从而对彼此产生影响。从某种程度上说，他们形成了微博生态圈中顶层的互动圈子。④ 他们中的多数人在现实社会拥有一定的社会地位、社会资源和专业知识，善于文字表达，在微博上发文数量较多、频次较高，拥有 10 万以上的粉丝，乐于和他人互动，能为特定话题的传播起到推动作用，也更容易成为关注对象，对于议题拥有较高的敏感性。

按所在领域，大致分为四种：休闲娱乐类意见领袖、社会民生类意见领袖、竞技体育类意见领袖和金融时政类意见领袖。实践中，他们在主题参与上互有交织，但金融时政类和竞技体育类的意见领袖群体相对独立，

---

① 郭讲用：《微博约架：传媒公共领域的实践困境》，《当代传播》2013 年第 3 期。
② 朱伟新浪微博（http://weibo.com/1190953227/xgEw8bUp3）。
③ 郑燕：《民意与公共性——"微博"中的公民话语权及其反思》，《文艺研究》2012 年第 4 期。
④ 庞云黠、苗伟山：《意见领袖的结构极化研究：以新浪微博为例》，《传播与社会学刊》2017 年（总）第 42 期。

多关注各自领域的事件；休闲娱乐类和社会民生类的意见领袖则存在大量重叠的地方，所关注主题的相关程度较高。四大类中，休闲娱乐类在人数和载荷总值上远超其他三类。① 吴英女等人通过对微博 244 位意见领袖的长期研究发现，从职业角度而言，传媒界、学界、商界、文学界人士占比 79%；从发布行为而言，他们具有"两高特征"，即公共话题参与度高和博文原创率高，博文内容大部分是对社会重大舆情事件及社会发展、公众利益等相关问题发表看法。② 李彪认为不同粉丝量级的意见领袖的分布呈幂律分布，其话语权力结构具有集权、等级化特点。③

作为信息传播过程中的关键"节点"，意见领袖可以控制其他用户间的信息传递并拥有使得信息快捷到达其他用户的"权力"，④ 同时因为其对技术和用户行为的敏感性，更容易采用并驾驭跨平台的信息发布，最大限度地增加传播范围和影响力。

"关联"或者说"关系"，既是微博舆论传播过程中信息流动的基本渠道，也是微博信息能够引起共鸣、激发讨论、赢得信任的重要"线索"。正是基于这种深隐于社会网络中的关联，意见领袖才能在社会网络中起到"连结"作用，使得原本游离于社会网络的散点聚集、依附在社会网络中，并使得原来无序、混乱的网络变得紧密、有序。意见领袖的连结作用一方面体现在其对离散的各结点的连结，另一方面也体现在作为意见领袖的用户将一定的社会网络与无限社会进行"联通"，这就为其提供了获取"信息利益"和"控制利益"的机会。⑤

---

① 王晗啸、于德山：《意见领袖关系及主题参与倾向研究——基于微博热点事件的耦合分析》，《新闻与传播研究》2018 年第 1 期。

② 吴英女等：《微博意见领袖网络行为——"净网"前后的数据分析》，《新闻记者》2014 年第 1 期。

③ 李彪：《微博意见领袖群体"肖像素描"——以 40 个微博事件中的意见领袖为例》，《新闻记者》2012 年第 9 期。

④ 沈阳、杨艳妮：《中国网络意见领袖——社区迁移影响因素及路径分析》，《国际新闻界》2016 年第 2 期。

⑤ 韩运荣、高顺杰：《微博舆论中的意见领袖素描——一种社会网络分析的视角》，《新闻与传播研究》2012 年第 3 期。

越是那些活跃的、有影响力的用户，越能从话语表达中获得正向的反馈与激励，除了众多粉丝关注所带来的成就感，还可能会有物质层面的报偿，激励其投入到持续的内容发布中来。2014年新浪微博开通的打赏功能，就让不少原创作者借助于内容创作获得了一定收益。物质和精神层面的回报会形成一种良性的循环。2016年微博"V影响力"大会公布的数据显示，2015年微博平台将近80%的社交关系都集中到了1%的"头部用户"身上，"头部用户"的影响力逐渐扩大，这部分是最有可能实现话语权利到话语权力转化的人群。换句话说，他们是处于话语金字塔上端的行为者，他们的话语对他人的影响更大。当讨论话语权时，我们不得不承认话语本身所独具的魅力和话语本身所造就的权力落差。无论在微博还是在其他的自媒体平台，那些既有理论高度，又贴近现实的原创博文更容易受到关注。鉴于知识就是力量的普遍认知，话语优势则大多被文化精英所占有，或者说他们承担了将草根话语进行引导、包装、解读和升华的作用。

**（二）活跃的使用者**

除了上文提到的一部分"网络意见领袖"之外，活跃的普通用户也占有一定比例，他们的力量不但通过微博的"围观"形式表现出来，还通过其内容加以展示。这些人没有名人的天然影响力，但是能够依靠较高的发帖频率、理性的观点表达而在集群中赢得较高的声望和尊重度，获得某种"权力"。[①]

一次次热点事件在微博上快速传递和"围观"，也让众多的普通人意识到微博作为媒介的力量，看到普通人的命运因为微博的"曝光"而改变，无形之中，提升了他们的表达和参与意识，以此为基点，将吸引更多的人加入微博，关注微博平台上不同的信息，扩大微博的影响力，继而形成一个良性循环，最终给个人、社会带来改变的契机。在此基础上的话语权力的聚合成为了可能，网络世界、个人微力量对现实世界的影响力前所

---

[①] 曹阳、樊弋滋、彭兰：《网络集群的自组织特征——以"南京梧桐树事件"的微博维权为个案》，《南京邮电大学学报》（社会科学版）2011年第3期。

未有地被放大了。

**（三）沉默的大多数**

作为不活跃的大多数微博用户，其行为以"看"为主，他们占比较高，发文较少，尤其是原创博文数量不多，但正是因为他们的点赞、转发、评论等给予了活跃的微博博主们更新的动力。站在这些"潜水者"的角度而言，微博中的话语流动是单向的，作为独立的传播节点而言，他们基本没有干预传播过程、影响事件进程和生产优质内容的能力，往往是作为传播者而非生产者的角色存在。但当众多的沉默者的关注点出现聚焦之后，就会影响特定议题的传播力。虽然原创内容比例不高，但他们乐于转发、评论、点赞，这一系列的行为汇聚起来，则会形成裂变式的传播效果。

此外，微博运营政策的调整，对他们的直接影响比较有限。但是关注的微博博主的言论和行为会影响他们的判断和后续行为。他们对于平台的忠诚度和活跃度取决于他们所关注的人。这一点与微博的泛娱乐化特征倒是相辅相成。

他们也会因议题的特殊性而变得活跃，对那些与自身生活有关的、能引发共情的议题或信息，积极参与，瞬间形成聚集性的话语影响力，是不可忽视的民众力量。

## 三 微观层面：微博个体话语权实践的影响因素

尽管微博似乎在技术层面开放了个体在互联网上表达的空间，但表达者所拥有的社会和传播资源将成为衡量其话语权多少的重要生产性要素。[①]

**（一）个体的社会地位**

个体的社会地位指的是社会成员在社会系统中所处的位置，一般而言，社会地位和个体的职业、经济收入、受教育程度等密切相关。社会经济地位高的人，在现实社会中拥有更多的资源，其话语影响力往往也越

---

① 姬德强：《谁的权力场域？——"韩方之争"与微博的政治经济学》，《新闻大学》2013年第5期。

大。职业较好、收入较高的人，有能力较早地购买先进的信息工具，使用先进的信息技术；受教育程度越高，其话语表达能力和表达意识、表达动机也较强，从而更容易将自身在现实社会中的资源优势延伸到微博平台，进一步扩展其话语的传播空间和影响范围。社会地位高的用户更容易在微博上找到志同道合的人，并保持较高的互动频率，拓展自己的社会关系。

### （二）个体的社会资本

林南将社会资本定义为"嵌入于一种社会结构中的可以在有目的的行动中摄取或动员的资源"①。根据这一定义，社会资本的概念包括三种成分：嵌入于一种社会结构中的资源；个人摄取这些社会资源的能力；在有目的的行动中运用或动员这些社会资源。

用户的网络话语影响力，除信息本身属性外，很大程度上取决于其在线上网络中的权力状况。②个体拥有规模更大、质量更高的社会关系网，意味着他（她）将从该网络中获得更多的资本。③微博意见领袖社会资本的拥有是网络媒介权力形成的基础，不同参与主体之间的深度互动构成了网络媒介权力生成的源头；参与对话的不同主体在网络关系中所发挥的作用、所处的位置、所拥有资源的多少产生了不同的力量对比格局。④社会资本拥有越多的个体，越能形成"振臂一呼，应者云集"的传播潜力，而那些社会资本拥有量少的个体则缺少这种潜力，多处于被动的地位。

简而言之，社会资本的核心是个体拥有或者可以动员的社会资源，而这种资源镶嵌于个体的社会关系之中。微博的出现和普及，既可以进一步完善和增强那些社会经济地位高的人的社会关系网络，还可以拓展社会地位不太高的社会成员的社会资本，为扩大其话语的影响力提供必要的前提和支持。

---

① 林南：《建构社会资本的网络理论》，《国外社会学》2002 年第 2 期。

② 彭兰：《影响公民新闻活动的三种机制》，《上海大学学报》（社会科学版）2010 年第 4 期。

③ 张明新：《社会关系网络中的信息消费与生产微博用户行为研究》，《新闻与传播研究》2012 年第 6 期。

④ 王国华等：《微博意见领袖的网络媒介权力之量化解读及特征研究——基于社会网络分析的视角》，《情报杂志》2015 年 7 月。

那些现实空间中的权力精英，在互联网的权力关系结构中，处于更加有利的节点位置。如果他们实施的策略得当，其现实空间中的权力影响力，可以通过继承自身优势和借他者之力两种方式移植到网络空间，完成权力影响力的转换。①

### （三）个体的媒介素养

社会资本等资源的建立和拓展，既离不开现实因素，也与个体的媒介素养相关。那些熟悉微博传播特质、能敏锐捕捉到微博发展前景、掌握传播策略和技巧的个体更善于互动，更容易依靠独特的内容，建立自己的微博"地位"。

用户会因为内容本身的吸引力和新鲜度去关注一个新的微博客，那些保持稳定持续更新的博主更容易刷存在感、更容易被陌生人看到。是否有意经营自己的账号、精心制作原创内容、甄选有特色的转发内容，都会影响网络账号特色。稳定的风格和特色更能建立自己的网络影响力。

### （四）个体的传播意图

如果说以上三种因素属于外在的因素，那么，明确和强烈的传播意图作为内在因素也会影响微博个体的话语权实践。指向性强、目的明确更容易使用户保持稳定、持续的内容生产。一般用户的传播意图不强，可能会在具有正反馈的条件下才会有不断更新的动力。不同个体在传播中获得的满足感和成就感不同，其更新微博的频率、生产信息的精心程度也会有所不同，而这一点又会影响传播效果，最终形成马太效应。越是传播意图明确，越是花心思去进行内容生产，越容易吸引人，越能感知到话语传播所带来的满足感和成就感，从而形成良性循环，不断拓展网络社交圈，积累网络社会资本。

总之，话语权和主体参与的积极性、资源拥有情况息息相关。微博更多是从表达方式和传播渠道层面带来了便利，但最终的效果则取决于宏观

---

① 刘少杰：《中国网络社会研究报告 2016》，中国人民大学出版社 2016 年，Kindle 版（位置 3692—3697）。

层面的话语环境、中观层面的话语规则以及微观层面的表达行为。

## 本章小结

本章主要从话语空间的层面分析微博,得出的结论是微博和以往的互联网应用相比,其最大优势是跨平台的、低门槛的实时表达和便捷互动。技术搭建的这个公共话语空间,具有平等性或拓展性,每一个节点都可以成为信息的发布者和传播者,实现了理论上的"处处是中心,无处是边缘"。

但基于商业目的而创建的话语空间,必然有盈利的要求,这是微博发展与创新的原动力。随着用户规模的扩大和社会影响力的增加,网信办等管理部门以营造风清气正的网络空间为目标,制定了一系列有针对性的管理政策,为微博的运营者框定了一定的边界。基于此,微博运营者也制定有服务协议,投入技术,安排审核员,通过建立社区委员会、专门的管理账号等规范用户的使用行为,处理用户举报、申诉等事宜。

微博,既是话语表达的空间,也是权力博弈的空间,它的发展受商业利益、政治权力、文化冲击影响。[1]数亿用户大致可以分为三层:意见领袖、活跃的使用者和沉默的大多数,其分布大致呈金字塔形。因为不同层级用户拥有的社会资本、网络媒介素养等的差异,其话语影响力呈现倒金字塔格局,人数占比较少的意见领袖更容易拥有更大的网络影响力。

众多社会个体、商业机构、各级各类政府部门和公务员开始使用微博,微博随之成为各种话语主体权力流动和博弈的空间。主体的多元化和异质性增强,使得微博话语空间复杂性随之增强,并有可能开始削弱或者改变现实话语空间的格局,重新建立话语等级体系和话语规则。

---

[1] 李新蕾:《微博对公民话语权的影响研究》,南京师范大学 2014 年硕士学位论文。

# 第四章  常态下的微博话语权结构研究

据笔者的长期观察，微博中的话语权结构和状态大致可以分为两类，一类是常态下的结构，一类是因临时性热点（热点的事件或者现象）而发生变化的结构。本章主要通过实证研究来分析新浪微博常态下的话语权分布情况。

Yahoo Research 发布的数据显示，推特上占比仅为 0.05% 的两万名精英用户拥有该平台 50% 用户的注意力，这些精英用户主要由名人、博客作者、媒体机构和其他正规团体的机构代表、普通用户代表组成。[1]

类似情况在新浪微博是否存在呢？若存在，存在的原因和影响又会是什么？本章通过比较 2012 年与 2018 年的数据，试着给出回答。

## 第一节  不同个体新浪微博影响力的实证研究

本章主要是分析不同人的微博文本、微博使用和互动情况，考察影响微博客影响力的差异以及产生差异的主要原因，比较不同群体的微博使用差异和影响力差异。

---

[1] 黄绍麟：《微博：建立在 45 度仰角基础上的媒体与社交平台》（http://www.newmediastudy.org/?p=656）。

## 一 选取研究对象

新浪微博有两个主要榜单，一是风云影响力榜，主要包括名人影响力榜、媒体影响力榜、政府影响力榜、网站影响力榜；二是风云人气榜，包括人气总榜、名人人气榜、草根人气榜、媒体人气榜、政府人气榜、网站人气榜。①

通过对新浪微博的长期观察，并结合新浪微博排行榜，笔者发现新浪微博的个人用户大致分为三类：名人、人气草根、普通草根。基于此，本文对新浪微博的研究，采用分层抽样的方式，从名人、人气草根、普通草根中随机抽取16名微博客作为研究对象，以其在2012年1月1日到15日这15天内发布的所有消息组成研究样本，分析微博不同群体的微博使用行为，并对其内容和互动情况进行实证分析。

数据采集时间第一次是2012年，第二次是2018年11月，虽然微博已经没有了之前的草根人气榜，也没有了草根微博的提法，但是出于比较的方便，本文研究对象主要还是2012年选取的对象，并对其做时间跨度方面的比较，更容易发现不同微博客话语权在时间层面的变化情况。

### （一）研究对象选择

1. 微博名人的选择

在笔者搜集数据的2012年1月9日上午的微博名人人气榜前100名用户中，来自演艺圈的人士有70位，其中主持人有11位；微博名人影响力榜前100名用户中，来自演艺圈的人士有50位，其中主持人有13位。其中53位名人同时位于两个榜单中，基于此，笔者从两个榜单共计147名用户中，选取演艺圈、商界、学界、媒体人士中粉丝数量最多的姚晨、李开复、于建嵘和张泉灵作为研究对象。

2. 人气草根的选择

人气草根一般是没有经过实名认证的微博客，其绝大多数不是现实中

---

① 新浪人气榜主要是依据粉丝的数量反映用户的人气；而影响力是一个动态变化的数字，需要精密的计算，公式为：影响力 = a* 活跃度（产生有博文的情况）+ b 传播力（发布的有内容博文被追捧情况）+ c* 覆盖度（博主博文的影响覆盖面），具体系数不详，榜单又分为日榜单、月榜单和周榜单三种。

的名人，但是因为颇具特色的内容，也在微博上拥有较高的知名度和关注度，新浪微博专门设有草根人气榜（后取消），排行榜上列出了前100名人气草根微博，其粉丝数在2万到639万多不等，排在第一的是非认证名人用户王菲（@veggieg），根据随机抽样的方式各抽取4名用户：作业本、王梓名和cha研、童凹。

3. 普通匿名用户（下称"普通草根"）

与前面提及的人气草根用户不同，普通匿名用户是新浪微博用户中的主体。本文在新浪"微博广场"的"随便看看"栏目中随意选取8名非认证用户：吴先森不来也不去、晋啊晋啊晋–、爱尔米琪、黑妹yoyo、洋气的洋小洋、真菌甘、相关部门部长、六年加九度。

如此，本文的分析样本既有粉丝量、影响力排在前列的人士，也有人气和影响力居中的用户和默默无闻的草根用户，虽然样本量较少，但根据现实世界–微博空间、普通用户–人气用户这两个维度，基本涵盖了三大群体。现实世界中和微博空间中都是名人的人：姚晨、李开复、于建嵘、张泉灵；现实世界中无名但是在微博上小有名气的人气草根：作业本、王梓名、cha研、童凹；还有在现实世界和微博空间都没有名气的普通草根：吴先森不来也不去、晋啊晋啊晋–、爱尔米琪、黑妹yoyo、洋气的洋小洋、真菌甘、相关部门部长、六年加九度。

表4-1　　　　　　　　研究对象的基本数据

| | 新浪微博用户 | 粉丝数[①] | 粉丝数[②] | 活跃粉丝率（%）[③] | 认证粉丝率（%）[④] | 关注（人） | 微博数[⑤]（个） |
|---|---|---|---|---|---|---|---|
| 名人微博 | 姚晨（blog） | 1592万 | 1610万 | 17.2 | 2.98 | 472 | 5148 |

---

[①] 数据采集时间：2012年1月9日22点。
[②] 数据采集时间：2012年1月17日23点30分。
[③] 此数据以微博风云的统计为标准。活跃粉丝标准：微博粉丝数大于30，微博数大于30，1周内有互动。
[④] 此数据以微博风云的统计为标准。"–"表示在微博风云上查不到相关数据，笔者经过观察认为，数据缺失的原因是认证粉丝太少无法统计。
[⑤] 数据采集时间：2012年1月17日23点30分。

续表

| | 新浪微博用户 | 粉丝数 | 粉丝数 | 活跃粉丝率（%） | 认证粉丝率（%） | 关注（人） | 微博数（个） |
|---|---|---|---|---|---|---|---|
| 名人微博 | 李开复（blog） | 1052万 | 1066万 | 15.6 | 4.82 | 277 | 4244 |
| | 于建嵘① | 132万 | 133万 | 17 | 1.20 | 1890 | 2019 |
| | 张泉灵（blog） | 226万 | 231万 | 16 | 0.57 | 162 | 1687 |
| 人气草根 | 作业本（blog） | 155万 | 162万 | 32.8 | 1.49 | 789 | 3566 |
| | 王梓名 | 39万 | 39万 | 49.5 | 0.51 | 54 | 371 |
| | Cha研（blog） | 5.9万 | 6.3万 | 22.6 | 0.04 | 1014 | 2400 |
| | 童凹（blog） | 2.3万 | 2.6万 | 9.9 | - | 198 | 407 |
| 普通草根 | 吴先森不来也不去（blog） | 443 | 445 | 52.8 | - | 284 | 1737 |
| | 晋啊晋啊晋- | 1758 | 1761 | 87.5 | - | 232 | 1017 |
| | 爱尔米琪（blog） | 463 | 463 | 64.5 | - | 177 | 1107 |
| | 黑妹yoyo（blog） | 1276 | 1614 | 75.5 | - | 179 | 3018 |
| | 洋气的洋小洋 | 526 | 538 | 66.7 | - | 202 | 368 |
| | 真菌甘 | 555 | 937 | 59.0 | - | 411 | 728 |
| | 相关部门部长（blog） | 4196 | 4199 | 17.7 | - | 1827 | 4151 |
| | 六年加九度 | 59 | 351 | 83.7 | - | 40 | 567 |

## 二 研究设计

### （一）话语权分析的主要依据

通过对搜集的微博帖子内容的转发、评论情况、互动情况进行分析，从而确定文本所代表的社会阶层话语，进而探讨不同阶层的话语权表达和微博中话语权的结构形态。

---

① 在笔者选定样本之后的1月13日，于建嵘在其微博上声称："鉴于新浪微博对待网友的恶劣态度，本人决定从2012年1月13日9时起停止新浪微博更新，并正式移师搜狐微博。"2012年3月25日下午，于建嵘又开始更新新浪微博。

除了话语分析外，本文还考虑所选样本中包含的人物关系，此处，主要是以文本中出现的人物所处的社会阶层等来衡量，分析微博是否促进了不同阶层之间的互动。毕竟，不同的人会选取不同的关注对象。关注、互动对象的选择，在一定程度上也和话语权的实现和效果有着一定的联系。

### （二）微博文本分析

文本，即上文分析提到的微博文本，指微博用户发布的传播内容，主要包括微博客原创的（多种形式，如图片、图表、音频、视频、长微博）微博，以及转发和参与评论的微博。同时，还关注微博客们参与的微群，因为这一点也可以反映博主的兴趣和社交圈的选择倾向。

1. 内容分类

根据试调查结果，微博中所涉及的话题主要分为私人话题、公共话题和兴趣话题。

私人话题，又具体分为博主自己的生活见闻、感悟或者心情状态。

公共话题，主要包括博主原创的或者转发和参与评论的公共话题，主要有两大类：第一，用户对新近发生的热点、社会普遍关注的事物或问题的评论、观点，包括对某些新闻的转发，引用某权威人士对热点事物的评价等等；第二，用户亲身经历或目击的正在发生或即将发生的公共事件。

兴趣话题，主要指微博中出现涉及私人兴趣的话题。如：各种搞笑段子或者图片、人生格言、名人名言等。

2. 消息转发数和评论数

在具体的分析过程中，还有一类问题是需要留意的——即名人的私人话题，因为名人的私人话题往往会成为公共话题。比如，一位名人更新微博说自己在达沃斯年会上听见某公众人物演讲，对于名人来说只是一条自语式文本，但由于其中出现了"达沃斯年会"以及"公众人物"演讲，仍划归为"公共议题"。

### （三）话语权衡量指标的构建

本文中，话语权衡量指标的构建主要从两方面来完成——粉丝维度（传播力维度）和内容维度，详见下表所示：

表4-2　　　　　　　　　　话语权衡量指标

| | | |
|---|---|---|
| 粉丝维度 | 粉丝数量 | 粉丝总数量 |
| | 认证粉丝数 | 通过微博平台认证的粉丝数量 |
| | 活跃粉丝率 | 参与转发、评论的粉丝占总粉丝的比例 |
| | 粉丝忠诚度 | 微博转发量：微博被转发的总量 |
| | | 微博转发率：平均每条被转发的数量 |
| 内容维度 | 微博数量 | 发布微博绝对总数量、原创微博的比重 |
| | 微博发布频率 | 日均发布微博数量 |
| | 微博原创率 | 原创性微博占所发所有微博的比例 |
| | 微博转发量、评论量 | 平均每条微博转发数、评论数 |

## 三 研究结果分析

### （一）样本发文情况描述

1. 发文总量

在抽样的15天时间内，不论是从原创微博还是转发微博的数量来看，16个样本用户所发帖子的数量差异并不大。但是，三大类人群，名人平均每一条帖子的转发量在2 000以上，评论量也在700以上，普通人的帖子评论量和转发量很多都是十位数以下，很多帖子都是零转发、零评论。

人气草根用户@作业本是个例外，其帖子的平均转发量和评论量远超名人。在所有文本中，单条信息转发量和评论量最高（转发5万多次，评论1万多次）的是来自作业本的一条微博："诺贝尔瓷砖、马可波罗瓷砖、毕加索瓷砖、梵高瓷砖、蒙娜丽莎瓷砖……都国产的，味千拉面在日本没店，美国加州牛肉面大王在美国没店，吉野家和日本吉野家不是一家，法国合生元、美国施恩奶粉、法国卡姿兰都地道广东货，卡尔丹顿西装，纯正深圳货，乔丹运动鞋跟Jordan没一点关系……都中国人骗中国人啊……"

名人和草根在微博话语权力上存在的巨大差异，似乎被他改变了。

作业本由于其语言风格独具特色,成为新浪微博红人,并吸引了很多名人关注,其微博语录集《精神病学院毕业生》在2011年5月正式出版。他这一个案在另一层面也可以说明在微博平台上话语表达能力的重要性。

2. 话题类型

所选样本中,更多使用微博来发表私人话题,表达个人在生活中的见闻、心情、感悟,或者是进行私人话题的交流和评论等,原创并涉及公共话题的内容,在三类人群中所占比例都不高,但名人就公共话题发表评论或参与转发的比例还是远高于普通人。

表4-3　　　研究对象微博博文的话题类型

| | 微博用户 | 私人话题 | | | 公共话题 | | | | | | | 名言、段子等 |
|---|---|---|---|---|---|---|---|---|---|---|---|---|
| | | 原创 | 评论 | 合计 | 政治 | 经济 | 社会 | 文体 | 科技 | 评论 | 合计 | |
| 名人微博 | 姚晨 | 35 | 49 | 84 | 0 | 0 | 1 | 2 | 0 | 15 | 18 | 6 |
| | 李开复 | 2 | 17 | 19 | 10 | 0 | 2 | 10 | 6 | 91 | 119 | 8 |
| | 于建嵘 | 1 | 3 | 4 | 8 | 0 | 5 | 0 | 0 | 26 | 31 | 0 |
| | 张泉灵 | 8 | 10 | 18 | 4 | 1 | 0 | 0 | 0 | 8 | 13 | 5 |
| 人气草根 | 作业本 | 7 | 0 | 7 | 5 | 4 | 2 | 1 | 1 | 3 | 16 | 6 |
| | 王梓名 | 12 | 0 | 12 | 0 | 0 | 0 | 1 | 0 | 4 | 5 | 3 |
| | Cha研 | 23 | 6 | 29 | 0 | 0 | 0 | 24 | 0 | 20 | 44 | 0 |
| | 童凹 | 33 | 78 | 111 | 0 | 0 | 0 | 8 | 0 | 25 | 33 | 0 |
| 普通草根 | 吴先森不来也不去 | 18 | 7 | 25 | 0 | 0 | 0 | 3 | 0 | 24 | 27 | 0 |
| | 晋啊晋啊晋- | 21 | 2 | 23 | 0 | 0 | 0 | 0 | 0 | 2 | 2 | 0 |
| | 爱尔米琪 | 18 | 4 | 22 | 0 | 0 | 0 | 0 | 0 | 0 | 0 | 3 |
| | 黑妹yoyo | 112 | 47 | 159 | 0 | 0 | 3 | 1 | 0 | 7 | 11 | 16 |
| | 洋气的洋小洋 | 18 | 2 | 20 | 0 | 0 | 0 | 0 | 0 | 0 | 0 | 0 |

续表

| 微博用户 | | 私人话题 | | | 公共话题 | | | | | | | 名言、段子等 |
|---|---|---|---|---|---|---|---|---|---|---|---|---|
| | | 原创 | 评论 | 合计 | 政治 | 经济 | 社会 | 文体 | 科技 | 评论 | 合计 | |
| 普通草根 | 真菌甘 | 52 | 30 | 82 | 4 | 1 | 3 | 5 | 12 | 29 | 54 | 131 |
| | 相关部门部长 | 51 | 74 | 125 | 0 | 0 | 0 | 0 | 0 | 0 | 0 | 7 |
| | 六年加九度 | 1 | 0 | 1 | 0 | 0 | 0 | 0 | 0 | 10 | 10 | 28 |

### 3. 信息源和互动圈

研究对象的信息源和互动圈可以反映其微博关系圈，也可以体现其网络话语权的潜力，毕竟 Web2.0 时代信息的传播路径依赖于网络社交关系进行流动。网络社交关系除了松散的关注－被关注，还可以从表 4-4 "文本中出现的微博客（个人）"看出来。"出现"有两个层面的含义：一是指在微博帖子中提到的个人；一是指信息源，即转发或者评论来自某个人的微博内容。通过分析微博文本所提到的个人，可以分析不同人群的微博信息源和交际圈。之所以没有选择转发或评论博主帖子的用户，主要是因为转发或评论行为，多属于粉丝的行为，而不是博主自己的主动性选择。

几位名人的微博帖子中，出现更多的是与自己职业相关的知名人士，这些人主要来自演艺界、媒体界、财经界、学术界、法律界等，非认证用户所占比例较低；4 位人气草根中，作业本是例外，其帖子中没有出现任何个人，其余 3 名，微博帖子中平均出现了 3 位认证用户和 15 位非认证用户；草根微博中，微博帖子中平均出现了 4 位认证用户和 15 位非认证用户，其中，认证用户中以演员、歌手、主持人居多，非认证用户的粉丝数量较少，多在 1000 人以下。

通过表 4-5 的数据，可以从一个侧面看出微博圈群化传播的特征很明显。名人多和名人发生关系，虽然数量不多，但交往的人群比较集中；草根，更多和草根聚在一起，且圈子比较小。这样的特质会影响话语的内容选择和传播效果。

表4-4　　　　　　　　　研究对象博文中出现的人

| | 微博用户 | 文本中出现的微博客（个人） |
|---|---|---|
| 名人微博 | 姚　晨 | 45位来自演艺界、传媒圈、财经界等的知名人士 |
| | 李开复 | 64位来自IT界、投资界、媒体界等的知名人士；9名从事IT工作的非认证用户 |
| | 于建嵘 | 18位来自法律界、媒体界、经济界、学术界等的知名人士；6位非认证用户 |
| | 张泉灵 | 11位包括身份为媒体人、导演和作家等的知名人士；3名非认证用户 |
| 人气草根 | 作业本（blog） | 无 |
| | 王梓名 | 4名认证用户；12位粉丝数量在18~1.01万不等的非认证用户 |
| | Cha研 | 2位从事设计工作的认证用户；11位粉丝数量在32~12万不等的非认证用户 |
| | 童凹 | 2位认证用户；23位粉丝数量在5~1.4万不等的非认证用户 |
| 普通草根 | 吴先森不来也不去 | 7位认证用户；64位粉丝数量在2~1.68万不等的非认证用户 |
| | 晋啊晋啊晋- | 8位粉丝数量在174~4 000多的非认证用户 |
| | 爱尔米琪 | 认证用户（4人）：媒体人顾小白、演员董洁、赵薇（粉丝1 322万）、80后作家代琮 |
| 普通草根 | 黑妹yoyo | 认证用户（4人）：独立公关人包一峰、百度公司HR刘冬、漫画家朱德庸、主持人何炅；40位粉丝数量在0~9万不等的非认证用户（作业本粉丝175万） |
| | 洋气的洋小洋 | 4位粉丝在5~756的非认证用户 |
| | 真菌甘 | 以香港演员为主的16位认证用户；10位粉丝数量在22~3433的非认证用户 |
| | 相关部门部长 | 4位认证用户；53位粉丝数量在0~11万不等的非认证用户 |
| | 六年加九度 | 1位非认证用户 |

4. 跨平台使用意识

这一点主要通过是否在微博上设有其博客的链接来体现。名人和人气草根中实现两者互通的人占75%，普通草根中占到了50%。在信息发布上，微博和博客具有各自的优势，微博的简短、随意、快速弥合了博客在表达层面的烦琐和费时，而博客又可以补充微博的信息量，增加内容的深度。两者的结合，更能准确、有效地传达其主体的表达内容，增强内容的吸引力。

在微信开通公众号之后，李开复和于建嵘又开设了自己的公众号，这为扩大自身话语影响力提供了基础，一次生产，多次传播，可以覆盖更多人群，实现内容价值的最大化。姚晨和张泉灵等则没有建立官方微信公众号。研究对象中的其他12名微博客中，除了搜索不到的，其余则没有开设自己的公众号。跨平台的使用意识在一定程度上也拉大了不同人群话语影响力的差异。

5. 粉丝数量和增长速度

16个样本中，微博客粉丝最少的有59个粉丝，最多的超过1 600万，可以用天壤之别来形容。若论粉丝的增长速度，更是存在巨大差异：12天时间，名人微博客的粉丝增加数从1万到18万不等；人气草根的粉丝增加数从3 000到7万不等；而草根微博客的粉丝增加数从0到338人不等。

6. 粉丝认证率

名人粉丝中，认证粉丝率较高，新浪微博中个人认证主要涵盖娱乐、体育、传媒、财经、科技、文学出版、政府机构、人文艺术、游戏、军事航空、动漫、旅游、时尚等领域知名人士，各行业和类别都有较详细的认证条件，其中，知名是一个很重要的条件。这一点也可以看出名人粉丝的潜在力量，因为在微博中，经过认证的知名人士，其影响力、信任度和二次传播的质量都要较普通人更胜一筹，更容易成为信息传播中重要的"节点"。

（二）对三大类样本的分析

1. 微博内容：以个人生活和兴趣为中心

所选的16个样本中，用微博来展示自己的私人生活、个人见闻、感悟，和朋友的交流也占了相当大的比例，涉及的公共话题并不多。其实，也契合了新浪微博标注的"有什么新鲜事想告诉大家？"

人，由于时间和精力等的有限性，决定了个人在信息享有方面、选择方面的差异性。处于社会中上层，经济条件越好的人，其社会活动的范围相对越大，在掌握的信息丰富程度、交往的人数上越具有优势，分享的动力越是充裕,而不断增加的关注度和影响力又会促使他们发布更多信息。

不同阶层的人,其社交圈和日常生活的交集较小,在常态下,信息的交流和共享依然呈现出圈子化的特点,并不像理论上说的裂变式传播。

2. 互动关系:以业缘和趣缘为中心

社会是一个复杂而庞大的系统,不同的职业占有不同的社会位置,而这也是社会客观所需要的社会分工的结果。现代社会,人们的社交网络超出了传统的血缘、地缘关系,成年人的工作时间占据了日常生活相当大的比例,因此,业缘关系成为很多人社交网络中重要的一部分。

以上数据显示,姚晨微博中涉及的人主要为媒体圈、演艺圈以及潘石屹、任志强等投资界知名人士,可以说,相关行业的发展以及行业间关系的紧密程度和个人的社交网络、互动关系具有密切的关系。李开复的互动关系主要见于IT界和投资界的知名人士,普通人在其微博中鲜见;@cha研主要是漫画、@童凹则主要是王菲和窦唯的音乐。

一般来说,个体之间具有更多的相同性,即进行沟通的两个个体之间的相似程度趋近时,传播效果就会更加显著,这就是所谓的同质性传播,"职业和所受教育程度相似的个体之间的社会关系更为密切"。[①]

学者金兼斌认为"在社会地位和个人志趣方面相似的人之间的交往是一种高效率的交往过程,因为他们共享类似的文化和价值观,在知识结构上也大致相称,因此彼此之间容易沟通,是一种高度情景共享的交流过程,容易在认知、态度、行为转变等方面相互影响"。[②] 微博为共性更强的人群提供了交流的便捷渠道,也为这种交流的效果提供了一定的想象空间。

3. 影响力:差异巨大

微博中的影响力主要是通过粉丝数量、帖子转发和评论的数量来衡量。

---

[①] [美]埃弗雷特·M. 罗杰斯:《创新的扩散》,辛欣译,中央编译出版社2002年版,第270页。
[②] 金兼斌:《技术传播——创新扩散的观点》,黑龙江人民出版社2000年版,第45页。

从数量上而言，现实社会中的名人已经拥有了庞大而稳定的影响力，可以很容易地将自己的人气在微博平台上延伸，而新浪采取的名人战略更是加速助长了这种延伸能力。微博作为一个人人都可以发声的工具，但不是所有人的传播能量都是均等的，其间的差别巨大，而且大致上是可以分出"传播差"的。①

从质量上而言，名人相互关注、互动的比例远远高于名人和普通人的比例。而粉丝的粉丝也会决定一条帖子的传播范围，就像杜子建总结的"粉丝值决定传播力"②，名人也有更多粉丝的粉丝，在信息传递的第一个环节就具有较强的优势。

差异产生的原因主要有两方面：一是个体自身的差异所致；二是微博运营商的商业利益所致。在商业利益的驱动下，符合网站运营商利益的那些微博客往往被人为地推荐到微博频道的首页。

从以上三点来看，很难说微博平台具有平等性和去中心化特点，即使有，也只能说是技术上或者理论层面是具有的，在实践层面是不太可能的，毕竟谁也无法抹杀现实中个体之间巨大的差异。现实社会不同阶层之间、不同群体之间、不同个体之间差异的存在，在微博上只会被进一步放大。

是否具有坚持更新的精神和持续的内容生产能力，也是产生影响力差距的一个重要原因。如表4-5所示，近7年时间，名人微博客的发文数量增幅在2倍左右，而粉丝数量增幅约5倍左右，关注人数增幅约2倍；人气草根中的3位已在微博中搜索不到，只剩下@Cha研，发文量增加了1倍，粉丝增加了4倍多，从原来的6.3万增至33万；8位普通用户，要么搜不到，要么粉丝数量基本没有变化或发文数量增长极其有限。

所以，微博话语的影响力来自于内容的吸引力和持久的更新能力。微博仅仅是搭建了一个平台，长久来看，个人自身的内容生产能力和表达意愿更容易对话语权产生决定性的影响。

---

① 杜子建：《微力无边》，万卷出版公司2011年版，第86页。
② 同上书，第84页。

表4-5　　研究对象在2012年、2018年不同的微博数据

| 新浪微博用户 | | 2012年1月9日晚间数据 | 2012年1月17日晚间的数据 | | | 2018年11月21日上午的数据 | | |
|---|---|---|---|---|---|---|---|---|
| | | 粉丝数 | 粉丝数 | 关注 | 微博数 | 粉丝数 | 关注 | 微博数 |
| 名人微博 | 姚晨 | 1592万 | 1610万 | 472 | 5148 | 8010万 | 460 | 9490 |
| | 李开复 | 1052万 | 1066万 | 277 | 4244 | 5136万 | 615 | 10000 |
| | 于建嵘① | 132万 | 133万 | 1890 | 2019 | 582万 | 3496 | 5303 |
| | 张泉灵 | 226万 | 231万 | 162 | 1687 | 1124万 | 273 | 3390 |
| 人气草根 | 作业本 | 155万 | 162万 | 789 | 3566 | 非原来的作业本 | — | — |
| | 王梓名 | 39万 | 39万 | 54 | 371 | 搜不到 | | |
| | Cha研 | 5.9万 | 6.3万 | 1014 | 2400 | 33万 | 1006 | 4777 |
| | 童凹 | 2.3万 | 2.6万 | 198 | 407 | 搜不到 | | |
| 普通草根 | 吴先森不来也不去 | 443 | 445 | 284 | 1737 | 搜不到 | | |
| | 晋啊晋啊晋- | 1758 | 1761 | 232 | 1017 | 1916 | 655 | 877 |
| | 爱尔米琪 | 463 | 463 | 177 | 1107 | 搜不到 | — | — |
| | 黑妹yoyo | 1276 | 1614 | 179 | 3018 | 2120 | 260 | 1816 |
| | 洋气的洋小洋 | 526 | 538 | 202 | 368 | 724 | 35 | 164 |
| | 真菌甘 | 555 | 937 | 411 | 728 | 5713 | 1943 | 10000 |
| | 相关部门部长 | 4196 | 4199 | 1827 | 4151 | 4427 | 1995 | 5997 |
| | 六年加九度 | 59 | 351 | 40 | 567 | 搜不到 | — | — |

## 第二节　失衡的微博话语格局

从常态而言，微博失衡的话语结构不仅存在于本文所抽取的三个层次的16个样本中，同样存在于数亿微博博主中。每天上亿条的微博信息，

---

① 在笔者选定样本后，于建嵘在其微博声称："鉴于新浪微博对待网友的恶劣态度，本人决定从2012年1月13日9时起停止新浪微博更新，并正式移师搜狐微博。"2012年3月25日下午，于建嵘又开始更新新浪微博。

绝大多数在被发布的那一刻起，就鲜有人关注，更多是作为微博客本人的私人记录而存在，只有极少数信息成为热门信息，登上热搜榜，在瞬间被传达至数亿用户并被转发、评论、点赞。明星发布婚讯之后引发的微博宕机与普通用户发文的悄无声息共存，拥有数亿粉丝的明星与只有几十个粉丝的微博客共存于同一个平台，生命力只有几秒的博文与几周的博文同时存在。

## 一　粉丝数量的失衡

微博博主的粉丝数量，从普通新注册用户的几十、几百个到资深明星用户的 1 亿，其话语影响力存在着巨大差异。这种差异的产生由用户身份和注册时间决定，越是注册较早的用户，越容易获得更多关注。

2012 年 1 月，新浪微博名人人气榜中，位列第一的是姚晨，粉丝超过 1 500 万，榜单中第 100 位名人的粉丝只有 363 万；草根人气排行榜中，排在第 1 位的王菲不算严格意义上的草根，属于没有认证的名人，排在第 2 位的相当于名人排行榜中的第 50 多名而已。而在草根人气榜中的 100 名微博客中，只有 8% 的粉丝数达到 100 万以上，67% 的人拥有的粉丝量在 2 至 10 万之间。

表 4-6　　　　　新浪微博名人人气榜前100名微博客粉丝数量[①]

| 排行榜 | 名人微博客（人） | 粉丝量 |
| --- | --- | --- |
| 第 1 ~ 11 名 | 11 | 1000 万以上 |
| 第 12 ~ 24 名 | 13 | 800 ~ 1000 万 |
| 第 25 ~ 47 名 | 23 | 600 ~ 800 万 |
| 第 48 ~ 89 名 | 42 | 400 ~ 600 万 |
| 第 90 ~ 100 名 | 11 | 300 ~ 400 万 |

2018 年 11 月，微博名人人气榜前 10 名，全部为明星，排在首位的谢

---

① 2012 年 1 月数据。

娜已有 1.2 亿粉丝，第二名的何炅拥有 1.08 亿粉丝，第十名的林志颖拥有 7 900 多万。而媒体中粉丝数量最多的 @ 人民日报粉丝数量 7 900 多万，一般的传统媒体粉丝数量多在百万量级。

粉丝数量是决定话语影响力的关键因素，这一层面，存在着严重失衡，不同账号的话语权力已经具备了分化的基础，各自传播的潜力能量也不可同日而语。

## 二　博主身份的失衡

新浪微博 TOP100 的排行榜，明显地体现出"眼球经济"+"娱乐至上"的市场游戏规则，显示着微博平台不同社会阶层及不同身份者话语权的分配与抗衡：偶像、明星是绝对的主角，拥有一呼百应的号召力；传媒业名人和作家学者也各自守着一块阵地，吸引了不少眼球；草根用户，偏居一隅，自娱自乐，却多半处于应者寥寥的状态。姚晨在 2011 年 11 月 6 日凌晨 1 点多在微博中发布的"求止咳良方"帖子，2 分钟内，就有 500 多人回复，截至 2012 年 2 月 5 日，有上万条评论，4 000 多次转发。

《微博意见活跃群体分析报告》的结论也印证了新浪微博的这种分布状态，报告指出微博的意见活跃者有时会是媒体的官方微博，但一般情况下都是个人，男性居多，他们通常是大家耳熟能详的社会名人，并大都是认证用户，粉丝量巨大，这些人的工作与媒体关系很大，或是媒体从业者，或是新闻名人。①

若从微博用户的分布而言，除了明星作为话题引领者外，MCN 机构、媒体机构、政务机构等，同样也是微博原创内容源源不断的提供者，与之相比，普通个人的原创内容生产动力、意愿和能力都较低，而对上述主体发布内容的参与度极高，众多爆款微博即是例证。从这一点来看，微博这种平等而开放的传播结构，最终又变成了一种再中心化的

---

① 芦何秋、沈阳等：《微博意见活跃群体分析报告——基于 2011 年上半年 27 件重大网络公共事件的新浪微博数据分析》，《新闻界》2011 年第 6 期。

格局，不过用户之间不再是以往的那种互相隔绝，而是一种众声喧哗式的单向参与。因为众多处于话语中心的博主们极少回应网友的评论，微博并没有带来预期中的传－受双方的互动，反倒是传者之间实现了话题的互动。

### 三　内容传播量的失衡

从内容的榜单来看，月榜单、周榜单（都只公布前100）中排在前列的话题动辄引发上百万的转发、点赞、几十万的评论，但相比于每天上亿条更新的信息，这些热门信息所占比重极小。

这种失衡既是用户关注点和参与行为的体现，也是微博信息冗余的体现。网络在给了用户自主选择权的同时，也容易掩盖部分更有价值的信息。生怕错过热点信息的心理，裹挟着用户加入其中，加之微博运营商的推荐规则等的影响，则推动着这种失衡加剧。

话题量可以算是另外一个直观的衡量微博帖文传播量的指标。2015年微博热门话题TOP20榜单，综艺节目类话题占据半壁江山；2016年上半年的微博热门话题阅读榜中，全部为娱乐话题，第20名的话题阅读量为41.5亿；2016年微博的十大热门事件中，娱乐议题有6个，前三名分别是：乔任梁离世（话题量130亿）、王宝强马蓉离婚（话题量近120亿）、霍建华林心如姐弟恋终成正果（话题量近80亿），排名第四的是南海仲裁事件（话题量20亿）。

有些微博热帖阅读量过亿，还有大量的阅读量在1 000以下的贴文，每一条微博帖子的阅读量和影响力也存在严重的失衡现象。

### 四　发文数量的失衡

从样本数据看，近7年，名人微博客更新量在3 000条以上，而普通用户则很难达到这个数字，且不提内容本身的吸引力和制作的精良度。据笔者的长期观察，微博的发帖数量与粉丝数量呈正相关。发文频率低的话，对于不具备身份优势的普通用户而言，很难获得新的粉丝。而粉丝数量的增长、参与行为等又会影响微博客的发文频率,当微博客不能从中得到正面的回报时,发文的频率会降低。

近5亿的月活跃用户推动微博实现商业崛起,其内部存在着结构性失衡,进而导致了话语权的失衡,这种失衡决定了日常信息的流向是从那些拥有较多粉丝的微博客流向普通用户,形成一种话语引领者"振臂一呼,应者云集"的态势。人气排行榜前列的微博客们之间的互相关注,也有利于同时形成多个传播中心。基于此微博话语格局呈现一种差序格局和同心圆式格局。越是粉丝少的用户越是处于边缘位置,早期互联网的去中心化,在微博的话语格局上又体现为再中心化特点。

## 第三节 失衡的话语格局产生的原因探讨

微博中的话语格局不仅仅与微博博主本人的社会地位、表达能力、社会资本等紧密相关,也与微博运营商的发展策略、政府部门的管理政策、粉丝们的反馈效果、微博博主从中得到的社会报偿等有关。

### 一 传播环境促成失衡格局

在分析话语权格局时,不能忽视的一点是在现实社会中不同话语主体在社会地位、社会声望、资源拥有等方面存在巨大差异。互联网固然在一定程度上可以促进普通人的话语表达,但是如果结合互联网企业的情况来看,情况似乎没有那么乐观和美好。毕竟这些拥有技术和资金优势的企业,其在网络话语规则制定和资源分配上扮演着重要的角色,符合商业模式的博主才可以获得更多支持。

(一)微博的战略性选择:强化名人话语权

新浪借鉴当年运营博客的成功经验,采用名人策略——吸引名人,产生影响力,靠名人效应,带动更多的普通用户使用微博。

新浪微博在内测阶段,就邀请一些娱乐文体明星、作家、经济学者、企业家等试用。2012年，新浪微博上的粉丝女王姚晨的粉丝已经超过1 600万，得益于中国粉丝文化的盛行。新浪微博名人人气榜上的前10名，都是演员或者主持人，每个人的粉丝都上千万；前100名中，84个人的职业是演员或者主持人，9个人的自我介绍是企业老总，2位为经济学家。①

以上提到的人，尤其是知名演员，本身在传统媒体那里已经占足了版面和时段，在微博，这种情况依然如旧，或者说他们个人的信息会在瞬间得到大规模的回复和响应，他们的一条微博的评论和转发动辄会过万。

若从话语权的角度而言，新浪微博至少在这一点上强化了名人的话语权，甚至比传统媒体时代更甚。传统媒体给予明星名人们的仅仅是版面和时段。而微博，则略去了中间环节，让明星和名人们直接发言，展现独特、丰富的自己，直接和粉丝互动，这在一定程度上，占用了更多普通人浏览其他信息的时间。

微博时代的"教父"陈彤对名人战略作出这样的解释："我们不能首先去打草根牌，也不可能先去打技术牌，这都不是我们最擅长的。我们的优势就是高端、舆论领袖、明星、各个族群的牛人以及高收入、高学历、在自己单位有一定地位的人，先把他们抓过来。要根据自己的优势决定打法。"其中，媒体人和明星被陈彤看作是首要公关的对象，前者拥有话语权，后者拥有号召力，新浪辟谣小组前组长谭超认为，明星和媒体人的进驻，确保了微博平台上足够多的信息源以及信息的活跃度。②

### （二）微博的商业化运作：推动垂直内容

新浪在微博的运营上投入了很多的人力、物力，试图重拾门户网站时代的辉煌地位。笔者通过观察新浪微博版块的设置，认为新浪微博在早期的内容建设层面，延续了以往新闻编辑方面的优势。

---

① 新浪微博2012年1月27日数据。
② 转引自吕新雨《"微博时代"的终结？——〈新媒体与当代中国政治〉导言》，《新闻大学》2018年第1期。

新浪微博（2012年之前）在内容设置上有五大块：首页、广场、微群、应用、游戏，用户除了在微博上发布和阅读各种信息之外，还可以加入各个群进行群体内部的交流或玩游戏，使用各种网络应用。从设置上来看，微博和推特有着很大的不同：微博整合了社交网络和即时通讯等优点，功能非常强大，提供包括@以及私信、聊天、评论、转发、游戏、发文件、搜索等功能，而不仅仅是像推特那样，只是告诉朋友"What are you doing？"

新浪微博精于对内容的编辑、整合与价值开发，以此增强吸引力。这从新浪微博的各种榜单都可以见一二。它的各类榜单使我们更能注意到其在内容和粉丝分布上的特点。

进入新浪微博广场，显著位置标注的是"在这里你可以发现更多自己感兴趣的东西，无论是人、微博、话题、活动还是神马"，内容设置上见表4-7。

表4-7　　　　　　　　　2012年新浪微博广场内容设置

| 序号 | 版块设置 | 主要内容 |
| --- | --- | --- |
| 1 | 微博精选 | 搞笑、各种萌、美食、娱乐、美女、视频、星座、玩车等 |
| 2 | 名人堂 | 将既有的开通微博的名人按行业、地区和字母分类等三种标准进行划分。按行业，主要分为24个大的行业（每个行业里边再继续细分），主要有娱乐、体育、时尚、生活、财经、IT、人文艺术、出版传媒、汽车等 |
| 3 | 风云榜 | 主要有风云排行榜（热门话题榜和热门关键词榜）、风云影响力榜（名人影响力榜、媒体影响力榜、政府影响力榜、网站影响力榜）、风云人气榜（名人人气榜、草根人气榜、媒体人气榜、政府人气榜、网站人气榜） |
| 4 | 微话题 | 精选各个行业的热门话题进行及时地发布，根据话题的不同，在具体页面，又分为"媒体关注、专家评论、网友热议"或者仅有"网友热议" |
| 5 | 微直播 | 主要是通过汇集微博上来自各方面的实时信息，全方位展现大型活动进程 |
| 6 | 媒体 | 主要是整合各类媒体的微博，并进行推荐和排行 |
| 7 | 微电台 | 主要是全国各地电台及其工作人员的微博的整合 |

续表

| 序号 | 版块设置 | 主要内容 |
|---|---|---|
| 8 | 微群 | 67万个兴趣群，2 181万个爱好者，331万个群话题，每天2 000多个新群诞生，1 469位明星已入驻新浪微群，兴趣爱好者扎堆的地儿 |
| 9 | 政府 | 展示各级各地政府部门的官方微博 |
| 10 | 微博达人 | 草根用户的展示和聚合 |

新浪在微博的早期运营方面，充分发挥并延续了其在内容编辑与整合方面的优势，充分挖掘名人资源和热点资源，分门别类地进行力推，依靠名人的影响力巩固微博的影响力，提升普通用户的忠诚度，从这一点来看，新浪微博更像是媒体。

2016年，为更好地发挥微博的社交资源优势，微博又推出"超级话题"这一产品，提升话题在明星、粉丝等资源的聚合能力，进一步强化了明星等的网络话语权；2017年微博通过垂直化运营、MCN机构合作等，不断给创作者赋能，让自媒体人（机构）能更方便地在微博上生产内容、收获粉丝、实现商业变现；通过视频化布局、兴趣流分发等让用户更高效地获取信息、建立关系，从而不断巩固自己作为全球最具影响力社交媒体平台的地位。截至2017年年底，微博在53个垂直领域中与1 200家MCN机构展开深度合作，为其提供产业、运营、商业等多方面的资源支持，以帮助旗下创作者产出更为专业和垂直的内容，并提出30亿元的资金扶持计划。[①] 为了实现商业上的持续盈利，微博的上述举措进一步强化了优质内容生产者的优势地位。普通人更多是以参与者的身份加入微博，围观明星，发表评论。这一举措，推动了微博话语权格局的失衡，为泛娱乐化的内容提供了动力与支持。

新浪首席执行官曹国伟曾表示微博商业化的六大模式为互动精准广告、社交游戏、实时搜索、无线增值服务、电子商务平台以及数字内容收费等，可最大可能地获取交换价值了。因此，微博在结构上必然是符合商

---

① 微博数据中心：《2017年微博用户发展报告》（http://data.weibo.com/report/reportDetail?id=404）。

业模式的传播才可以获得更多支持。①所以,还原最初的新浪微博的发展思路,其实话语权的不平等在最开始就已经是注定了的,并且通过新浪微博平台的选择和放大,在不断地被加剧。虽然理论上是每个人都有了话语表达的权利和实现方式,但是普通人的内容只是"缩在一角",很少有人关注,很快便被淹没。

## 二 用户的选择决定失衡格局

《2017年微博用户发展报告》显示,30岁以下青年群体作为微博的主要用户,占比达到80%以上;微博用户兴趣主要集中在明星、美女帅哥、动漫等泛娱乐大众领域;文学、情感、股票等也是微博用户的主要兴趣标签。

微博的开放式结构,拉近了明星、名人与普通用户的距离,由名人发布的精心选择的信息、营造的氛围等给用户以亲近感,也有一定的祛魅作用。自由地关注、接收并转发明星名人的信息,给用户一种满足感。

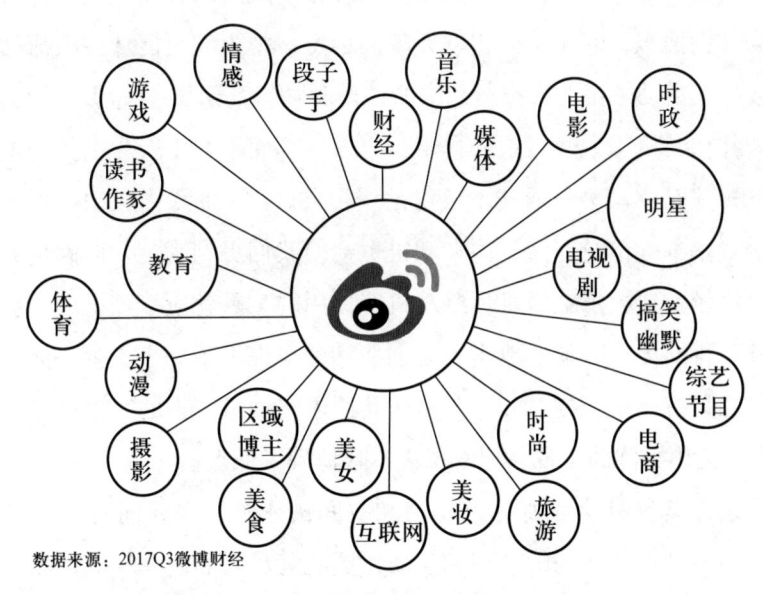

数据来源:2017Q3微博财经

图4-1 2017年微博阅读量超百亿的领域

---

① 吕新雨:《"微博时代"的终结?——〈新媒体与当代中国政治〉导言》,《新闻大学》2018年第1期。

微博在与电视台合作之后，出现了电视综艺节目、电视剧的营销，用户在追剧看剧的同时，会积极关注相关演员的活动。越是得到更多展示与推荐，微博用户越是会选择关注与互动，进而形成一种马太效应。

在用户注意力成为稀缺资源的背景下，上图中被精心生产并有商业推广加持的信息，更容易吸引用户关注，无形之中挤压了其他类型议题的传播空间，也提高了内容制作的门槛。

### 三 微博客的行为催生失衡格局

微博博主自己的社会资本、表达能力、社会报偿等决定了网络话语权的大小。

#### （一）动机与利益

使用微博的人都是有一定的动机和利益诉求的，不论这种诉求是个人的还是公共的，是短期的还是长期的，但可以肯定的是其有特定的目的和动机。而这种动机可以分为内在动机和外在动机。内在动机能让行为本身就成为一种回报，它是一张包罗万象的标签，把人们可能从一项活动中获得的或基于活动本身的回报所造成的各种激励因素聚集在一起。

对外在动机来说，回报来自于行为之外，而不在于行为本身。想要分享的动机才是驱动力，而技术仅仅是一种方法。[①] 如果内在动机存在于人性之中最基本的部分，满足内在动机也会使我们得到满足，而满足的工具则变得比较重要，那么满足那些动机所使用的工具就应该被推广。特别是如果社会化媒体在较低的成本下为创造和分享提供了一个平台，那么，即使满足感只持续很短的时间，参与活动给内在动机带来的回报也应该会增加。[②] 社会化媒体的出现，把发现成本降低到了低点。

通过微博等社会化媒体，时间和空间被压缩，多人同时在场变为现实，共同的见证、共同的参与和互动，更能满足人的内在动机；而这种多

---

① ［美］克莱·舍基：《认知盈余》，胡泳等译，中国人民大学出版社2012年版，第89页。
② 同上书，第96页。

人在场、多人关注往往会带来现场的"变化"或者"放大",这种亲身参与的变化过程更容易让人得到外在的满足,进而形成一种循环:围观—改变—再围观—再改变——……最终促成更多的变化发生。

正向的社会报偿,会给微博博主带来更多的满足感,进一步刺激微博博主表达的欲望,加入到持续生产的行列中来,为稳定的影响力奠定基础。

（二）话语表达的能力

微博固然降低了网络话语表达的门槛,并提供了尽可能的技术便利,但是有质量的表达还是存在一定的难度。是否具备敏感的内容选择能力,熟练的文字、视觉、音频、视频表达能力也成为内容传播潜力的关键。

那些在现实社会拥有较高文化水平和社会地位的人,往往具有更娴熟的表达技巧和传播能力,更熟悉特定用户的信息需求,相比于普通微博客,他们具备策划意识和包装意识,内容本身的吸引力和视觉呈现效果更强。加之微博、微信、短视频、头条号等自媒体平台的互联互通,矩阵式传播更能最大范围地扩大传播的影响力,提升表达优势人群的话语权。那些以工作室方式运营的微博账号,更能发挥团队的专业优势,获取最大程度的关注。

（三）信息认知能力

随着人类社会的不断发展,信息在社会中所扮演的角色日益重要,其影响的范围大至国家和地区的整体发展,小到个人生活的状态和未来规划。主体对信息的认知和使用状况也会影响到话语权的表达。信息的获取和利用不仅仅和个体的社会经济状况相关,也与个人的信息能力及社会背景密切相关。最重要的一点是是否具有对信息的认知和利用能力。

2012年1月28日,微博实名认证用户罗迪发布微博称,"朋友一家3口前天在三亚吃海鲜,3个普通的菜被宰近4 000元。他说是被出租车推荐的。邻座一哥们指着池里一条大鱼刚一问价,店家手脚麻利将鱼捞出摔晕,一称11斤,每斤580元共6 000多元。那哥们刚想说理,出来几个大汉,只好收声认栽"。该微博发布后,引起网友的热议,一些网友纷纷转帖并留言称自己也遭遇过类似情况。截至29日下午6时30分,这条微博在网上已被转发 4 万多次。2 月 6 日，以"三亚 宰客"为搜索词，在新浪微博上就有 25 万多个搜索结果。

29 日，三亚工商、物价、公安、质监、食品药品监督管理局等 5 部门先后介入调查此事；29 日下午，三亚市政府新闻办的官方微博连发 3 条博文，回应此次"春节宰客"事件；2 月 1 日，举行媒体见面会，海南省副省长、三亚市委书记姜斯宪对于春节黄金周期间游客反映的海鲜排档、出租车及个别景区"宰客"现象向大家表示歉意。

试想，如果没有这种利用信息的意识，这件事情就只是一个单一的宰客事件，当事人只能认栽，但是在微博上的信息发布，引起众多人关注和参与，最终使得相关管理部门介入，认真对待当地存在的问题。问题的出现，不是一天两天，挨宰的也不是一两个人，但是对于信息的认识能力和利用能力，在此就显得非常重要。

信息的获取和利用在不同社会群体之间有巨大差异，即使社会经济地位处在同一个层次的人群，他们对信息的获取和利用情况也大不相同。

### （四）资源拥有情况

布尔迪厄用"场域"来说明话语权争斗的状况。他认为社会文化可以区分为不同领域，不同领域的运作实际上就像物理学意义上的"力场"一样，是由内部和外部各种力的作用构成的。他区分了法律场、学术场、艺术场、科学场等，每一个"场"都是一个权力争夺的场所，新闻场也不例外。[①]

在微博，上亿人所形成的"场"更是争夺话语权的场所，不同的人都有自己的诉求，和现实社会一样，政府、官方、公民都有着自己具体的诉求，但是这种诉求不仅仅和政府、团体组织、媒体和个人等相关，也是一种力量的博弈，只不过这种博弈在微博上，变得公开透明，有更多人同时参与。

但是这种参与需要具备一定的条件，彭兰教授认为个体受社会资源、社会地位、专业知识、网络交往能力等各方面因素的影响，在网络看似平

---

[①] 胡春阳：《话语分析：传播研究的新路径》，上海人民出版社 2007 年版，第 260 页。

等的互动中会逐渐出现网络话语权力的分化。①

言论自由并不意味着每个人都有机会、有能力在微博空间实现清晰的话语表达，微博用户的表达意愿和表达效果与个体所处的社会阶层和教育水平存在着较大的关联性。在公共领域中，知识和权力仍然紧密地结合在一起。②微博只是在技术层面搭建了自由、平等表达的空间，但表达者所拥有的社会和传播资源才是衡量其话语权多少的重要生产性要素。③不同微博客在微博所构建的社交网络中所处的位置、拥有的粉丝和资源等会使彼此间的传播能力产生差异，那些拥有较多粉丝、处于中心位置的人拥有较强的信息交换和资源调动能力④。

中国互联网以及微博用户分布的不平衡，与当下区域经济发展的不均衡有关。此外，不同经济收入的人群，生活方式、消费方式都会有很大的不同。而微博的使用行为、目的、关注人群、发布内容等习惯或细节，无不与其生存状态、社会地位等紧密相关，或者说都会带有现实社会的印迹。李普曼曾说过，一个人的收入情况对于他同外部世界的接触有着重大的影响。⑤一个人的经济水平会限制或扩大其社会接触和交往范围。不同阶层人的视野、生活内容，都会形成内容表达上的差异。人们都有向上看的本能，想看看和自己不同的人都在干些什么，这也就决定了在选择关注对象时，往往会优先选择那些和自己等同的或者是高于自己阶层的人。这一点无形中会强化微博的"马太效应"。

复旦大学舆情与传播研究实验室 2013 年 3 月发布的专题研究报告显示，在新浪微博最具影响力的人群中，媒体人、学者、作家和商人占主

---

① 彭兰：《网络传播与社会人群的分化》，《上海师范大学学报》（哲学社会科学版）2011 年第 2 期。

② 蒋建国：《新媒体事件：话语权重构与公共治理的转型》，《国际新闻界》2002 年第 2 期。

③ 姬德强：《谁的权力场域？——"韩方之争"与微博的政治经济学》，《新闻大学》2013 年第 5 期。

④ 王国华等：《微博意见领袖的网络媒介权力之量化解读及特征研究——基于社会网络分析的视角》《情报杂志》2015 年 7 月。

⑤ ［美］沃尔特·李普曼：《公众舆论》，阎克文、江红译，上海世纪出版集团 2006 年版，第 37 页。

导。绝大多数具有话语影响力的用户是掌握相当经济资本、社会资本或文化资本的精英,草根网民、普通公众少之又少。

## 本章小结

本章主要以新浪微博为例,从微博运营商制定的话语"规则"和粉丝的选择倾向角度切入,发现新浪微博中的话语结构存在失衡。实证分析数据则佐证了这一特征的存在。而这种存在的因素涉及几个主要的方面:话语环境、话语规则、话语认知、社会资本等。

微博中的话语表达和现实世界是相通的,个体既有的资源和优势可以在微博上延伸。微博经营方的战略政策、发展方向、盈利模式等的调整,国家互联网的管理办法等,都会对微博的话语表达和话语权格局产生重要影响。

常态下的微博话语以娱乐性为主,名人和不同领域的意见领袖扮演着话题发起者的角色,在发文频率、质量、互动频率等方面超过普通的微博用户,尤其是在原创博文方面。明星、MCN机构、媒体机构的微博账号比普通个人的内容生产力更强,也加剧了话语失衡,体现了微博话语传播的再中心化特质。毕竟成为中心需要的不仅仅是技术上的可能性,更多的是生产话语的能力和持续性生产优质内容的能力,普通用户在这两个方面显然不具有优势。

但值得注意的是,微博中的话语权力结构并非一成不变,而是具有开放性和流动性的特点。这种失衡的格局或者话语权力分层的结构与现实社会的权力关系密切相关,但更多的是基于技术的拥有和能力不均等带来的权力落差,以及网络互动为基础形成的网络话语权力分化。[①]

---

① 彭兰:《网络传播概论》,中国人民大学出版社2017年版,第58页。

# 第五章　特殊时期的微博话语权结构研究

如果说常态状况下微博的话语分布存在失衡，那么本章则主要是分析发生特殊事件的时候，微博空间中的话语分布及流动。新浪微博的发展离不开名人战略的推广，但是其注册用户的快速增长，也离不开一系列热点新闻事件的推动。在新浪网推出微博之后的 2009 年至 2012 的三年间，比较有影响的事件大多以微博为发源和发酵的主要平台；2013 年之后，则形成了以微博、微信双平台传播的明显特征。

正是一次次的热点新闻事件，展现了微博的独特优势和传播效果，吸引了更多人的参与。而那些在微博中传播、发酵的热点事件，往往是涉及公共利益的社会性事件，是线下社会现实矛盾和社会结构紧张度的集中释放，[①]这些事件的发生与传播，短暂地打破了常态下微博话语权的结构，实现了公共话语的快速流动，也体现了与平日不同的传播形态，不同人群在事件传播中的行为表现也会有所不同。

从微博的窗口，也可以深刻地感受到中国的发展与悄然变化。当围观成为一种力量，围观的人和被围观者，都在被微博改变着。

基于上述现象存在，本章拟从近十年来的热点事件切入，研究特殊时期的话语权结构分布，分析热点新闻事件在微博上的传播路径和关键转折

---

① 李彪、郑满宁：《从话语平权到话语再集权：社会热点事件的微博传播机制研究》，《国际新闻界》2013 年第 7 期。

点，比照常态下的微博话语权分布，考察在热点事件中话语权的具体情况，尽可能全面地梳理和把握微博中话语权的分布和态势。

本章拟从 2011 年至今的热点事件中选取 6 例进行分析：

1. 宜黄拆迁事件；
2. 药家鑫案件；
3. 郭美美炫富事件；
4. "7·23"动车事故；
5. 和颐酒店女生遇袭事件；
6. 携程亲子园虐童事件。

## 第一节 热点事件微博传播的共性

前一章提到，常态下的微博话语权分布格局中，从关注人数和帖子的转发量角度看，名人拥有绝对优势，笔者认为，这是一种"空间"（确切地说应该是范围）上的优势；而热点新闻事件发生的时候，微博个体的话题表达则呈现出一种时间上的快速聚集态势。

在"小悦悦事件"[①]中，仅新浪微博相关帖文，在事发不到一个月内就突破了 450 万条[②]，而 2010 年很多热点事件的微博才几十万条。[③]小悦悦母亲的微博"@小悦悦妈妈 V"（粉丝超过 3.6 万，若仅仅按数量来衡量，已经可以位于新浪人气草根榜的第 81 位[④]），从 2011 年 10 月 17 日在新浪微博经过认证，至 2012 年 1 月 8 日，她只发布了 4 条消息，但是因为其特殊的身份，其帖子已被转发了 4 万多次，评论超过 7 万次。

---

[①] 2011 年 10 月 13 日，2 岁的小悦悦在佛山南海黄岐广佛五金城相继被两车碾压，几分钟后又被一小货柜车碾过。7 分钟内，先后有 18 名路人经过但都对其视而不见，最后一名拾荒阿姨陈贤妹将小悦悦抱到路边并找到她的妈妈，10 月 21 日，小悦悦离世。

[②] 2011 年 11 月 10 日数据。

[③] 引自《2011 年中国互联网舆情分析报告》。

[④] 2012 年 1 月 8 日数据。

2011年5月9日，夏俊峰①的妻子开通了新浪微博，当时拥有180万粉丝的郑渊洁发了一条博文："夏俊峰的妻子张晶开围脖了@沈阳张晶，她现在的粉丝是1 537人。我成为她的第1 538名粉丝。如果你认为夏俊峰罪不该死，请用关注张晶的方式表明你的态度。我希望今晚张晶的围脖至少站着上万人，表明我们的态度：城管制度必须改革。"一夜之间，张晶的粉丝超过3万。

在"郭美美炫富"事件中，当中国红十字会官方微博发布红十字会秘书长答博友问时，该条微博转发数达4.5万次，评论数高达23.6万条。

因此，我们在分析微博话语权格局时，不能忽视这类热点新闻事件在微博中的传播过程，以及给常态下的话语权格局所带来的变化。

## 一 话语主体的影响力

传统媒体时代，需要依靠专业的新闻工作者去发现信息源，然后靠采访、编辑等工作，将新闻传递给大众，而作为重要信息源的个人，仅仅是个源头而已，自己的声音、更多的信息和观点等都很难被普通大众所知晓。换句话说，大众传媒的工作人员根据自己的主观判断、媒介定位等进行了严格的选择和过滤，那时的信息源基本上没有什么话语权，哪怕是被记者编辑等断章取义、避重就轻，也是非常无奈的。

网络时代信息源自身的地位和权限，与传统媒体时代也有所不同。对信息的发布和舆论起主导作用的不仅仅是身居高位和权威地位的发言者，还有那些处于微博尾部的发言者。

传统媒介"One To N"的传播方式，并不具备实现受众之间的互动功能，因此呈现出"单向度"的特征，容易形成话语权的垄断格局。互联网和微博的双向互动特性打破了权力垄断的媒介条件，以"One To N，N To N"的方式解构了原来的传播模式，受众的意见表达不再完全受制于国家

---

① 夏俊峰，1976年生，商贩，2009年5月16日，他和妻子因违法摆摊被沈阳市城管执法人员查处。在勤务室接受处罚时，他与执法人员发生争执，刺死2人，重伤1人。2009年6月12日被逮捕，2013年9月25日，夏俊峰因犯故意杀人罪，被执行死刑。

意志、媒介意志或资本意志的垄断控制。受众在话语表达层面的传播解放，使得原本垄断性的"公共权力"部分地转移到受众一方，而且也会在现有的基础上继续扩张。

## 二 话语内容的影响力

我们所生活的社会，每天发生很多事情，但是仅有一部分会成为新闻，极少数成为热点新闻。但凡能成为微博热点事件的，大多以"公共环境""公共情绪"为表征。最能刺激网民"最紧绷的那根神经"的网络热点主要有：[①]

第一，政府官员的违法乱纪行为。

第二，涉及代表强制国家机器的政法系统、城管队伍。

第三，涉及代表特权和垄断的政府部门、央企。

第四，衣食住行等全国性的民生问题。

第五，社会分配不合理，贫富分化。

第六，涉及国家利益、民族自豪感。

第七，重要或敏感国家、地区的突发性事件。

第八，影响力较大的热点明星的火爆事件。

这八方面的问题，反映了公众对于官员贪腐、贫富差距、公权力运行、民生等问题的关注与敏感。跟上述议题相关的微博，很容易在微博等网络空间引发网民的情感共振与集体"围观"，进而形成网络舆论事件。

## 三 传播过程的开放性

### （一）议题的出现

微博中热点议题的出现，近乎可以实现与事件的发生同步，但之所以能作为议题而出现，离不开信息发布者个人的选择，而做出这种发布或者传播选择的，则与众多个体的权利意识和主观判断有关。只不过，在微博

---

① 参见杨琳《网络舆情飙升背后》，《瞭望》2009年第27期。

时代，议题的选择权不仅仅在于媒体，也在于众多个体的选择性关注。

（二）议题的变化

每一个事件的发生必然和现实世界中的政治、经济、文化、社会、个体等密切相关，有了微博，有了众多微博客的参与，事件的相关要素会不断被挖掘和热议，这也就使得议题不断发生变化，直至"真相"浮出水面或者被新的热点事件所冲淡，然后逐渐退出大众视线。

和传统媒体时代相比，微博中议题变化的一个重要原因在于众多网友的加入和各种信息的聚合、印证。甚至某种程度上可以说，微博客们信息的挖掘能力和整合能力、对细节的把握能力和思考能力以及对揭露真相的执着，都在一步步地推动热点事件发酵和向纵深发展。"故宫被盗案""郭美美炫富事件"等可以发现网民的智慧，也正是在一次次的质疑和探究真相的过程中，网民的信息素养得以提高。

（三）谁在主导

微博热点事件的背后，改变事件发展进程和结局的，往往是多种因素综合作用的结果。

1. 事件本身包含着尖锐的对立

不论是"宜黄拆迁事件""7·23"动车事故，还是"郭美美炫富事件"等，展现出来的都是现实社会的热点问题。这一系列问题事关中国的发展，事关每一个个体的人身安全、财产安全，事关制度是否健全等问题。换句话说，都是和每个人的生活息息相关的，每一个个体都有可能成为利益甚至生命的受损者，而且这种损害还是在瞬间且不知情的情况下发生的。贫富差距、暴力拆迁、贪污腐败、官商勾结等，任何一条信息都足以吸引很多人的眼球。利益诉求成为信息发布和传播的主要动力。用发布和关注来进行参与，关注的是别人的事情，但也是未来有可能自己会遇到的事情，从这个意义上说，微博相比于其他互联网应用，更容易快速形成凝聚力和影响力。如果说 2003 年是中国网络舆论监督的开始，那时的舆论监督效果是存在数小时的时差；那么，当下的微博，这种时差已然缩小了不少。任何质疑、批评、回应等都是可以实时同步完成的。从这一点来说，微博在很大程度上提升了普通人的话语权力。

#### 2. 政府部门诚信的缺失

政府或者相关机构在公布信息时，并没有做到公开、透明，而是在整个事件进程中，未能及时发出自己的声音，打消公众的质疑，平息公众的愤怒情绪，在应对突发事件时，缺乏有效利用新媒体尤其是微博进行信息发布的能力。例如"7·23"动车事件中，宣布"事故现场没有生命迹象"而打算"收尾"的时候，一个孩子却被人救出，作为官员却说"这是一个奇迹"。

#### 3. 群体力量和群体智慧

每个热点事件，都会吸引众多的网民参与，在有了微博之后，更是进一步扩大了这种参与的效果。群体差异化信息的实时共享、群体智慧的实时聚集，无形之中更会逼近真相，给事件的相关方形成巨大的压力，改变事件最初的发展趋势。同时，改变的还有固有的处事方式和处事态度。换一种角度来理解，其实是作为社会的个体对周围环境给出的一个批判性的、分析性的理解和认识，从整个事件的发展过程来看，互联网的使用者们正是借助参与这些热点事件从而实现了自我赋权。公民的知情权、参与权、表达权和监督权通过互联网得到了更好的实现，改变了这些权利未能履行或部分履行的问题。从这点而言，互联网扩大了公民个体的社会权力，与之相对应，政府权力相对下移。

#### 4. 微博的传播特质

借助微博，网民不但可以随时随地自由地发表见解，而且可以便捷地互动，让不同的观点与意见相互碰撞，形成"观点的自由市场"和强大的舆论监督力量。微博实时互动和裂变式传播的特点，使得网络群体通过互动，共享信息，交流经验，凝聚智慧，从而碰撞出成熟与理性的观点，对共同关注的公共事务产生现实的影响力。自由、公开的多主体的利益诉求与充分表达，会在微博中进行多方的话语权博弈，各种力量不断较量并重新组合，有利于相关重要信息的公开和透明，为公正、公平地解决社会问题提供有益的思路。

### 四　参与者的自目的性

不是所有的事件都可以成为微博热点事件。从总体来看，这些热点事件多聚焦于如下几个方面：第一，对外关系中的国家、民族利益问题；第二，社会转型期的主要社会矛盾；第三，经济改革背景下的民生问题；第四，现代社会的道德困惑；第五，多元文化背景下的"无厘头"事件。[①] 通过对热点事件的围观与表态，建立了暂时性的共同体，推动相关事件的解决，实现社会运行过程中特定层面的改良。这种围观，是基于普通民众话语权利上的权力的实现。其间，离不开网民的自目的性。自目的性的活动指的是那种主要追求内在回报而非外在回报的活动，可以为行动者带来"心流"或"畅快感"（flow）。[②] 参与者以一种非功利的心态加入微博话语表达的行列，践行表达权和参与权，实现对弱势群体或者利益受损方的支持。

## 第二节　六个热点事件中的微博话语权结构分析

以下所选择的事件，可以说是微博众多热点事件传播的典型或缩影，该类事件短时间内不但在微博迅速地大范围传播，而且和传统媒体形成呼应式的传播态势。杜子建认为该类微博热帖传播的轨迹可以归为：发轫端—传达端—发酵端—爆发端。[③] 但不是所有信息的传播都严格地遵循这样的轨迹，有些信息的传播过程体现的是跨越式的轨迹。

发轫端，指的是事件或者论点的创始人，即第一个发布信息的微博用户。

---

[①] 彭兰：《网络传播概论》，中国人民大学出版社2017年版，第310页。
[②] 转引自王宁《自目的性和部落主义：消费社会学研究的新范式》，《人文杂志》2017年第2期。
[③] 杜子建：《微力无边》，万卷出版公司2011年版，第147—156页。

传达端，指的是在微博传播过程中，拥有一定的信息加工能力和较强传播能力的人，经由他们的再传播，可以改变原帖的传播速度和传播能量，并影响传播效果。

发酵端，指看帖后直接表达情绪或者对信息进行多维化解读的微博用户。

爆发端，杜子建在书中描述为"一爆即发"，笔者认为，他强调的是爆发的传播效果，而非主体。若其所指为主体的话，那么和发酵端所涉及的主体有很大部分的重合。基于此，笔者认为爆发端的界定，和上述三点其实并不是一个层面上的概念。

所以，下文中的案例分析沿着"发轫端—传达端—发酵端"的思路来推进。同时结合事件发展过程和重要微博客在事件发展过程中所扮演的角色和所起的作用，来描述该事件中的话语权格局。

微博中的话语权分布大致有几个层级：处于话语权顶层的公共权力机构和专业媒体机构；处于权力中层的意见领袖（细分为一般意见领袖和专业意见领袖）；处于权力中下层的围观者（积极扩散者、积极发言者）和处于权力底层的话语弱势群体。

不同层级的话语权主体，在信息的传播过程中扮演着不同的角色，发挥着不同的作用，进而在一定程度上决定着事件发展的解决或者走向。

## 一  宜黄拆迁事件：当事人 + 专业意见领袖

2010年9月10日上午，江西省抚州市宜黄县凤冈镇强拆钟如九家房屋引发自焚事件，结果是钟家一户三人被烧伤，一名伤者因抢救无效死亡；在被微博和传统媒体广泛传播后，9月17日晚，抚州市委对宜黄县"9·10"拆迁自焚事件中的8名相关责任人做出处理决定，其中，负有重要领导责任的宜黄县委书记邱建国、县长苏建国被立案调查；10月10日，江西省对宜黄强拆自焚事件做出处理，宜黄县委书记和县长都被免职。

"宜黄强拆微博直播"入选"2010年中国微博十大事件"，并排在第一位，入选评语为"借助微博强大的传播效应，成为一起举国关注的公共事件"。该事件在微博的传播过程,大致可以分为三个圈层。

**(一)核心议题圈层:事件当事人电话求救**

2010年9月16日早晨,钟如九和姐姐准备乘机飞往北京,接受凤凰卫视《社会能见度》的采访,却在南昌昌北机场遭遇宜黄县干部围堵拦截。两姐妹在机场女厕内,情急之下,用手机和《新世纪》周刊记者刘长取得联系并告知现场情况,刘长立即以"紧急求助!"为题发布微博(见下图),该条微博是刘长关于该事件60多条微博帖文(9月13日至9月30日期间)中转发量和评论量最高的,其余微博转发量多在30条以下。

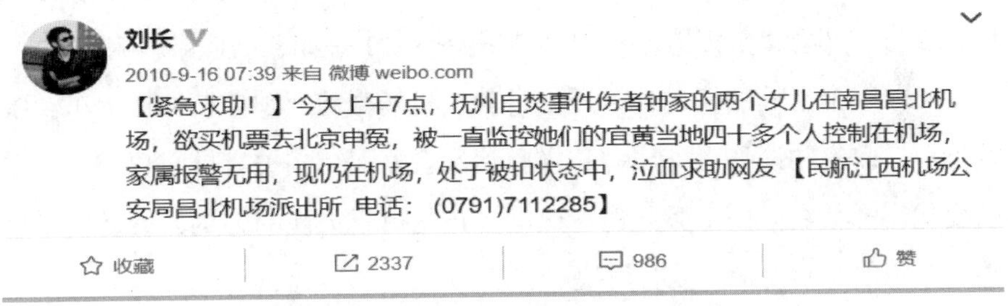

> **刘长** V
> 2010-9-16 07:39 来自 微博 weibo.com
>
> 【紧急求助!】今天上午7点,抚州自焚事件伤者钟家的两个女儿在南昌昌北机场,欲买机票去北京申冤,被一直监控她们的宜黄当地四十多个人控制在机场,家属报警无用,现仍在机场,处于被扣状态中,泣血求助网友【民航江西机场公安局昌北机场派出所 电话:(0791)7112285】
>
> ☆ 收藏　　　☒ 2337　　　💬 986　　　👍 赞

图5-1 《新世纪》周刊记者刘长微博截图

**(二)扩散圈层:微博意见领袖微博直播**

其实在9月10日自焚事件发生之后,就已有传统媒体的记者前往当地进行报道,9月12日《南方都市报》以"江西宜黄拆迁引发3人自焚目前3名伤员仍有生命危险"为题首次报道该事件,但并未在网络端引起较大反响。9月16日,钟氏姐妹在机场厕所打给记者的求救电话,使得偏远乡镇的拆迁议题开启了微博传播的历程,经@刘长、@北京厨子、@王小山、@南方记者等微博意见领袖(有的还兼具传统媒体记者身份)的传播开始快速在微博上扩散。

参与信息扩散的意见领袖有媒体记者、娱乐明星、时评人员、商界人士和以@北京厨子为代表的草根意见领袖等,他们虽不能提供核心信息,但是借由转发、直接表态等行为带动了各自的粉丝对于该事件的关注,极大地增加了当事人微博的传播能量。

## （三）围观者：形成舆论压力

此番"女厕所攻防战"微博现场直播之后，引来了广大博友的关注，而网民的"围观"使得它迅速在网络蹿红，瞬间引爆了网上舆论并得到了各大传统媒体的关注，微博和传统媒体的合力形成了强大的舆论压力。

9月17日，钟家的小女儿钟如九开通了新浪微博和腾讯微博，钟如九的（新浪）微博被97位意见领袖转发（其中一多半人的身份为媒体记者、媒体编辑和时评员/专栏作家、电视节目主持人），获得了大量的关注（9月27日，钟如九的粉丝超过2.8万）。借助于微博，钟如九将事件的最新进展及时发布，她的众多粉丝则通过微博的"转发""评论"功能，各抒己见，参与到互动和再传播过程中，进一步扩大了钟如九的话语影响力。

回顾整个事件的议题：拆迁户自焚、机场截访、钟如九被押上车、医院抢尸、政府约谈伤者家属并积极救治伤者家属、相关官员问责，每一次的变化，都会在微博上掀起讨论热潮，正是由于关注的力量，最终使得事件在较短的时间内得到妥善解决。

该事件自始至终，离不开媒体记者和微博其他意见领袖的推动。虽然传统媒体遭到审查管制，但是并未妨碍传统媒体对该事件的关注与报道。事件发生的第二天，《民主与法制时报》记者王琪就在其腾讯博客上发布了关于"宜黄拆迁"的报道，引发关注，并被转发至新浪乐居等论坛。媒体人周至美、朴抱一、张洪峰等也在第一时间在微博上传播此消息。但让该议题发酵的则是邓飞和刘长于9月16日在微博直播的"女厕所攻防战"。9月18日，钟家大伯去世，而当地政府人员却做出了抢夺尸体、软禁家属的行为，遂引发微博意见领袖的线上集合，朴抱一、封新城、潘石屹、任志强等大V纷纷参与其中，要求"放人"，迫于压力，政府承诺释放家属。9月26日，钟家母亲病情告急，意见领袖们积极互动，并调动线下资源，联系医生，帮钟母转院。

## （四）蒲公英式话语权结构[①]

蒲公英式传播的主要特征是信息经由一个中心微博账号发布并传播

---

① 本章中提到的几种"话语权结构"主要是借鉴新浪微博商务部的研究成果。

后，再通过另外的几个比发布者影响力更大的账号转发，实现再次扩散的模式，而再次扩散的范围覆盖面往往更广，容易引起更多的关注。

此案例中，钟如九的微博成为她维权和求助的渠道和工具，借助于一般意见领袖的再次扩散，最终吸引了更多博友的关注和支持，促使事态发展出现转向。

微博，成为弱势群体获得言论自由和公民权利的有效途径，弱势群体基于信任求助于传统媒体记者，而后者在信息表达方面更专业，更熟悉传播的关键，他们充分利用自己在微博端的影响力，将信息首先转发给网络名人，借助他们的力量加速信息传播，最终引发网民关注。在此期间，信息的持续更新、高频率发布以及与当事人的实时互动，延长了议题的被关注时间和热度。

微博用户已经不仅仅是简单的"接受信息的人"，更是"寻求并使用信息的人"，部分用户会借助微博维权但维权效果，离不开拥有更多话语权的网络意见领袖的推动。

## 二 药家鑫案：当事人 + 一般意见领袖

2010年10月20日晚，西安音乐学院学生药家鑫深夜驾车在西安市长安区大学城学府大道上撞倒女服务员张妙后，看到对方抄车牌，便对其连捅6刀致其死亡，驾车逃跑中再次撞伤行人，被周围目击者发现后堵截并报警。10月22日，药家鑫随父母到当地公安局自首。

2011年1月11日，西安市检察院以"故意杀人罪"对药家鑫提起了公诉；4月22日，西安市中级人民法院一审判决药家鑫犯故意杀人罪，判处死刑，剥夺政治权利终身；4月28日，药家鑫提起上诉；5月20日，陕西省高级人民法院对药家鑫案二审，维持一审死刑判决；6月7日上午8时，药家鑫被执行死刑。

从刑事个案角度，该案事实清晰可辨，证据链完整，有法可依，并不复杂。但公众对此案审判的关注远远超出一般刑事案件。虽然药家鑫的杀人动机、残忍手段、人格特性等可以吸引公众关注，但理性地看，这些特点并不足以形成如此广泛的影响力。① 案件被报道后的半年时间，微博舆论成为焦点之一。

### （一）发轫端：一言激起众人愤

2010 年 11 月 30 日，药家鑫供述杀人理由为"怕撞到农村的人，特别难缠"。12 月 1 日，环球网发表《药家鑫出生日期详细资料曝光：干部子弟　家境殷实》，药家鑫"官二代"的身份开始在网络上蔓延。两相对照的信息，引发网民愤怒和对该案的极高关注。

张妙被刺后，她的家人仅仅是作为受害方出现在媒体上，声音并没有被太多人关注，直到 2011 年 2 月 9 日，西安电子科技大学的张显副教授以老乡加亲戚的身份介入此案，张妙家属的声音和生活现状才被更多地关注。张显 2 月 11 日注册微博，2 月 13 日为该案发了第一个微博："药家鑫杀人案快要开庭了。"

从介入药家鑫案开始，微博和博客一直是被害人张妙家属代理人张显的阵地。案件审理期间，张显持续地在微博上报道案件最新进展和他掌握的各种信息。3 月 25 日张显在其新浪博客发文《村民签名要求判药家鑫死刑》，并附有村民签名呼吁判药家鑫死刑的照片②，这篇博文被推荐到博客首页，有 4 万多人次点击阅读。

4 月 3 日，张显微博中出现了"军二代""药家真牛""黑手""后台"等字眼，并对西安市中级人民法院组织的"假民调"、李玫瑾的"激情杀人说"等纷纷予以指责和质疑。

药家鑫的父亲在 2011 年 5 月 31 日凌晨开通微博 @ 药家鑫的父亲药庆卫，并在两分钟内连发 7 条微博致歉并澄清传言。次日又专门发文说明："开微博的目的并不是为了替儿子开脱，只是想消除一些网民对我们的误解。对张显在微博上对我们进行的不实描述及言论向网民说明。"

---

① 付小为：《说说药家鑫案背后的问题》（http://news.ifeng.com/opinion/society/detail_2011_04/23/5935487_0.shtml）。

② 张显：《村民签名要求判药家鑫死刑》（http://blog.sina.com.cn/s/blog_3e9f92340100qfk9.html）。

### （二）传达端：意见领袖的推动

该案情节清楚，但是因为不同意见领袖和众多媒体的广泛关注，在一审开庭前后出现了一系列动向，如：在受害者家属和作为施害者的被告之间，央视倾斜性地单给被告提供平台、西安音乐学院学生集体为药家鑫请愿、五教授联名上书"刀下留人"、一审法庭当庭向主要由大学生组成的旁听席发出量刑问卷、法院多次约谈受害者家属等，相关的进程既有专业媒体的报道，也有@张显在微博和博客的跟进；公安大学李玫瑾提出的"弹钢琴强迫杀人法"、原告律师的"激情杀人说"、孔庆东的"（药家鑫）长的是典型的杀人犯的那种面孔"、高晓松称"（药家鑫）会被当街撞死……音乐界将不接受西安音乐学院学生"等言论和情绪都触动着人们敏感的神经。

微博中非理性的呐喊湮没了理性的声音，那些非专业的、非理性的、背离法治精神的舆论引发网民狂欢式的快意围观，所掀起的舆论风暴对司法独立的影响十分明显。①

### （三）发酵端：点燃公众情绪

药家鑫的一句"农村人难缠"，瞬间激起了众多社会成员的"声讨"，而"富二代""军二代"的身份标签，以及对其家庭背景连篇累牍的猜测与质疑，在仇官仇富情绪极其高涨的社会氛围中，在"富二代"开豪车频频撞人的事实背景下，在一定程度上加剧了人们对药家鑫家庭的愤恨。

药家鑫案从多个角度折射了中国社会当时的矛盾和公众情绪，尤其是当话语表达变得非常便捷和自由的时候，公众对于民生问题、生存环境、公共安全等议题的表达欲望和参与热情得到了前所未有的释放，表达和参与意味着关注，同时也意味着公开和改变。公众不再只是简单地相信，而是直接地表达质疑，共同协商，甚至于集体行动，以自己的行动试图改变事件当事人的境遇。

---

① 罗朋：《"微"力量下的舆论审判——微博舆论对"药家鑫案"审判影响辨析》，《当代传播》2011 年第 5 期。

### （四）替代式话语权结构

综观此次案件，我们看到媒体对于事件的直接受害方（张妙的家属都是农民，其丈夫王平选只上过两年学，甚至不会写自己的名字）的报道，基本是一个基调：善良、淳朴，直接表达其诉求的声音很少。试想，如果没有张显博士在微博和博客端的持续更新（此处暂不分析其发布的一些不实信息），此案的关注度和结局可能会有所不同。

一方面在于药家鑫行为的不可思议与残暴所引发公众强烈的义愤之情。特别是网民对案件审理过程的围观和各执一词的意见表达所形成的舆论风暴，造成了强烈的社会反响，一时间"药家鑫杀人案"成为"网络关注大案"。

另一方面，也是不同人或者媒体不同诉求的展现和较量。作为农民身份的张妙家属，是社会中的弱势群体，更是网络话语权的弱势群体，他们的遭遇借由媒体的报道和张显的参与，为民众所知晓。只是事件本身在传播中的特定信息引发了网民的愤慨和关注，使之演变为微博热点事件，并位列 2011 年度人民法院十大典型案件之首。

不同媒体的报道、倾向和声音，当事人身份的城乡对立、贫富对立，手法的残忍，专家（意见领袖）情绪性的言论、网民的愤怒、对司法和传媒的不信任等，都通过微博和博客平台得以释放、发酵，从而形成了强大的民意。从专业角度看，折射的是如何处理媒体与司法、民意与司法之间的关系。[①] 微博等平台在更好地实践网络话语权的同时，也在考验各职能部门的专业能力。

## 三 郭美美炫富：围观者+专业意见领袖+公共权力机构

2011 年 6 月 20 日，郭美美的一条炫富微博，仅仅 3 天的传播效果，就导致了中国红十字会百年信誉的坍塌。"郭美美事件"等一系列事件发生后，全国慈善组织 6 月到 8 月接收的捐赠数额降幅达到 86.6%。[②]

---

① 陈卫东：《药家鑫肇事后捅死伤者案》（http://www.cpd.com.cn/n154977/n157198/c10877387/content_1.html）。

② 王南：《郭美美事件后社会捐款降五成》，《法制晚报》2011 年 9 月 13 日 A14 版。

2011年6月25日，时任武汉大学教授的沈阳称，郭美美事件搜索20万次，逼平抢盐事件。凤凰卫视6月29日《锵锵三人行》未经考证出处的说法是，该事件搜索已经超过了120万次，关注的网民超过8000万，新闻2.6万次，为网络史上之最。

**（一）发轫端：当事人微博炫富**

一位网名为"郭美美Baby"，身份认证为"中国红十字商会经理"的20岁网友，在新浪微博上炫耀其"住大别墅，开玛莎拉蒂跑车"的奢华生活。敏感的身份和奢侈的生活，使"郭美美Baby"的新浪微博粉丝仅仅三天就由炫富当天的2126人暴增到19万余人，郭美美炫富照下方的评论多达12万条，以谩骂和讽刺为主。

**（二）传达端：民间调查+媒体跟进**

郭美美到底和中国红十字会是什么关系，这吸引了众多普通网民的关注。从最初引发蝴蝶效应的北大学生和"宝宝的臭臭熊"到促使郭美美浮出水面的周亚武和姜朋勇，再到挖掘出郭美美背后的红十字商会、中红博爱等的"温迪洛"，他们的每一步前进都能带领舆论走向一个高潮。一方面是该事件相关进展情况的快速传播，同时传播的还有中国红十字会等慈善机构捐赠漏洞和善款去向不明的巨大问题，正是事态进展的信息流和网民的意见流的交汇，快速推动了事件的进程和传播。郭美美没有想到一次简单的炫富，会给中国红十字会在内的相关单位带来如此巨大的质疑能量。

纵观整件事情的调查，微博客的关注及不断提供新线索与传统媒体的跟进形成线上线下的互补式传播。线上主要是以周亚武的三个微博ID"新闻挖掘机""真相挖掘机""猛料集中营"为代表的网友人肉搜索，以及以微博、博客、BBS为代表的自媒体平台的转载与评论。

**（三）发酵端：质疑中国红十字会**

随着微博搜索的深入，中国红十字会的种种问题揭开：账目不清、资金去向不明、高额管理费、涉嫌与无良公司进行商业勾连……红十字会陷入了前所未有的舆论风暴中。

综观此次事件，离不开微博的普遍应用及其传播信息的即时、裂变式传播特质，更离不开该事件中所包含的相互对应因素：炫富－慈善、红十字会的急于表态－网友的深度质疑。在寻求真相的过程中，媒体记者、普通网民、知情人、意见领袖等密切合作，具有了一种整合资源、协调行动的能力。这正是在权利饥渴中，公民利用自媒体"自我组织"的特征。而在信息传播过程中，通过点对点的连接，形成一套权力控制之外的社会信息沟通网络。

**（四）蜂巢式话语权结构**

蜂巢式传播模式，即个体踊跃发言，其中没有特别明显的意见领袖和影响力突出的信息发布者。郭美美事件，是草根阶层通过社交网络信息互动对公共事务进行参与的典型案例。

2011年11月23日，笔者分别在新浪微博人气排行榜前30名的博主微博内容中，以"郭美美"为关键词进行搜索，发现：只有排在第15位的黄健翔（13条相关内容）和排在第20位的潘石屹（6条相关内容）的微博内容中存在与"郭美美"有关的内容。该数据在某种程度上可以说明，拥有大量人气的微博客和大量草根微博客关注的内容有一定的差异性。但是，缺少了人气微博客的参与，并不会影响普通网民对于热点事件的推动和传播效果。

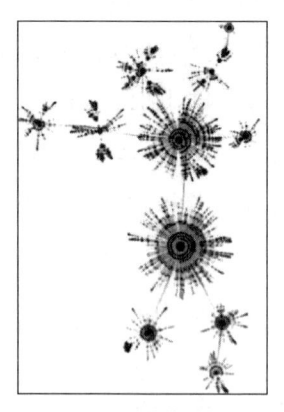

图5-2 郭美美事件微博传播效果图[①]

---

① 转引自李彪、郑满宁《从话语平权到话语再集权：社会热点事件的微博传播机制研究》，《国际新闻界》2013年第7期。

从图 5-2 可以看出，郭美美事件在传播过程中有众多用户参与其中，使得事件本身逐步丰满，其传播更像是有节奏的多传手式的接力传播模式。①

虽然普通的社会个体不足以构成强大的影响力，但是，当持有相同或相似观点的网民朝着相同的方向靠拢或聚合时，便会产生强大的凝聚力，这种凝聚力可以将舆论引向一个巨大的漩涡。

### 四 "7·23"动车事故：当事人+围观者

2011 年 7 月 23 日 20:34，北京至福州的 D301 次列车在温州市双屿路段，与杭州开往福州的 D3115 次列车发生追尾，造成 6 节车厢脱轨，其中 4 节从高架桥上掉落。从网友发出第一条求救微博，到线上线下的救援、微博寻人、追责，事故发生 12 小时后，微博上的讨论量已经突破 200 万条；事发 9 天后，新浪微博已经发出了 1000 万条微博，位居新浪微博年度热门话题榜首。

#### （一）发轫端：事发现场的普通公民成为信息源

微博的出现，使得对于突发事件的报道权掌握在了每一个在现场的普通人手中，而不仅仅是专业的新闻传播者。而且，这种报道，是在最短的时间以多种报道形式来实现的。

事故发生 4 分钟后，乘客袁小芫通过手机，在微博上发出了第一条列车被撞的消息；13 分钟后，第一条求助信息出现在乘客"羊圈圈羊"的微博，该微博在短时间内被 10 多万人转发，帖子的评论量也超过 2 万条；2 小时后，上千名微博网友响应温州有关部门在微博上发布的号召，纷纷赶赴血站献血；12 小时后，微博上关于该事件的帖子超过 200 万条，除了网友的积极参与，浙江省卫生厅、浙江省血液中心等多家政府部门的官方微博也在线实时发布了最新进展情况。②

---

① 李彪、郑满宁：《从话语平权到话语再集权：社会热点事件的微博传播机制研究》，《国际新闻界》2013 年第 7 期。

② 肖强国：《无"微"不至的微博力量——从温州"7·23"动车事故看微博的传播作用》，《新闻实践》，2011 年第 9 期。

## （二）传达端：实时发布消灭"不明真相"

学者沈阳在微博中点评：博友和传统媒体的最早报道间隔40分钟，显示出微博原生态报道的"黄金1小时"优势；微博是"网络人民大会堂"，关注角度丰富，从救援情况、寻人、民众的高尚，到事故真相、历史旧账、问责等，"到了用网络倒逼改革的时候了"。

人民网舆情分析师彭铁元认为，甬温铁路事件，正式宣布了"不明真相"时代的结束。微博的出现，把全民记者的作用展现得淋漓尽致：全民记者、全民阅读使任何事件都无法保密和隐瞒，而全民搜索和人肉等合法与不合法的手段，彻底颠覆了"不明真相"。[①]

## （三）发酵端：质疑与行动同步

一方面，铁道部不断制造新热点刺激网民："雷击论"，这个"不明原因"的原因在微博上引起绝大多数人的质疑；新闻发布会的"反正我是信了"，又成为热议的焦点；而围绕救人、埋车头、停止救人、通车等的一系列工作，造成了网民的不信任，而后又发展为不理智的谴责和声讨，最终造成整个舆论环境失控。

另一方面，则是全民微博对事件的过程、当事人和相关制度等进行的全球大搜索，对海内外所有相关事件从铁路建设、客运设计、安全理念、经济效益、社会满意度、救助机制等各个方面进行了全方位的比较。

动车，事关国民出行，非常容易引起大家的关心。就像胡泳在其博客中所指出的，中国网络舆论的三大变化中的第一个变化就是：在网络讨论的话题中，民生问题压倒民族问题。[②]

"7·23"动车事故，对国内外铁路相关知识、灾难救助知识及安全意识起到了很好的普及作用。全民微博让铁道部每一个出场的人员、所有动作和回应都暴露在世人面前。事后更是引发对中国发展模式、国企垄断等问题的讨论。

---

[①] 彭铁元：《铁道部"7·23"甬温线动车事故舆情分析》（http://yuqing.people.com.cn/GB/210124/15326847.html）。

[②] 胡泳：《中国网络舆论的三大变化》（http://huyong.blog.sohu.com/200973339.html）。

2011 年 7 月 28 日中国之声《新闻纵横》节目播出的温家宝慰问遇难者家属时的对话，被微博用户 @张图腾制作成长微博，引发 2 万多评论，9 万多转发。

**中央人民广播电台中国之声《新闻纵横》今早播出遇难者家属与温家宝对话。**

**言辞犀利，痛批铁道部。**

**遇难者家属对话温家宝："不满意"、"我们不要钱，我们要命""买大白菜呢，在这儿讨价还价，一会儿 17 万，一会儿 50 万的？"**

家属：总理，我跟您说说。总理，我爱人出差坐 D301，出事以后，我非常理解政府。我千里迢迢从天津过来，我心里都非常平静。我到现场都没有哭，我在面对这个事情，我说，我都没有悲伤的权力，现在面对这个事情，为国家分忧。

可是我到现在非常不满意！我们到现场来，我们说，你们怎么辨认死者？我们要拿到死亡的证据。我们没有看到人之前，我没法相信。因为我爱人上了车以后跟我通过电话：买的是硬座车票，后来到了软卧包厢里。我心里想，找到的车票有可能不是我们的人。就抱着这个幻想，我到现场看到人以后，我跟您说，我就立刻变了，惨不忍睹！跟我们想象的根本不一样……

温家宝：我懂，我懂。

家属：好好一个人，脑壳也破了，满身都是血，都是脏的，一直到现在，遗体都没有清理。我们从一来就要辨认死难者的遗体，我们要死者的身份证明。国家没有一个人通知我们这个人没有了，是我们自己一直在网上查。我们要一个身份证明，有什么不可以？这么点事都解决不了，何谈别的？！

再说，来了以后跟我们谈价钱。第一次跟我们谈，17 万。我们人都没了，我们要命，我们不要钱。然后又跟我们谈，说 50 万。买大白菜呢，在这儿讨价还价，一会儿 17 万，一会儿 50 万的？干什么呢！我们觉得，我没有不理智，谢谢总理！

**遇难者家属对话温家宝："他（铁道部）代表不了政府！""、没有一句道歉的话"**

一位男士的父亲是知青，这次去黑龙江寻根，回来就遇到事故身亡。

家属：我们很相信政府，铁道部跟我们谈的时候我们很高兴，我们觉得政府在关心我们。我觉得他根本代表不了政府，我一过去问他，我说你的工作证、身份？他连这个都没有，甚至没有一句歉意的话。他问我们对这件事情有什么意见？我说我没有意见！

**遇难者家属对话温家宝：铁道部做法欠妥**

一位女士的爱人在事故中去世了，家里还有一个 1 岁 4 个月的孩子，她对总理说：铁道部的做法实在欠妥，我老公身上带的手表不见了，我只问他说怎么处理，他说交给公安局，这个是没有办法找回来的。人没有了，我要有一个念想。

**遇难者家属对话温家宝：要求公布失踪人员名单**

家属：我们要铁路部门公布里车上的座位表以及失踪人员名单。他在救援过程中表现出来的是对生命的漠视：即使是要被拆的列车上还有活的生命。

家属：总理，这次列车是实名制，每个人坐在什么位置，是什么名字，都是非常清楚的。实名制，坐在哪个位置上，我需要这个名单。我要看我爸爸坐在哪里？我妈坐在哪里？他们的朋友坐在哪里？我想，这个必须要公布出来。

图5－3 "7·23"动车事故中一则引发高转发的长微博①

这种非用户原创的博文，在特定事件以及特定阶段内却引发极大的关注，与网民的情绪有关。当笔者查阅《新闻纵横》节目的官微时，却发现既

---

① @张图腾的微博，2011 年 7 月 29 日，https://www.weibo.com/1197186093/xgZiUatBa?from=page_1005051197186093_profile&wvr=6&mod=weibotime&type=comment#_rnd1544101143699。

没有发布也没有转发这条来自于自家节目的内容。即使@张图腾这一条引发9万多次转发的长微博，也并未给他带来粉丝的增加，至2019年底，他的粉丝数量也只有1991。网民的这种仅仅关注微博内容而非内容提供者的特点，也印证了普通人在微博话语空间中的弱势地位以及赢得关注的难度。

### （四）分布式话语权结构

分布式传播模式，即对于信息的传播并无统一组织，处于自增长状态。

笔者比较赞同学者胡泳的观点，"微博在中国完成了我称之为'给国人上课'的使命"。[①] 一方面，众多个体使用微博，构建起了社会公众参与讨论和自己的切身利益、社会公共利益相关的事务的平台。有效的表达和关注，促使更多的信息得以发布与传播，让更多人认识到相关事件的复杂性；另一方面，微博快速形成的舆论压力，使很多人因此意识到信息公开的重要性，使得政府相关部门处理群体性事件时的速度和方式直接呈现，变得更为透明。一定程度上说，微博推动了"网络社会力"。[②] 众多碎片化、多信源的信息披露与呈现，会逐步培养网民对自身所处的社会环境和人文环境的判断和认知，关键时刻相关政府部门的表态与工作，尤其是存在瑕疵的行为，会在网络端被放大、强化。从这一点而言，政府部门的信息公开实践在网络时代面临更多公众的监督。

## 五 和颐酒店女生遇袭事件：事件当事人直接引爆

2016年，事件当事人@弯弯_2016在携程上预订了望京798和颐酒店，并于4月1日入住。4月3日22点50分，当事人乘坐需要房卡验证的电梯，来到房间所在的4层，于电梯厅翻包找门卡时被一陌生男子搭话，发生冲突，并被施暴，男子欲强行带离当事人，但被楼层所在的服务人员目击并质询，然而服务员并没有进一步阻止双方的争端。男子想将当事人拖拽至无监控的楼梯间，被此时到达该楼层的一群住客目击，且在其中一名女性

---

[①] 胡泳：《微博推动了中国的"网络社会力"》（http://huyong.blog.sohu.com/201107667.html）。

[②] 同上。

住客的阻拦下而停止拖拽。施暴男子独自逃离。

4月5日0:06，@弯弯_2016在微博上传了"20160403北京望京798和颐酒店女生遇袭"的视频资料，引发了近2万条评论和5万多次转发。当天晚上8点多，@弯弯_2016发表长微博：

> #和颐酒店女生遇袭# #卖淫窝点案底酒店#①整理了我被劫持的经过和事态发展到现在的结果，希望对看到这个文章的朋友有所帮助，并且让更多的人转发扩散，让身边的女生看到我的案子有警觉心，也希望有关部门看到这个文章之后，能给我一个有诚意的答复！②

该条微博被转发68万次，评论超过28万次（截至2018年12月23日）。之后，博主实时更新事件进展及与各方的沟通情况，仅@法晚壹现场和@头条新闻在微博上为此事设置的两个相关话题，累计阅读量就超过31亿次，引发的讨论达到308万条③，新浪微博上的话题#和颐酒店女生遇袭#一度成为热搜排行榜第一名。并引发了抵制如家集团所有酒店的网上活动。

4月8日，@平安北京（北京市公安局官方微博账号）发布通报称，涉案男子李某已在河南境内落网。

4月9日，《成都商报》发表新闻《重磅：北京酒店施暴男照片曝光 有村民指其"拉皮条客"》；4月9日傍晚，@平安北京更新案情情况，表示事因李某在酒店内发放淫秽卡片时认为受害者是"同行"，影响其生意，故对受害人进行打拉拖拽，涉及该案的5名犯罪嫌疑人已被依法刑

---

① 在发微博时，输入双井号"##"，表示微博博主发起了话题，双井号内的关键词为话题词。话题发布后，微博用户可以进入该页面进行讨论，微博的话题页面也会自动收录含有该话题词的相关微博。

② https://www.weibo.com/5892492312/DpAKQ7Mwe?type=comment#_rnd1545537509648。

③ 方宏进：《用数据复盘"和颐酒店女生遇袭"事件，弯弯背后站的到底是谁？》（http://www.tmtpost.com/1707824.html）。

事拘留。①

4月18日上午11点，博主发文称犯罪嫌疑人已被抓获，如家也已道歉整改，自己的诉求已经实现，谢谢大家。

11月4日，法院宣判李某犯介绍卖淫罪，判处有期徒刑2年，并处罚金5000元。

回溯整个事件的发展和传播过程，大致可以分为三个阶段：②

（一）启动期：4月5日00:00到4月5日20:00

事发后的第二天，当事人在回到杭州后准备披露此事。

弯弯于4月4日晚注册了微博账号@弯弯_2016，于4月5日凌晨00:03在优酷视频上传了题为"20160403北京望京798和颐酒店女生遇袭"的视频，又于00:06将该视频上传到微博，00:12在微博上设置话题#和颐酒店女生遇袭#并链接优酷上的视频，但关注者寥寥。

08:01到15:32，弯弯陆续发了11条微博，分段陈述在酒店遇袭、报案及投诉的经过，但直到当晚20:00，这13条微博引来的转发合计只有456次，累计评论仅有75条。

（二）转发扩散期：4月5日20:00到4月5日24:00

这一阶段的微博以转发为主。弯弯于20:10发布了长微博，在原来设置的话题#和颐酒店女生遇袭#后又新加了一个话题#卖淫窝点案底酒店#，引发68万多次转发、28万多条评论、1.68亿次阅读。21:36，@所长别开枪是我（粉丝556万）转发了弯弯的这条微博并加了评论，引发了7万多次转发。21:44，@休闲璐转发了@所长别开枪是我的微博，再经三个大V的传播，促成此话题真正的大规模蔓延。此后两个多小时里，又有18个粉丝过百万的大V加入转发行列（详见下图），包括@牛文文、励志自媒体@我的厕所读物、娱乐明星@葛天GT、@赵子琪等，仅关注他

---

① @平安北京-新浪微博：《女子酒店被袭案5名涉案人员已被警方依法刑事拘留》，2016年4月9日。

② 参见方宏进《用数据复盘"和颐酒店女生遇袭"事件，弯弯背后站的到底是谁？》（http://www.tmtpost.com/1707824.html）。

们的粉丝人数累计已超过 5500 万。

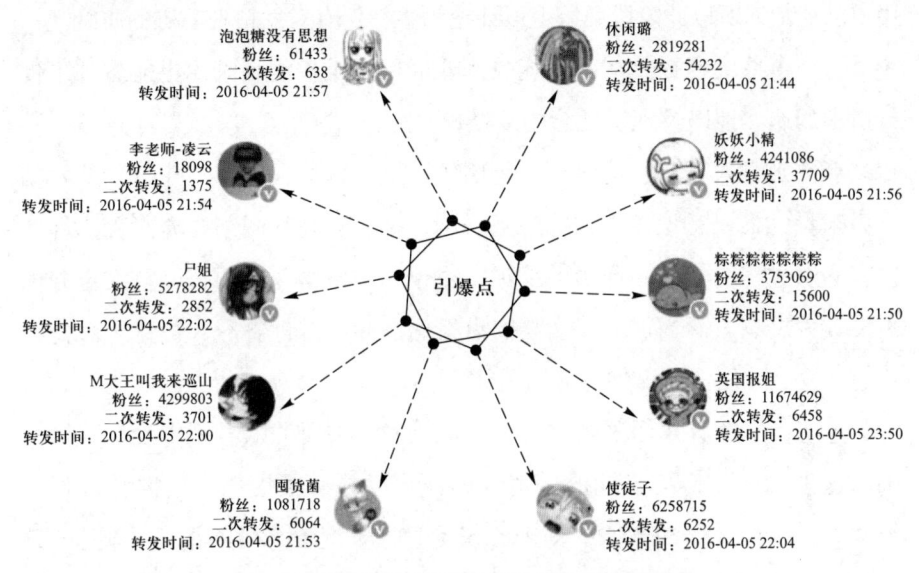

**图5-4 和颐酒店女子遇袭事件传播的引爆点**

引爆点周围的转发节点：

- 泡泡糖没有思想 粉丝：61433 二次转发：638 转发时间：2016-04-05 21:57
- 休闲璐 粉丝：2819281 二次转发：54232 转发时间：2016-04-05 21:44
- 李老师-凌云 粉丝：18098 二次转发：1375 转发时间：2016-04-05 21:54
- 妖妖小精 粉丝：4241086 二次转发：37709 转发时间：2016-04-05 21:56
- 尸姐 粉丝：5278282 二次转发：2852 转发时间：2016-04-05 22:02
- 棕棕棕棕棕棕棕 粉丝：3753069 二次转发：15600 转发时间：2016-04-05 21:50
- M大王叫我来巡山 粉丝：4299803 二次转发：3701 转发时间：2016-04-05 22:00
- 英国报姐 粉丝：11674629 二次转发：6458 转发时间：2016-04-05 23:50
- 囧货菌 粉丝：1081718 二次转发：6064 转发时间：2016-04-05 21:53
- 使徒子 粉丝：6258715 二次转发：6252 转发时间：2016-04-05 22:04

## （三）评论爆发期：4月6日 00:00 到 4月6日 12:00

大 V 们的不断转发终于引发了核爆似的链式反应。拥有巨量粉丝的女明星（@Angelababy、@海清、@马苏、@舒淇、@姚晨、@范冰冰等）的关注使得该事件在微博和微信圈刷屏，而其传播过程中的关键时间仅为12个小时。

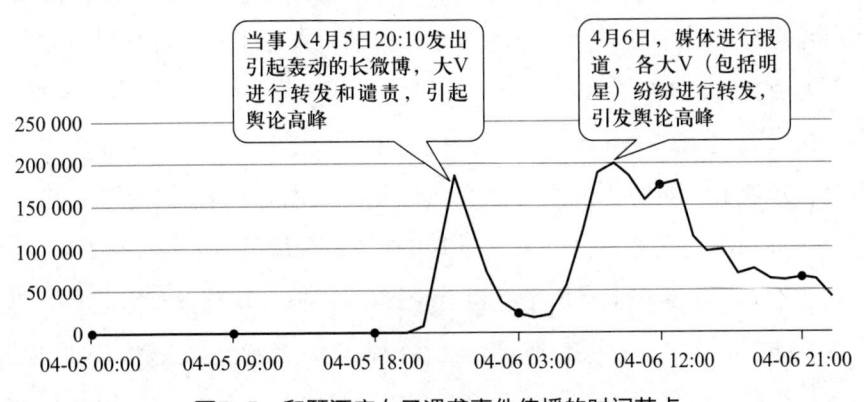

图中标注：
- 当事人4月5日20:10发出引起轰动的长微博，大V进行转发和谴责，引起舆论高峰
- 4月6日，媒体进行报道，各大V（包括明星）纷纷进行转发，引发舆论高峰

**图5-5 和颐酒店女子遇袭事件传播的时间节点**

各家媒体跟进报道遇袭事件以及如家酒店的回应，因为对事件本身微博用户已清楚，所以此阶段微博上以评论为主，伴有对发帖者动机的质疑。

这一事件的传播，从中既能看到普通用户维权的艰难，也能看到事件传播中的偶然性以及现实社会的复杂性。

事件当事人弯弯，可以算作是白领阶层，自称在媒体工作过，从发帖行为来看，维权意识较强，熟悉互联网，拥有较高的网络媒介素养。即使拥有事发过程的视频和详尽的描述，对于一个微博新号而言，帖文也并未引发较大反响。而当加上＃卖淫窝点案底酒店＃的标签后，得益于微博大V的转发，才使得该事件为人所关注。

弯弯，不能算作话语弱势群体，但是她新注册的账号基本没有传播基础，这也决定了传播初期的困境，即使内心充满了愤怒，也拥有较强的行动力：选择优酷和微博，得到《华夏时报》记者金微的帮助（4月5日01:19时率先在微信公号"风尚"发文，转述弯弯事件的过程），在发帖的20个小时内，传播能量可以说基本为零。

微博大V的转发以及多位拥有数千万粉丝的明星们的加入，才最终引爆了该话题，短短12个小时就引发30多亿次阅读。

该事件让我们看到了普通人的话语权利易于实现，但是要转变为权力，离不开意见领袖们的推动，议题本身所蕴含的事关安全、酒店管理等问题的普遍性，容易引发共鸣。通过曝光所揭露的现实社会存在的问题，显示了微博环境监测功能的重要性。作为微博传播节点的每一个个体，拥有发现和传播问题的能力，但问题的解决依赖于涉事方的认真态度和公众的有效监督。

无独有偶，2018年11月14日，微博大V@花总丢了金箍棒（拥有30多万粉丝），在微博发布视频＃杯子的秘密＃曝光五星级酒店的卫生乱象，引发5万多评论和10万多次的转发。@头条新闻、@新京报我们视频、@紧急呼叫Live对花总进行了采访，引发热议，取得了一定的传播效果，但是花总本人的生活却也经历了其没有想到的遭遇："视频发布后的24小时之内，涉事酒店之一的某位职员，就将我在该酒店前台办理登记入住时的护照扫描照片放到了某微信群里……在接下来的两三天里，我的护照信息以光速在全国酒店业者之间传播。人人奔走相告：警惕那个暗访的人！"①花总本人甚至还遭遇到了人身威胁。一个月之后，事件并没有朝更好的方向发展。

### 六 携程亲子园虐童事件：当事人 + 一般意见领袖 + 专业媒体

2017年11月8日微博用户 @hello美少女壮士从11:49开始连发数条微博，称"上海携程幼儿园（携程亲子中心）用芥末、消毒水灌孩子。赤裸裸的虐童，简直丧心病狂"，并附有携程亲子园教师打孩子的视频（后视频被删），引发2 000多次的转发和评论。据知微的分析数据显示，该帖子自当日13:30进入第一个转发高峰期，此后一直攀升，直到18:55，到达顶峰，传播第一层转发占比82%，引爆点只有3位粉丝数量过万的认证用户，在所有参与用户中，79.3%为普通（不活跃）用户，微博达人16.3%，个人认证用户4%，机构用户只有0.4%。初期阶段，事件并未引发大规模用户的关注。

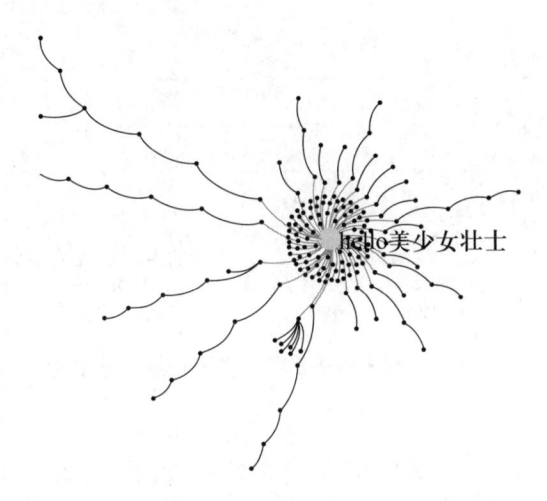

图5-6 携程亲子园虐童事件中当事人发的第一条微博的传播路径②

---

① @花总丢了金箍棒：《一些想说的话》（https://www.weibo.com/hgszsj?is_hot=1#_0）。
② 采用知微传播分析。

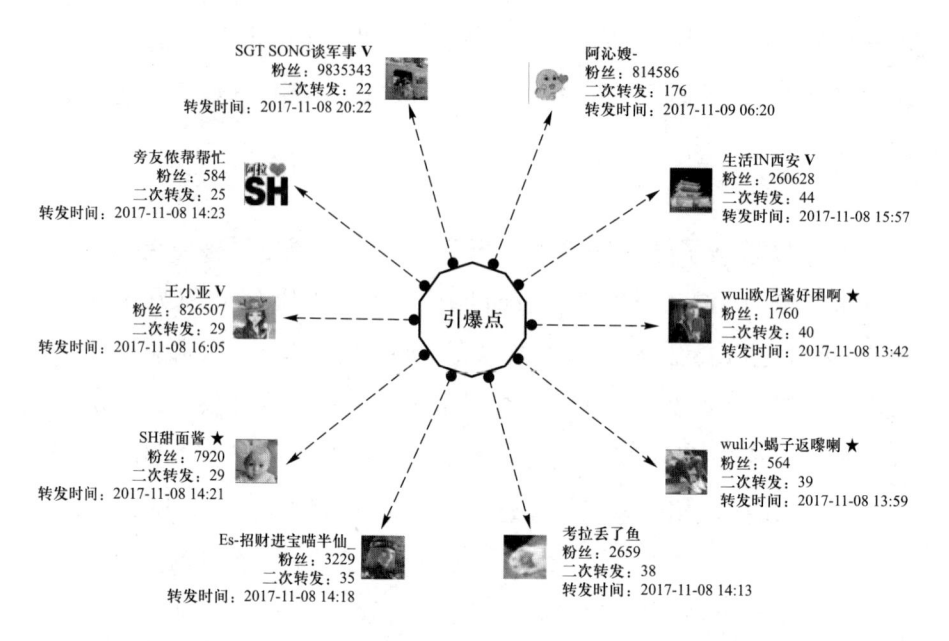

图 5-7　携程亲子园虐童事件中当事人发的第一条微博的引爆点①

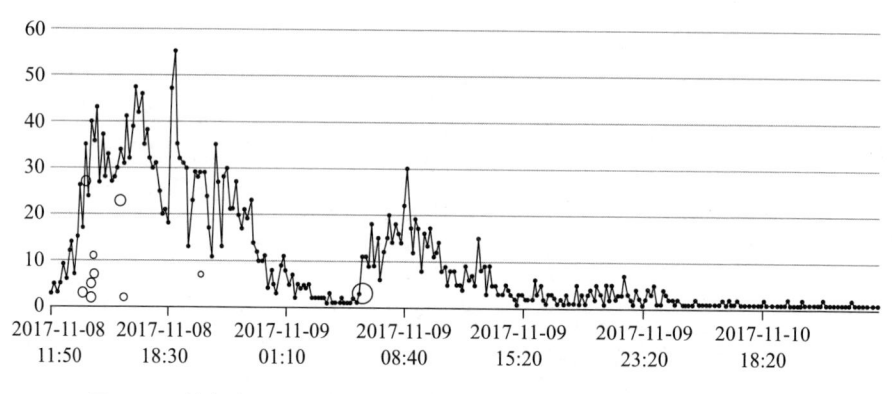

图 5-8　携程亲子园虐童事件中当事人的第一条微博转发时间趋势图②

9分钟后，博主紧接着发布第三条微博（如图5-9所示），引发5万多次的评论和7万多次转发。

---

① 采用知微传播分析。
② 采用知微传播分析。

图 5-9　携程亲子园虐童事件中当事人发的第三条微博截图

　　这条微博发出去之后，不像第一条微博那样只有普通用户关注，其传播路径如 5-10 所示，明显可以看出这条微博经过了多层级的传播，且拥有多个关键传播点，被转发超过 100 次以上的二级转发节点有 29 个。

　　如果复盘该事件的传播路径，就会发现该事件本身就具有成为微博热点事件的潜质。幼儿——每个家庭成员呵护的对象，却在家长精心选择的自认为高品质的幼儿园中遭受虐待，这很容易激发其他家长的同理心和愤怒感。但是带有短视频的第一条微博的传播范围最初只是局限在一个较小的范围内。博主 2 分钟之后发的微博也只有 1 200 多条的评论和 1 400 多次的转发；9 分钟之后的第 3 条微博却取得了多层级数万用户的转发和评论。

图5-10　@hello美少女壮士第三条微博的转发路径示意图[①]

---

①　采用海河大数据分析。

大 V@马伯庸附带自己观点的转发是最早进行二级转发的重要节点，由他带来的三级转发数是最多的，达 1 800 多次，经由他的三级及三级以上转发总数达到了 15 144 次，占原微博转发总数的 18.7%，①在三级以上的转发者中不乏粉丝数在百万以上的大 V。转发账号前 10 名的博主，粉丝基本都在 100 万以上，其中有 3 位粉丝在 1000 万，具体如图 5-11 所示：7 位是经过认证的名人，1 位微博达人（中高级），2 位普通用户。

| 排名 | 昵称 | 粉丝 | 用户类型 | 时间 | 二次转发 |
|---|---|---|---|---|---|
| 1 | 马伯庸 | 442.7万 | 个人认证（名人） | 2018-12-06 20:09 | 1697 |
| 2 | 回忆专用小马甲 | 3491.7万 | 个人认证（名人） | 2018-12-06 20:09 | 1569 |
| 3 | 衣锦夜行的燕公子 | 432.6万 | 普通用户 | 2018-12-06 20:09 | 658 |
| 4 | 追风少年刘全有 | 1301.5万 | 个人认证（名人） | 2018-12-06 20:09 | 603 |
| 5 | 然后下面她没了 | 1181.1万 | 个人认证（名人） | 2018-12-06 20:09 | 467 |
| 6 | M大王叫我来巡山 | 650.3万 | 微博达人（中高级） | 2018-12-06 20:09 | 374 |
| 7 | 丸子安利菌 | 432.1万 | 个人认证（名人） | 2018-12-06 20:09 | 351 |
| 8 | 差评君 | 95.9万 | 个人认证（名人） | 2018-12-06 20:09 | 298 |
| 9 | 五年散人 | 281万 | 普通用户 | 2018-12-06 20:09 | 255 |
| 10 | 扶他柠檬茶 | 132万 | 个人认证（名人） | 2018-12-06 20:09 | 230 |

图5-11 @hello美少女壮士第三条微博的关键传播账号②

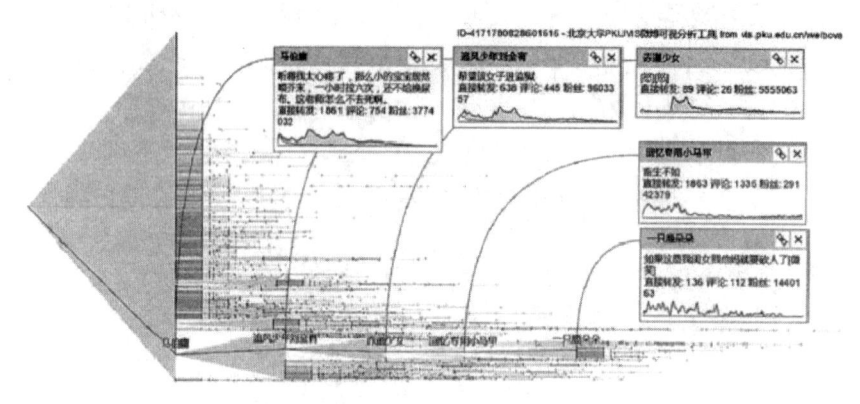

图5-12 @hello美少女壮士第三条微博转发关键节点示意图③

---

① 陈昌凤、马越然：《连接、联动、认同：公众生产新闻的传播路径研究》，《新闻与写作》2018 年第 2 期。

② 采用海河大数据分析。

③ 摘自陈昌凤、马越然《连接、联动、认同：公众生产新闻的传播路径研究》，《新闻与写作》2018 年第 2 期。

在 @hello 美少女发布第一条信息约一个小时后，就引发了跨平台的传播态势：上海本地的新民网发布了"上海携程托幼所被曝老师推倒孩子喂芥末 已解雇教师并报警"；知乎在当天 12:29 挂出"如何评价携程亲子工作室（亲子园）虐童事件"，截至晚间，浏览量超过 1700 多万次，关注量超 2.5 万；澎湃新闻微信公众号也在下午 2 点陆续推送，@ 人民日报在微博上也跟进报道，收获上万次转发和 2 万多条评论，《新京报》微信公众号在 10 日上午发布深度报道"携程亲子园虐童事件背后，'现代家庭'的商业版图"。

经过传统媒体的转发、大 V 的参与，微博、微信、知乎等平台的发酵，11 月 9 日，长宁警方以涉嫌虐待被监护、看护人罪对携程亲子园的三名工作人员依法予以刑事拘留；半夜，@ 携程旅行网和上海妇联官方微博 @ 上海女性 shwomen（携程亲子园为上海妇联《现代时代》杂志社旗下的"为了孩子学苑"所办）先后发布情况说明。11 月 15 日，上海市妇女儿童工作委员会认定这是一起严重伤害儿童的恶劣事件。16 日，携程的两个人力资源部副总裁被免职。截至 12 月 13 日，携程亲子园的 5 位相关工作人员以涉嫌虐待被看护人罪批准逮捕。"携程亲子园虐童事件"告一段落。

与其他早先案例不同的是，该案例实现了微博、微信、知乎等多渠道的同步传播，在很短时间内被网民所关注，还有其他当事人参与，补充更多的信息。传统媒体迅速介入，对信息进行专业化的补充和挖掘，而非简单转发既有信息，多主体、多角度的密集报道，推进了该事件的快速解决。但事件背后的教育安全问题、社会信任问题等也在相关信息的传播中引发关注。

## 七 案例总结

所有新媒体的舆论事件都是线下、线上联合发酵的产物，是新媒体与传统媒体互相激荡的结果。新媒体本身并不只是虚拟的空间，而是现实世界的延伸、发展和变形，是现实本身。①

---

① 吕新雨：《"微博时代"的终结？——〈新媒体与当代中国政治〉导言》，《新闻大学》2018 年第 1 期。

以往，当人们需要社会关注的时候，首先是寻找政府或相关机构，其次是寻求有影响力的传统媒体。进入2003年之后，更多的人将网络作为获得社会关注的低成本的、快捷的渠道。如果说，在现实世界里，很多中国人属于"沉默的大多数"的一部分，那么，在互联网上，他们获得了发言的机会，并且，采取着自己认为应该采取的行为，尤其是当个体的利益或权益受到侵犯或者损害的时候。

**（一）话语弱势群体因事件成为暂时的关注焦点**

上述所选案例的微博传播中，涉及的核心人物，在这些突发事件发生之前，大多都是微博中的普通用户，他们拥有较少的关注者，平日里多属于沉默的使用者，只是因为利益受损的事件突然降临，他们才从一个普通的使用者变为一个对微博和其他人有所求的维权者。

作为话语表达的弱势群体，他们几乎不具备什么影响力，只是因为事件本身所涉及的违背平等、公正、公义、安全等要素，才激发起网民的同情心、正义感。

相关事件的发生，使他们成为关注的焦点，和普通的微博客们相比，他们可以被称为是暂时拥有话语权力的人，不再是沉默的"潜水者"，而是被推向了前台，成为暂时的核心。

这些因为事件而拥有了更多影响力和话语权的人，他们的影响力是暂时的、被动的，如@药庆卫、@钟如九、@袁小芫等，如今还有几个人浏览他们的微博？他们和数亿的普通微博用户已没有太多差别：不定期更博，个位数的评论甚至于零评论。当时间线拉长之后，我们就会发现在那些事件之后，他们的粉丝几乎没有什么增长。网民的关注像一阵风，来去匆匆，踪迹全无（张紫瑞称之为"即逝公众"），微博只成为个人生活和心得记录的一种方式。

因为事件成为传播中的焦点，在他者更多的只是一个符号、一个标签，微博博主本人不需要或者也未曾想悉心经营微博账号实现话语权力，只不过是出于当时当地的情势，被动地将微博作为一个唯一可能改变自身状况的工具。人潮退却之后，一切归于平静，微博仅仅只是一个记录的工具，并不会带来曾经的关注与喧哗。

热点事件中的主要相关人士，如"药家鑫事件"中的张显，主动利用微博来争取他的话语权力，这也是他所拥有的文化资本和社会资本所致。而作为遇害者家属，张妙的父亲和丈夫，却因为是中国最底层的农民，甚至于不识字，就连最起码的拥有话语权的资格都被剥夺了，只能借助张显来实现其话语权，自己只是作为被描述者而非主动的表达者。

笔者通过长期观察认为，中国当下话语权的实现若要分为两类的话，就是主动的话语权和被动的话语权。社会精英通常会较早地使用微博，并将自身的各种资源延伸到微博上，注重利用其稳固并扩大自己的社交圈，提升社会资本，也更容易成为微博中的意见领袖。而对于被动的话语权践行者而言，其开通微博的一个重要原因是寻求各种帮助，这部分人容易受到各种硬性因素如教育、收入、意识等的制约。他们作为事件的中心人物不得不发布消息，来确保自己最基本的权益不受到侵犯，或者公布事件的结果，如钟如九等人。

通过以上例子可以看出，话语权的实现，存在着客观条件的限制。即使微博已经极大地降低了话语权实现的条件，但是我们所不能忽视的是中国人口中多半是农民，他们中间的很多人文化水平并不高。因此，话语权的实现，在当下的中国仍然呈现出两个极端，而这一点是和中国长期以来的二元社会相对应的。利益容易受损的话语弱势群体和有更多能力维护自身权益且掌握话语权的社会精英们同时存在。

参与热点事件的微博客们，以转发、评论等方式参与到热点事件的"围观"中来，一是成为正义伸张者，将他人的现实境遇推及己身，引发共鸣；二是对于公权力等的不信任或者不满意，借由这样的参与表达自己的情绪。众多普通个体的参与，使之产生了暂时的凝聚力和影响力。热点事件成为由头，引发更多人的共鸣与支持，形成话语表达上的呼应与合力，产生一种对当事个人或部门的压力，最终使事件的发展走向出现转折，弱势群体的维权目标得以实现，涉及公共利益的诉求部分地得到回应。长期来看，这种话语权短暂的彰显与汇聚有利于推进基层社会治理。

**（二）话语强势群体为弱势群体争取利益**

微博中引人关注的事件，很多时候和作为弱势群体的个人和作为公权力代表的官员的言行密不可分。在面对这两类事件的时候，不同群体都会积极参与表达，而其中名人的关注和表态往往会成为信息传播中新的引爆点，并在一定程度上提升相关信息的传播效果，更好地维护弱势群体的利益或者权益，使他们可以生活得更好；并能更有效地监督公权力，使之更好地履行自身的职责。

热点事件本身涉及的法律问题、安全问题、公益问题、贫富分化问题等，凸显的是社会非底层人士对于民众财产、人身安全保障、利益分配、社会管理等方面的关注与忧虑。基于这样感同身受的联想和内在的正义感，众多网民做出了一系列的"利他"行为，共同推动特定事件朝着更好的发向发展。

从功利的角度分析，名人或者精英群体参与社会公共事务和慈善公益事业，帮助弱势群体并为他们争取利益，在无形之中也会进一步扩大自己的话语影响力，拓展知名度，提高"美誉度"，树立更好的公众形象。

一般而言，话语表达对其主体而言，不但是一种意义的产生过程，也是一种自我存在和自我价值的显示与证明。名人在为异于自己阶层的群体争取利益的过程中，可以持续得到间接的社会性回报——微博内容形成的持续性影响而产生的社会效益与经济效益的双重回报，这种回报也可以是无形的个人声誉等社会性价值的回报，还可以是通过微博话语而获得对其社会角色及文化身份的认同。

**（三）拥有引发共鸣和共振的内容**

在热点事件的传播中，微博通过"技术赋权"，可以让草根用户自由地"围观"，推动事件本身的发展。由于社会热点事件大多与微博用户的自身利益相关，或者出于正义感或社会责任感，或者由于同情心理，微博用户具有较强的参与动机和热情，但是事件本身关键信息的发布者较为多元，中间容易掺杂虚假信息，因此其传播结构相较于一般休闲娱乐类的热门微博信息更加复杂、多变，且伴有随机性。

在具体热点事件的传播过程中，自首发信息开始，其传播路径、关键节点、参与主体及其意见分布、跨平台传播效果等存在着必然的差异。

当普通微博客发布信息后，其内容是否能引发其他人的共鸣至关重要。"共鸣"指发声器件的频率与外来声音的频率相同时发出的声音，也指思想或感情上的相互感染而产生的情绪。① 前文所罗列的六个案例，基本都涉及对公权力监督、安全感、社会公益等与民众关系紧密的问题，因此容易引发关注和参与，于是产生了"共振"效应。外力的共振能否形成，决定话语权力能否得以实现。当然，话语本身的张力和蕴含的情感是激发共振的基础，关键节点的转发则会加速话语权力的实现。

图5-13　@等待戈多的老赵2018年11月17日的一条微博

如上图所示，只有1 900多个粉丝的@等待戈多的老赵，在2018年11月17日晚金马奖颁布结尾时发布的截图，截至2018年11月18日上午11点，获得了3万多次的转发，而#巩俐拒绝颁奖#的话题，短短11个小时，阅读量就达到了7.5亿，成为当天该时段热搜榜第一名，被搜索228万次。

---

① 张凯：《新闻演化规律的动力学与可视化——以三个典型新闻事件为例》，《新闻与传播研究》2014年第2期。

```
热搜榜                         更多 >

👑 缅怀 中国核司令程开甲 [热]
1  巩俐拒绝颁奖 [沸]           228万
2  周迅叫孙俪婆婆 [热]          168万
3  男神秘电果断接听 [荐]        128万
4  王源手机壳是刘能 [新]        119万
5  金马奖 [新]                  111万
6  失联浙大女毕业生案进展        87万
7  陶晶莹 [热]                   87万
8  中国一点都不能少 [沸]         86万
9  陈奕迅周迅 [新]               74万
10 加州蓝变加州灰               61万
```

图5-14　2018年11月18日11:00微博热搜榜

传播过程中明星、大V等微博意见领袖的关注和转发，往往能决定传播的后期效果，形成短时间内的聚集式传播形态。关键节点的转发，使普通用户发布的信息得以被更多人所关注，具备了基本的传播生命力，而内容本身的争议性、情感性再经过转发之后，更容易激发其他用户的情感，吸引他们主动关注，并最终完成话语权利到话语权力的转化，改变事件的结局。

令我们不容忽视的是，在热点事件传播中，意见领袖和围观者内部的分化问题。在宜黄拆迁事件等涉及公权力的议题中，意见领袖和普通用户目标和态度非常一致、指向性明显，大家对于宜黄县政府的态度、对于强力拆迁的反思等议题，算是一种聚焦式的关注，容易形成合力。对于微博打拐等涉及公益的议题，大家的参与热情也很高，容易形成凝聚力，但在执行过程中，可能会存在一些细节不当等问题。对于药家鑫案这样涉及法律的社会性议题，则容易出现分化，微博给予网民抒发情绪和正义感的渠道，但法律的专业性门槛较高，会出现意见领袖内部的不同意见，因此在传播过程中存在话语权争夺现象，而作为政府部门相关的决策者，需要在充分考量民意的基础上结合自己的专业能力做出判断。

微博等网络给了弱势群体直接发言和走入话语中心的可能，弱势者借助自媒体结群并合法合理提出自己的主张、谋求正当的生存空间的时代应该来临了，尽管声息微渺。① 但并非所有与弱势群体相关的议题都能引发关注与热议，社会的良性发展也不能依赖于"曝光—围观—舆论压力—问题解决"这种路径，需要的是相关制度的进一步完善和执行层面的不断规范。

## 第三节　特殊时期话语权的特征

在没有特殊的突发或热点事件发生时，就像前一章所分析的，存在精英和草根话语权分布的严重失衡情况，但是每逢有关乎社会正义、社会公平等公共事件或涉及民族情绪的事件发生时，则会在很短时间内形成一种汇聚、融合的态势。

无论草根还是精英，会同时关注同样的事情，并积极参与评论，形成一种合力，"围观改变中国"说的就是微博平台上的个体参与的效果。

如果说常态下的话语权分布中，"身份标签"起着重要作用，那么在特殊时期，引爆话语权的往往是"内容标签"，内容往往关乎社会正义、社会公平、社会情绪。在此状态下的微博，具有舆论监督、社会安全阀甚至社会动员等作用。

围绕社会热点事件而引发的微博话语权分布，总体而言，具有以下几个特征：

### 一　议题具有偶发性

王君超教授认为，微博的植入式嵌套逻辑拓宽了表达权的途径，而微博的生态链又有利于表达权的扩散，技术的革新、公民意识的觉醒、参与

---

① 许燕：《以近年热点事件及其应对为例看中国社会各阶层媒介话语重构》（下），《新闻大学》2013年第1期。

的便利等要素的显现逐渐埋葬了权力机构对信息沟通的垄断时代。

处于转型中的社会，很多涉及民众生活的议题容易被大家关注，但是关注的由头多具有偶发性。现实社会存在的问题是微博特定议题产生的前提，但又很难预料具体在何时何地以何种形式在微博上引发关注。无论上文提到的"宜黄拆迁事件""药家鑫事件"还是"和颐酒店女子遇袭事件"等，都是以一种超乎公众预想的方式爆发的。

网民的注意力易受热点事件影响，往往不经任何预热便使事件的讨论迅速传遍网络。同时，网民注意力的消散也很迅速，"内容标签"在此时成为传播的核心，那些具有争议性，有失公平、正义和安全等的议题是形成舆论的必要条件，容易引起网民的亢奋与围观，是激活话语流动的主要因素。当然，话题在传播过程中还会不断"增值"（可能是对重要信息的补充，也可能是有关联但真假难辨的信息漫天飞），引发一定的变数与更多的思考。例如"郭美美事件"中，议题就从炫富转变为对中国红十字会等慈善机构及慈善事业管理制度的质疑，其间还伴随有侵犯个人隐私等法律问题。

传播过程也会带动相关议题的讨论，如万州大巴车坠江事件的传播，从一开始的女司机逆行，对于女司机的谩骂成为主要声音，但随着现场视频的曝光，大家又开始进入对于安全制度、公民素质、自救措施等议题的反思与讨论。

## 二 失衡中的流动

虽然微博给予每个个体平等的话语表达途径，从话语权利层面看，个体之间具有平等性，但是若从话语权力层面来看，对于绝大多数人而言，其话语权力通常是微小的。

精英阶层依靠其"身份标签"显示出其"先天"的优势，借助于大众传媒的"注意力经济"效应，将现实世界中的身份等资源移植到微博，粉丝动辄也是以万为单位增长，更容易登上微博热搜和热门话题榜，进而吸引更多人的关注，形成"富者越富"的局面。

但这种失衡的话语权格局并非恒定,因为普通人会凭借"内容标签"在特殊时期赢得大量的关注,伴随着其所发布的信息,或者由信息所触发的情绪流动,拥有暂时性的话语权力。

身为普通用户,因为亲历或者见证敏感事件(关乎社会正义、社会公平、社会情绪),在短时间内粉丝数量激增,但又会随着舆情的衰减而停滞,甚至被遗忘。就像宜黄拆迁事件中钟家的小女儿钟如九,在她开通微博10天后,粉丝就超过2.8万,但是之后的一年半时间,粉丝才增长了4千。而姚晨的粉丝在一天内都可以增长两三万甚至更多。

这种流动,体现为两个方面:一是依靠微博的弱社交关系,瞬间实现病毒式的传播效果,在不同的微博节点间流动,成为跨越社交圈的流动;二是议题的流动性,可以带动相关议题随之被关注;三是网络话语影响力从网上流动到网下,为传统媒体和非网民所关注。

微博个体的话语表达,在常态下是琐碎的、相对零散的,但在特定事件的传播过程中,众多弱传播关系则通过星星点灯的方式实现扩大传播,一旦达到特定的传播临界点便会实现传播力的跃升,[①]形成媒介事件,而媒介事件作为一种仪式,可以将高度分化的现代人凝聚在一起,[②]改变社会中一些需要改变的东西。

简而言之,常态下的那种失衡的话语权格局会在热点事件发生的时候被短暂打破,基于议题自身的共鸣,实现信息的快速传播,提升事件亲历者、见证者、参与者的话语权力。

### 三 表达中的联合

精英与草根群体在话语权格局上,从表面来看确实是处于两极状态,处于"被关注-关注"的模式中,各自有自己的微博互动圈子和内容倾向,但是在某些特定的事件中,双方之间的差异会缩小,可能会产生两种

---

[①] 谢进川:《微博参与社会管理的可行性分析》,《新闻界》2014年第11期。
[②] 马杰伟等:《媒体现代:传播学与社会学的对话》,《传播与社会学刊》2011年第18期。

方向的人群结合：处于同一层级的人，为了更好地维护自己的地位，有时会形成横向的结盟；处于不同层级的人，出于相互的认同关系，会形成一种纵向的结盟。这种权力结构，会影响到网络信息传播的格局和网络舆论的形成。①

从既有的微博实践来看，在涉及公共利益和弱势群体的事件中，精英群体与草根群体在话语表达方面，指向性和目的性相同，并会联合起来：监督公权力，反思相关制度，支持利益受损的弱势群体，改变生活中存在的不公平。

一方面，监督和反思，关系到社会利益分配的公平和社会制度的合理，说到底是关系到每个人的切身利益，这也就有了话语表达的原动力。上述案例中的拆迁和维权行为，"药家鑫事件"中的判定依据和最终结果，都和每个人的财产和生命安全有关，安全感的缺失、个体的移情作用、制度和规则的不透明等要素综合起来，引发了普遍的话语表达和参与。精英阶层，也同样会面对生命安全和财产安全等问题，虽然他们拥有更多的社会资源和话语权，但在庞大的社会系统面前，依然有自己无力无奈之时。

另一方面，那些突破常人思维的热点事件，多与权益被侵犯或者利益被剥夺的个体有关，而这些个体以普通人甚至是弱势群体居多，他们试图通过微博曝光事件信息，引起广泛注意，最终改变自身处境。微博，从某种程度来看成为其维护公民权利和权益的有限选择。在现实中找不到解决办法的个体，只能寄希望于公众的同情和共鸣。而普通公众和精英参与其中，表达自己的各种情绪，伸张"正义"，况且这种行为不用"拔刀相助"，只需轻点鼠标或者敲入文字，就可以等待社会正义的伸张。

而精英阶层除了表达观点之外，还可以利用自己的知识或者社会资源，提供更为专业的信息或者帮助，就像在给钟如九的姐姐和母亲联系医院时，就充分发挥了网民的力量和资源，而事件的进展则是作为一种无形

---

① 彭兰：《网络传播与社会人群的分化》，《上海师范大学学报》（哲学社会科学版）2011年第2期。

的报偿，更进一步地提高了网民的参与热情。这种广泛的参与和个体力量的汇聚，对社会的改变具有积极的意义，个体公民意识的培养也会在这一过程中得到成长。

### 四 书写社会记忆

如果说传统媒体的"在这里，读懂中国"属于精英式的书写，那么，热点事件中的微博话语表达，则更接近一种全民书写的方式。上千万网民关注同一议题、并对议题进行全方位记录和解读，多种观点的表达与碰撞、线上线下话语和行动的勾连，更能体现中国社会发展过程中的力量与声音。

特殊时期的微博话语流动，具有信息流动集中和群体性围观的特征，以往分散的受众，会形成汇聚的中心，这种偶然的、突发的、非组织的用户对于特定事件、人物或议题的集中关注，形成了一种微博景观，而这种具有仪式性的景观，是塑造群体记忆、维系群体情感、强化群体凝聚力的一种手段。① 这种自组织性体现出互联网群体传播的微力量，虽然个体的能力有限，但作为整体所展示出来的力量却能够形成新的意见漩涡中心并且进行传播。这种再中心化已不是过去单一的中心化，而是呈现出一种多中心的态势。②

正是在一次次的话语表达与流动的过程中，体现和彰显社会凝聚力，达成共识或逼近真相，以此推动社会更好发展。互联网一路走来，不仅仅是普通的商业平台，还是真实的社会记忆的承载者。回头去看，从中人们更容易了解中国社会的发展进程，民众的关注热点和情感分布。

但是热点事件在传播过程中，也存在为了一己私利或其他目的而发布挑拨群体对立、激化社会矛盾、误导视听的虚假信息现象，如药家鑫事件中关于他是"军二代"的传闻、动车事故中"遗体未经家属同意 被集体火化""高铁司机培训只有10天"等八大谣言，就误导了不明真相的群众，

---

① 隋岩、曹飞:《从混沌理论认识互联网群体传播特性》，《学术界》2013年第2期。
② 杨磊:《媒介新环境下互联网群体传播研究》，《当代传播》2018年第1期。

扰乱了网络秩序，强化了对政府的偏见。

## 本章小结

  纵观近几年的微博热点事件，话题形成得快，消散也很迅速，一般仅持续24—72小时，但在严重威胁自身安全的恶性犯罪、食品和信息安全问题上，表现出强烈的情绪宣泄并期待政府重视和干预。①

  快速更替的热点议题，像掷入水池的石子，带来了微博用户的活跃与关注点的集中，激起层层涟漪。这种不间断的波动，可以激活话语活力，给失衡的微博话语权格局注入新的要素，凸显"科技改变生活""围观改变中国"。

  当有威胁个体生命安全和生存环境的事件发生时，几个阶层之间会出现联合，使处于话语顶层的国家权力机构成为众矢之的；当关涉社会公平、社会正义的事件发生时，话语弱势群体会借助微博等新媒体进行曝光，但这种曝光和相关诉求，往往需要借助意见领袖的力量来吸引围观者，在短时间内形成聚集效应，将之变成舆论。最终，作为话语弱势群体的当事人的诉求得到不同程度的实现，作为话语权力中层的意见领袖和围观者在参与中反思，使得相关热点事件的社会效应，在社会前进的道路上，呈现一种螺旋式上升的态势。

  中国各阶层尽管都可能发生社会矛盾和舆情危机，但是不同阶层的媒介话语能力和实际社会条件造成了其对危机和事件的看法以及解决思路都存在巨大差异，②虽然是共同参与，但却扮演着不同的角色：事件的利益受损方，利用微博来发声，希望通过赢得关注形成舆论压力而实现维权，

---

  ① 迪娜娅：《十大微博热点事件出炉 每次热度均不超过72小时》（https://m.mp.oeeeee.com/a/BAAFRD00002016121221460.html）。
  ② 许燕：《以近年热点事件及其应对为例看中国社会各阶层媒介话语重构》（下），《新闻大学》2013年第1期。

历次的微博维权成功事件,给了他们希望,因此主动意识较强;意见领袖们出于社会责任感、正义感等进行转发、声援,成为重要的推动者,而相关议题是被湮没还是被关注,他们在中间扮演着重要角色;普通用户内心积蓄着的"抽象愤怒",对弱势群体的社会认同感、共情作用等,会激发他们的表达欲望和参与热情,成为声势浩大的围观者。传播初期,强关系节点数量和能力效果突出,其把关倾向于人际关系或价值认同;传播中后期,弱关系更注重信息质量和流向的把关,并决定最终效果。[①]

微博话语权格局虽然处于一种失衡状态,但是其格局并不是一成不变的,时不时地会出现流动,在流动的过程中伴随着赋权和联合对抗。本文标题中所说的流动,不仅仅指的是不同阶层话语影响力的流动,更是一种社会协作和社会认同,还包括这种影响力在互联互通的不同网络平台之间的流动,这种常态的流动机制其实会进一步推动既有格局的失衡,但是在特定事件或情绪中,依然会出现不同阶层之间的联合,循环往复构成了网络话语权的动态调整态势。

微博打破了现实社会中不同阶层的网络沟通界限,并使不同阶层的人可以在同一个场域中围绕相同的话题进行互动和博弈,一定程度上实现着权力的重新分配。

---

① 惠志斌:《微博事件信息扩散及其柔性把关机制研究》,《新闻记者》2013年8月。

# 第六章　专业机构微博话语权研究

新浪微博在运营初期，设有专门的排行榜，用来给报纸、广播、电视、杂志等传统媒体的微博账号排名，还设有按区域查看的功能。此外，还有大力发展的政务微博榜单和发展报告，一定程度上激发了这两大类机构将自己的影响力延伸，同时也实现了政府、媒体与微博的多赢局面。

以媒体和政务部门为代表的专业机构在微博中的异军突起，以真实性和权威性建立网络端的影响力，可以推动突发事件相关信息的快速传播，赢得信息传播、解释、评论的主动权。

## 第一节　媒体机构微博话语权研究

2014年8月18日，习近平主持召开中央全面深化改革领导小组第四次会议，会议审议通过了《关于推动传统媒体和新兴媒体融合发展的指导意见》。习近平在会上发表讲话，要求"加快传统媒体和新兴媒体融合发展，充分运用新技术新应用创新媒体传播方式，占领信息传播制高点"，拉开了"媒体融合"的改革序幕，这一年也被称为"媒体融合"元年。作为对微博时代的回应，推动融媒体发展正是为了"确保导向"的"战略任务"。① 微

---

① 吕新雨：《"微博时代"的终结？——〈新媒体与当代中国政治〉导言》，《新闻大学》2018年第1期。

博、微信等基于人们社交需求开发出来的产品,在发展的过程中演变为涵盖内容、关系、服务与产品的平台,在分流用户注意力和商业客户广告投放量的同时,也给传统媒体的转型和变革带来了可能。

目前,主流媒体在微博上覆盖用户超过 5 亿,累计覆盖超过 15 亿人次;@人民日报、@央视新闻、@新华视点三家央媒是其中的佼佼者,粉丝规模遥遥领先,2017 年 7 月至 2018 年 6 月各媒体账号发博量 259 万,阅读量高达 4100 亿以上。[①] @人民日报在 2019 年 11 月 24 日,粉丝数量超过 1 亿,发博数量超过 10 万条。在众多媒体机构微博中,特色鲜明,独树一帜。

## 一　媒体微博的功能价值

我国传统主流媒体以往的优势在于报道的可信度和权威性,但很难超越的是自身在生产和传播环节所面临的时间和空间的限制。虽然互联网出现之后,时效性和容量都得以提升,但依然是一种精英式的、单向性强的传播。微博出现之后,给传统媒体的内容生产与传播都带来了新的机遇。

### (一)弥补传统媒体不足

微博在发展初期,有 140 字的容量限制,但是通过加入链接、发头条文章等方式,使博文可以扩充至几千字甚至更长。从信息表现形态而言,文字、图片、音频、视频、动画、图表等,皆可充分发挥各自优势,充分提高内容的表现力;从内容发布时间而言,可以随时随地发布信息,改变原有的信息发布滞后性的问题;从信息源角度而言,媒体微博可以拓展信息源并实现与网民的双向互动。相比于微信公号,微博的媒体属性更强,且不受发布时间和频率的限制,更容易拓展传统媒体在新媒体端的影响力,延伸品牌效应。

---

① 新浪数据中心:《2018 新浪媒体白皮书》(https://data.weibo.com/report/reportDetail?id=423&sudaref=www.baidu.com&display=0&retcode=6102)。

## （二）改变风格，传递正能量

传统媒体在新媒体平台的定位和语言风格等可以与"母体"不同，文风可以更活泼，内容选择标准可以更"软"，更个性化。那些不适合或者不方便在传统媒体上刊登的内容，可以在微博平台传播。2012年7月28日晚，"@人民日报"登载了北京暴雨中感人至深的志愿者画面，配发以"你好，明天"开头的微博，深情地评论道："你所站立的地方，正是你的中国。你怎么样，中国便怎么样。你是什么，中国便是什么。你有光明，中国便不黑暗。"话语感人至深，兼具启发性与号召力。实时的态度和情感表达，更容易打动人心，凝聚人心。

## （三）构建新媒体传播矩阵

微博与微信、新闻APP、抖音、快手等可以实现跨平台的传播，有利于媒体构建自己的传播矩阵，通过一次生产，多次分发，真正实现"全程媒体、全息媒体、全员媒体、全效媒体"。不同平台的用户分布存在差异，借助传播矩阵，可以实现用户的全覆盖和精准推送。

## 二 媒体机构微博的现状

《2019全国党报融合传播指数报告》指出，在调研的377家党报中，73.5%都设有微博账号，其中中央级和省级党报全部开设了微博账号，在诸多新媒体传播渠道中，微博在党报第三方传播平台中用户量最大，平均粉丝量接近145万，远高于党报在微信、聚合新闻客户端及抖音平台的用户量。

### （一）中央级媒体的新媒体矩阵脱颖而出

截至2019年11月底，@人民日报（人民日报法人微博）拥有1亿粉丝，位居各媒体首位，@央视新闻（中央电视台新闻中心官方微博）拥有9550多万粉丝，@新华视点（新华社法人微博）拥有8500多万粉丝，@中国日报、@光明日报等6家媒体微博账号的粉丝量也均超过千万。除了以报社、电视台为主体建立的账号以外，各家媒体还建立了自家的媒体矩阵，充分发挥旗下各版面/部门的内容生产优势，结合各平台的特质进行差异化传播。

**（二）信息发布频率高但影响力有限**

通过观察多家媒体微博账号，笔者发现多数媒体微博的博文，其转发量、评论量、点赞数往往不超过100。传播渠道的拓宽和时效性的提高并不必然带来媒体话语权的提升。究其原因，一是与部分媒体重视程度不够有关，如陈然和李艳梅所总结的，"媒介组织之间内容相互撷取变得容易，部分报纸微博放弃了传统媒体时代对高品质原创内容的坚守，在新闻产制过程中彼此观望和参考，过度依赖信息转载，尤其是对媒介意见领袖的内容跟随"；① 二是与微博平台内容的激烈竞争有关，众多微博账号在这一平台之上，进行平等地竞争，用户的注意力极度分散，赢得用户关注并维持黏性，难度不断增加；三是不同类型内容的吸引力有着天然的差异，传统媒体机构的内容生产有着自身的倾向性，而微博用户对于垂直领域内容的关注度较高，这在一定程度上影响着媒体账号的传播力。

影响力建立在激发用户兴趣与认同的基础上，否则容易仅停留在用户的选择性注意层面，距离影响用户的认知和态度还有一定差距。

**（三）内容同质化与碎片化共存**

微博的一键转发功能，加速了内容同质化现象，尤其是对于突发事件和热点事件，多家账号同期转发相同的内容，实质上是一种偏向性失实行为，不仅伤害媒体自身的品牌形象，也制约了公众对多源信息与多元观点的接触，造成信息生态的失衡，错失了建立媒体影响力的机会。② 一些媒体官微在无意中发布虚假新闻，用自家的公信力为虚假新闻"背书"，多家媒体官微基于对同行的信任而转发信息，加速了虚假信息的传播，损害了整个媒体行业的公信力，造成了不良的社会影响。

微博实时发布信息的优点，也带来了信息的碎片化呈现，既不利于用

---

① 陈然、李艳梅：《报业转型过程中报纸微博的责任履行与提升——基于2016年—2017年八家报纸微博的实证评估》，《文化与传播》2018年2月。

② 同上。

户掌握全貌，也容易造成传播的偏差。

### 三 提升媒体机构话语权的建议

拥有近5亿用户的微博，无疑是传统媒体机构转型和拓展影响力的重要平台之一，但是如何借助这个平台，延伸其话语权和品牌影响力，笔者认为可以从如下几个方面发力：

#### （一）强化新闻专业主义

就笔者观察的诸多传统媒体机构微博来看，公共议题所占比重并不高，微博运营者更倾向饮食、健康、名人等软性话题，互动话题多游离在医疗、教育、环保等公共议题之外，缺少对重大经济、文化、社会问题的关注；虽能以平等的姿态与用户交流互动，但缺少对于用户理性思维的培育和引领。

在微博平台建立媒体的影响力，权威性、公信力、原创性是媒体机构的专业优势。越是信息真假难辨的情境，真实权威的信息和声音越是难得，在众声喧哗之中，以自己的专业性赢得用户的认可，在重大、突发、热点新闻事件中，重塑自己的核心优势，应是未来应有之义。

#### （二）重视用户体验

海量的、碎片化信息在给用户带来选择自由的同时，也增加了选择的难度，传媒机构可以在坚守已有的专业生产标准前提下，结合大数据等相关技术，对用户及其需求进行细分，了解核心用户、目标用户和潜在用户等在内容选择与体验方面的需求，从内容选择与呈现、有效互动等方面提升内容吸引力和服务品质。

#### （三）探索新旧媒体融合

习近平总书记在2018年8月21日召开的全国宣传思想工作会议上指出，要扎实抓好县级融媒体中心建设。微博的传播特质，决定了它可以在建设过程中发挥积极作用。微博的开放性和互动性，可以将县级媒体工作中的单向性宣传转型为重视并听取民意的双向互动；微博的开放性、即时性有助于加强地方的信息公开和舆情应对能力，在重要事件中让权威、主流声音占领传播高地。① 媒体机构的官微,可以实时地进行各种形态的信息发布,并与微信、短视频等新媒体渠道形成矩阵式传播格局,可以最大限度地精准覆盖目标人群,对于提高媒体机构话语影响力有着重要意义。

## 第二节 政务微博话语权研究

政务微博,指政府机构、组织及其官员实名开通的与政务活动有关的官方微博账户。② 一般都会经过实名认证,内容多涉及本部门或本行业信息。一般分为两类:常规性的政务微博和应对突发事件的政务微博。③

2009年11月2日,湖南桃源县政府在新浪微博开通账号"@桃源网",成为中国第一个政务微博。此后,政务微博账号逐年增加,2011年8月首届政务微博高峰论坛举办后,国家互联网信息办公室召开会议,鼓励党政机关和领导干部更加自信地使用微博,提升社会服务水平。④ 截至2011年11月,经过新浪网认证的政府机构及官员的微博账号已近2万个(其中政府机构微博超过1万家),覆盖中国所有省级行政区,扩展到政府机构的各个领域。⑤ 据此,2011年也被称为"中国政务微博元年"。国家行政学院教授汪玉凯认为"微博正在改变官方和公众的话语权整体格局"。

截至2018年底,经过认证的政务微博账号已增至17.6万个,其中政

---

① 《2018年度人民日报·政务指数微博影响力报告》(http://www.chinapeace.gov.cn/site75/20190122/309c232ea3e81db11bd22d.pdf)。

② 晓明、奉婷:《我国政务微博参与公共管理的作用机理和条件初探》,《南昌大学学报》(人文社会科学版),2012年第6期。

③ 张宁:《微传播,微关系:对广东省三个政务微博的考察》,《现代传播》2013年第4期。

④ 吴闻莺、蔡尚伟:《中国微博规制模式演变、效果及创新机制研究》,《中共天津市委党校学报》2015年第5期。

⑤ 卢国强:《"中国政务微博元年":草根力量互动政府变革》(http://news.sohu.com/20111213/n328813575.shtml)。

务机构微博 13.8 万个，总阅读量达 3800 多亿，①在线政务服务用户规模达到了 3.94 亿，占总体网民的 47.5%，政务服务成为不可忽视的上网需求。②众多账号的持续运营，是政府部门话语权的体现，对社会治理也有着重要的价值。

## 一 政务微博的功能价值

微博是一个信息发布与互动沟通的平台，具有政务公开、形象宣传、官民互动、为民服务、舆论监督、舆情应对等功能，是各政府部门适应舆论环境，拉近与群众之间距离，提高政府声誉及公信力的有效平台，对"政府政务公开、公共管理工作发挥着重要作用。"③

《2018 年政务公开工作要点》专门提到要用好"两微一端"平台，"做好信息发布、政策解读和办事服务工作，进一步增强公开实效，提升服务水平。"相较于传统公民参与形式和其他新媒体平台，政务微博是当前成本最低、风险最小的政府治理工具。④2018 年 12 月 27 日，《国务院办公厅关于推进政务新媒体健康有序发展的意见》，明确指出政务新媒体是党和政府联系群众、服务群众、凝聚群众的重要渠道，是加快转变政府职能、建设服务型政府的重要手段，是引导网上舆论、构建清朗网络空间的重要阵地，是探索社会治理新模式、提高社会治理能力的重要途径。⑤

综合上述政府文件以及政务新媒体的发展实践，笔者认为政务微博具有如下几大功能：

---

① 中国新闻网：《全国政务微博达到 17.6 万个　全年阅读量超 3800 亿》（https://baijiahao.baidu.com/s?id=1623349447366785476&wfr=spider&for=pc）。
② 中国互联网信息中心：《第 43 次中国互联网络发展状况统计报告》（http://yuqing.people.com.cn/NMediaFile/2019/0121/MAIN201901211335000329860253572.pdf）。
③ 人民网舆情监测室：《2017 年政务微博报告》（http://yuqing.people.com.cn/n1/2018/0122/c364056-29779600.html）。
④ 陈呈、靖鸣：《政务微博满足公民知情权的困境与路径》，《新闻爱好者》2018 年第 7 期。
⑤ 《国务院办公厅关于推进政务新媒体健康有序发展的意见》（http://www.gov.cn/zhengce/content/2018-12/27/content_5352666.htm?trs=1）。

### (一)推进政务公开,进行解读回应

2013年10月,国务院办公厅印发《关于进一步加强政府信息公开回应社会关切提升政府公信力的意见》,首次将"政务微博微信"明确为继政府发言人制度、政府官方网站后的第三种政务公开方式和渠道,并专门指出各地区各部门应积极探索利用政务微博、微信等新媒体,及时发布各类权威政务信息,尤其是涉及公众重大关切的公共事件和政策法规方面的信息,并充分利用新媒体的互动功能,以及时、便捷的方式与公众进行互动交流。①

以微博为代表的政务新媒体,可以传播党和政府的声音,做大做强正面宣传,巩固拓展主流舆论阵地。各部门的相关工作信息和政策法规,除了依赖于大众传媒,政务新媒体的账号也可以直接进行及时发布、解释。直接传递信息,提高了政务机构的主动性和选择空间,使之可以与用户实现直接的沟通,推动信息公开和服务公开,对于塑造部门形象有着积极作用。

### (二)汇集民情民意,化解舆情风险

用户的知情权、表达权、参与权和监督权,可以借助微博得到实现与满足。此外,政务微博也是政府部门进行舆情回应、引导的重要渠道。对于网民关注的热点事件、突发事件,政务微博可以根据事态发展和处置情况及时回应,公布真相,表明态度,澄清谣言,引导舆情,凝聚共识,增强认同感。十万多个政务微博账号,可以看作是政府部门在微博等新媒体端影响力的延伸。

作为政务微博的运营者,在实践中,可以通过科学分析网民的浏览与发布行为以及评论内容,更好地了解民情民意,为舆情应对、政策调整、优化工作思路等提供决策依据。围绕用户关注的热点以及疑惑,及时而有针对性地进行信息发布,以权威地位和真实信息,掌握话语解释的主动

---

① 《国务院办公厅关于进一步加强政府信息公开回应社会关切提升政府公信力的意见》(http://www.gov.cn/xxgk/pub/govpublic/mrlm/201310/t20131018_66498.html)。

权,巩固政府部门在突发事件中的话语权,强化政府公信力。

### (三)加强政民互动,创新社会治理

2018年12月国务院办公厅印发的《国务院办公厅关于推进政务新媒体健康有序发展的意见》,在提到微博等新媒体政务的"宣传""宣讲""传播""扩大受众面""提高影响力"等发布功能外,强调要"进一步增强公开实效,提升服务水平"。这意味着"政务新媒体"不仅仅是"媒体",更是服务平台,在服务中体现专业与信任。

作为网络端直接与用户互动的窗口,政务微博可以了解更多与本部门相关的反馈信息,知晓用户的困惑,进行及时、权威、精准的答疑解惑。政务微博帐号主体可以在熟悉本部门业务的基础上为群众服务,提高办事水平和效率,解决网民反映的问题,实现网上问政、网下管理的目的。还可以采用微联动、微直播、微话题、随手拍等多种形式,引导公众依法有序地参与公共管理、公共服务,共创社会治理新模式。①

### (四)开展网络监督,满足公民知情权

政务微博的监督功能,主要体现在两个方面:一是通过信息公开,接受网民和媒体的监督,改进工作作风,提高服务质量;二是借助微博的评论和互动功能,充分收集民情民意,实现全方位、低成本的社会监督。如多次获得新浪"全国政务微博十大应用奖"的@问政银川(银川市委办公厅和市政府办公厅的官方微博),就定位为"银川党务政务网络平台的工作专用微博,主要功能是督促督办,受理市民的一般性事务性投诉及重要事项,起到转发、监督的第三方作用。"②@廉洁德阳(四川德阳市纪委、德阳市监察局官微,曾用名@德阳效能、@德阳微督)的简介就明确提到"立足监督执纪问责",仅2012—2016年,该账号就全程公开办理、解决网友反映问题3000多件。通过对网友反映的问题调查核实,澄清"德

---

① 《国务院办公厅关于推进政务新媒体健康有序发展的意见》(http://www.gov.cn/zhengce/content/2018-12/27/content_5352666.htm)。

② 王思雪、郑磊:《政务微博战略定位评估——以"上海发布"为例》,《电子政务》2012年第6期。

阳房叔""红十字会虚开发票"等事件,查究"公车私用""上班违纪"等问题,问责 100 多人。①

网民的参与和监督,会敦促相关部门从内部进行业务优化或工作改进,长期来看,有利于化解社会矛盾,满足公众知情权,促进相关政府部门及公务人员的工作态度与业务能力的提升。

**(五)增强政治认同,激发社会责任感**

政务微博账号数量的激增,一方面是新浪出于发展需要的扶持,另一方面也与相关部门对微博空间的传播效果的判断有关。微博数亿用户的"自由"发言,加剧了谣言和低俗信息的生产数量和传播速度,一些信息不同程度地降低或稀释了主流意识形态和价值观的传播效果。诸多政务微博账号的开通与高质量的信息发布与日常运营,在一定程度上也是官方展示自身形象、赢得话语主动权的一种方式,尤其是公安、消防等与民生等密切相关的行业。如果将之与人民日报、新华社、央视等媒体的传递社会正能量、弘扬主流价值观等联系起来,二者相呼应,就能更好地传递政府为民服务的信息与态度,对建立良好形象、提升公信力有着重要的价值。

例如@湖南公安,仅 2018 年就带领全省 260 家公安微博矩阵成员完成 23 次在线跨国救助、侦破刑事案件、解救误陷传销窝点群众、解救轻生网民、打击非法狩猎、搜寻走失人员等 522 起 O2O 类案例。②这对传递社会正能量、彰显为民服务的态度具有重要作用。

总体而言,政务微博兼具媒体功能、社交功能和政务功能。从媒体功能而言,政务微博账号通过各级各类政府部门的专业工作的宣传与展示,赢得更多社会力量的支持,从幕后走到前台,宣传部门工作,彰显服务意识与人文情怀,在关键时刻,澄清事实真相,表明态度,回应质疑,掌握了话语的主动权与信息的解释权;从社交功能而言,与网民平等互动,了解用户心声与需求,可以优化服务,提升政府部门的专业性与公信力;从

---

① 王巧:《"德阳效能"更名"德阳微督"》(https://www.dyfcw.com/html/news/201604/564090/564090_1.html)。

② 黄楚新、郑智文:《当前我国政务微博的发展特点及趋势》,《中国记者》2019 年第 4 期。

政务功能而言，则可以实现政策的及时解读，拓展网络服务功能，提供更有针对性的服务指引，切实解决群众办事难的问题。日常运营中的服务意识、亲民意识，有助于关键时刻中的舆情应对与舆论引导，赢得话语主动权和信任感。

## 二 政务微博的现状

历经10年发展，政务微博账号数量逐年增加，精心运营的政务微博账号以认真、敬业、勤奋的态度，充分发挥专业优势，拥有了一定的话语权力，在信息公开、政民互动、舆情应对等方面取得了不错的成绩。它在释放社会话语权的同时深化了社会管理动员，丰富了社会管理渠道，有效地化解了社会管理中出现的矛盾与冲突，但政务微博也因公众的虚假认同、裂变性信息传播和不正确动机等原因，使得政府治理难度加大，政府管理风险增加，导致社会管理步入"碎片化"困境。[①]

《2018年度人民日报·政务指数 微博影响力报告》提到，政务微博"在政务公开、政民互动、规范运营方面均有明显提升。政务公开方面，政务微博形成科学的突发事件快速响应机制。服务方面，继续提升矩阵联动和线上线下联动能力，提高处理效率。运营能力方面，政务微博通过创新表现形式、跨领域联动名人等方式，不断丰富宣传形式、扩大宣传效果、提高链接公众能力"。[②] 不可否认的是十万多个政务微博账号在扩大政府话语权方面的积极作用，尤其是在舆情应对方面，对强化政府部门公信力，把握话语主动权具有重要作用。但如果总览全局，却发现存在结构性失衡，呈现"双金字塔"分布。

### （一）政务微博分布的结构性失衡

政务微博不仅覆盖全国各省（自治区、直辖市），而且在公安、团

---

[①] 黄晓圆等：《政务微博在创新社会管理中的作用研究——政务微博话语权研究系列之六》，《长春理工大学学报》（社会科学版）2014年第1期。

[②] 人民网：《2018年度人民日报·政务指数 微博影响力报告》（http://yuqing.people.com.cn/NMediaFile/2019/0121/MAIN201901211335000329860253572.pdf）。

委、法院、气象、新闻办等部分垂直领域实现了多个省份和不同层级的合纵连横。但是在发展迅速、影响力凸显的现状下，若全面考察全国的政务微博，笔者发现其间存在着结构性的失衡，这种失衡主要体现在以下几个层面。

1. 地域性失衡

从地域分布来看，我国开通政务微博账号数量在9000个以上的省份有4个：河南、江苏、四川、广东，其中河南是唯一数量过万的；开通数量在1000以下的是：海南、青海、西藏和港澳台。排名前5位的省份，开通的微博账号数量合计约占总数的三分之一。在《2018年省份政务微博竞争力排行榜》中，排名靠前的基本上也是开通数量比较多的省份。

分省政务机构微博分布

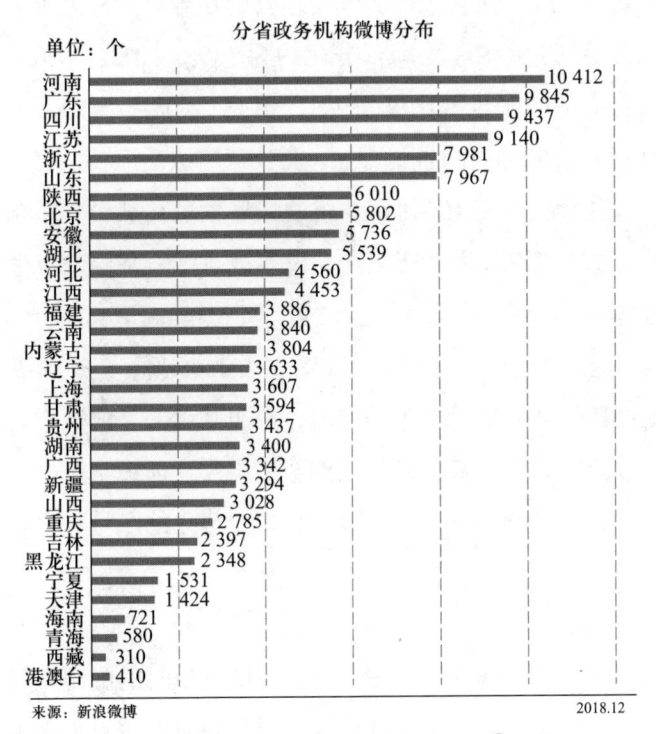

| 省份 | 数量（个） |
| --- | --- |
| 河南 | 10 412 |
| 广东 | 9 845 |
| 四川 | 9 437 |
| 江苏 | 9 140 |
| 浙江 | 7 981 |
| 山东 | 7 967 |
| 陕西 | 6 010 |
| 北京 | 5 802 |
| 安徽 | 5 736 |
| 湖北 | 5 539 |
| 河北 | 4 560 |
| 江西 | 4 453 |
| 福建 | 3 886 |
| 云南 | 3 840 |
| 内蒙古 | 3 804 |
| 辽宁 | 3 633 |
| 上海 | 3 607 |
| 甘肃 | 3 594 |
| 贵州 | 3 437 |
| 湖南 | 3 400 |
| 广西 | 3 342 |
| 新疆 | 3 294 |
| 山西 | 3 028 |
| 重庆 | 2 785 |
| 吉林 | 2 397 |
| 黑龙江 | 2 348 |
| 宁夏 | 1 531 |
| 天津 | 1 424 |
| 海南 | 721 |
| 青海 | 580 |
| 西藏 | 310 |
| 港澳台 | 410 |

来源：新浪微博　2018.12

图6-1　分省政务机构微博分布①

---

① 人民网：《2018年度人民日报·政务指数　微博影响力报告》（http://yuqing.people.com.cn/NMediaFile/2019/0121/MAIN201901211335000329860253572.pdf）。

## 2. 行业性失衡

从行业类型看，政务微博也存在失衡现象，共青团和公安系统账号数量多、粉丝规模大、发文频率高，拥有较强的话语权，而财政、工会、航运、民政等部门则相对弱势。《2018年度政务微博影响力分榜》，按照传播力、服务力、互动力、认同度四个指标进行综合计分，最高的@中国警方在线分数为93.15，其中全国二十大中央机构微博榜单中，前十名都在81分以上，54个分类别中，财政、工会、航运、民政、审计等方面的第一名，其分数都在60分以下。

## 3. 层级性失衡

2016年，一项对全国（不含港澳台）20多个省的省内百强账号的研究发现：省级、市级、区县级政府部门运营的账号，其进入省内百强榜的平均比例大致为1∶4∶2（平均百分比约为13%、60%、29%），而街道/村镇乡级政府部门的账号占比仅为2%，几乎"缺席"省内百强榜，其中14个省无任何基层账号入围省内百强。相比于市级政府部门官微数量和影响力的增加，区县级、街道/村镇乡级的账号数量在减少，影响力衰微趋势明显。[①] 这种层级性失衡状态至今也没有被打破。基层政务微博运营的动力和活力都不足，甚至出现了不少"僵尸"微博。

全国政务微博的格局，依照行政级别（中央级——省部级——地市级——县处级——县处级以下）的维度，按照开设账号的数量看，呈金字塔形；按账号的影响力而言，则是呈倒金字塔形，即级别越高，开设微博账号的数量越少但是影响力更大，级别越低，建立的账号数量越多，但是影响力甚微。

## 4. 状态性失衡

主要体现在日常微博发布状态和热点事件发生时的微博发布状态。平日里，基层政务微博帖子内容被评论和转发的数量较少，很多不足10条，

---

① 朱燕：《基层政务微博陷窘境　地市级应扛起政务发展大旗》（http://yuqing.people.com.cn/n1/2016/0519/c364056-28363551.html）。

但是一遇到热点事件，会出现短暂的"群体性围观"态势，大量的转发和评论形成了裂变式的传播，使得事件相关部门或官员成为热点。例如济南中院官方微博直播薄熙来案庭审，庭审当天新浪微博平台"@济南中院"的粉丝从早上 8∶00 的 4.7 万迅猛增加到 17∶00 的 30 万，截至当天 18∶00 共发微博 65 条，微博转发总量达 228 573 条，微博热议度达 155 697。

## （二）政务微博运营效果的"马太效应"

笔者梳理了历年的《政务微博发展报告》后发现，各省、各级、各类部门的政务微博运营状况和传播效果存在较大差异，呈现明显的"马太效应"。那些重视微博运营、与网民日常生活密切相关的部门，多能以较高的频率发布信息，以平等服务的态度、简洁朴实的文风为民服务，实现微博从发布、互动、问政到行政的功能提升。而诸多出于行政命令而开通的账号，流于形式，"不务正业"，过度卖萌，多转发少原创，或者长期停更，鲜有人关注，徒有其名。鉴于此，《2018 年政务公开工作要点》提出，"对维护能力差、关注用户少的可关停整合"。

那些连续多次出现在《微博影响力报告》中的微博账号，与所属部门的重视和为民服务的态度密切相关，如以问政为特色的 @问政银川，通过信息转办的方式，直面公众的利益诉求；同时通过督导的方式，促使政府各职能部门、公众和各利益相关方以合作的方式被召集在一起，并在这个平台上以彼此满意的方式来解决具体问题，[①] 连续多年获全国政务微博大奖。

对于那些没有或者不重视政务新媒体的政府部门而言，缺少了塑造自我形象和面对公众质疑时的主动性和权威性，某种程度上相当于对自我话语权利的一种放弃，在网络传播的大背景下，是一种遗憾。

---

[①] 孟川瑾、卢靖：《基于新公共服务的政务微博运行机制——"@问政银川"案例研究》，《电子政务》2016 年第 4 期。

### 三 提升政务微博话语权的建议

2019年5月22日，中央纪委国家监委网站发布文章，批评近年来部分政务新媒体仍然存在信息发布不严谨、建设运维不规范、监督管理不到位等突出问题，出现不顾形象娱乐追星、主观泄愤回怼网友、雷人雷语影响公信力、信息失真误导舆论等现象。并提到此类现象时有发生，对党和政府的公信力造成不良影响。文章强调，有关（政务新媒体）运营者务必要提高政治站位，加强监督管理，提升专业技能。①

日常信息发布的懈怠，会使得必要时的辟谣变得尴尬和被动，也会让人怀疑相关部门的敬业精神和服务意识。从长远看，并不利于话语权力的实现，消耗和透支的是信任，传播的是负面效应。

#### （一）政务微博话语权实践的制约因素

如果将众多的政务微博看作是政府管理的触角的话，开通账号与实现话语权之间，还是有一段漫长的距离。开通账号，只是实现了政府部门面向社会公众进行信息传递的第一步。要实现话语权力，需要对内容的精心选择、了解用户需求、通过各自的信息和服务获得用户的认可、信赖，尤其是在热点事件和特定信息的传播中。

一般地，政务微博的实用性和服务性，都是通过主动的信息发布、精准的答疑解惑和有效的互动等来实现的。如果疏于内容的发布与账号的运营，则很难掌握话语的主动权，更别提影响力了。

1. 内容吸引力不足

吸引力来自于内容本身（如信息量、实用性、趣味性等）及其呈现方式、发布时机与频率等因素。相比于厅局级以上微博账号频繁的更新，基层政务微博更新较慢、信息量较小。内容吸引力不足 → 粉丝增长缓慢 → 缺乏更新动力 → 掉粉 → 懒得更新，这样的恶性循环最终使话语主体处于

---

① 《娱乐追星、怒怼网友、强制点赞……政务新媒体不能如此任性！》（http://www.ccdi.gov.cn/yaowen/201905/t20190522_194415.html）。

传播弱势地位，等到需要向公众发布一些重要信息的时候，会发现话语权被挤压，进而陷入回应质疑的被动境地。有些政务微博账号，徒有其表，一个月只更新几条，既没有实质性的信息，也缺乏互动的意识和态度，形同虚设，根本无法做到扩大与提升本部门的话语权。

2. 负责人态度保守

虽然开通了官方微博，但是对于网络、网民的态度，部分官员还处于保守、害怕的状态，生怕不恰当的言论或内容会将自己置身于舆论的漩涡之中。此种心理，使得他们对微博的运营积极性不高，缺少开拓精神，宁愿天天发布一些无关紧要的官话套话，也不愿意花心思去考虑如何借助这一媒介提高办事效率。而官方微博的主管领导对于网民的"众声喧哗"的包容程度，对于特殊事件的处理能力等，则会直接影响到政务微博的信息公开程度和对特殊事件的处理能力。

3. 互动意识不强

微博的互动能力，一方面体现为能否围绕"粉丝"的需求和兴趣点设置内容，进而激发网友的生产性行为，如主动参与转发、评论和私信等；另一方面体现为直接与"粉丝"通过私信沟通、答疑或回应"粉丝"的评论等。目前，不少政务微博账号的运营多由本部门的文职人员担任，他们熟悉部门业务，但缺乏传播的专业知识、与粉丝互动的意识和技巧，容易引起粉丝的负面评价甚至批评与质疑。尤其是在一些与本部门工作有关的危机事件中，丧失话语主动权，增加后续辟谣和解释工作的难度。

4. 运营维护动力不足

运维动力不足，其成因大致有两点：一是兼职运营人员的考评机制不利于激发其积极性；二是传播效果不明显带来的职业倦怠。位列各种政务微博榜单前列可以算作是一种外部的激励，内部激励机制和用户反馈的缺失，在某种程度上会影响运营者的积极性和主动性。

实践中，也存在是否需要每个部门都要开设一个政务新媒体账号的讨论。2019年4月，浙江省长兴县宣布全县220多个镇级、村级政务类微信公众号全部停运，湖南省宁乡市135个政务网络平台发布停更注销公告,深圳和江苏也关停了不少政务新媒体账号。多年发展之后,政务新媒体的运营也应该进入内涵式发展阶段,而非强调数量而忽视账号的网络影响力。

**(二)对提升政务微博话语权的几点建议**

2019年4月,国务院办公厅发布了针对政府网站和政府系统政务新媒体进行检查的《政府网站与政务新媒体检查指标》,与针对各省(区、市)人民政府办公厅和国务院有关部门办公厅(室)的《政府网站与政务新媒体监管工作年度考核指标》。同时,国务院办公厅还将每半年对全国政府网站及政务新媒体的运行情况进行抽查,每年度对有关监管工作进行考核,旨在推动全国政府网站和政务新媒体从"合格达标"迈向"规范优质",以期更好地回应百姓诉求,方便群众办事。

除了直接的运营部门,作为政府网站与政务新媒体的主管单位也要接受年度监管工作的考核,以期督促地方部门切实做到各司其职,担当有为。除了上述来自主管部门的考核评价之外,用户是否满意、信任等,也关乎政务微博等新媒体的话语权力的实现与传播目的的达成。

考核指标给出了重要的发布和运营层面评测标准,但若要实现更好的传播效果,还需要重视如下几个问题:

1. 增强内容吸引力

内容与态度是政务微博实现话语影响力的关键。内容的选择关乎账号的粉丝规模,而这是实现影响力的基本条件。运营得当,可以在群众中建立良好的影响力、信任感和认同度。但是应付式的账号运营反倒会适得其反。为此,政务微博运营者应熟悉本部门的专业内容,在分析用户需求的基础上,加大原创内容比例,适时策划兼具专业性与实用性的选题,探索多样化的信息表现形式,以行业矩阵、借力传播等方式,扩大信息的传播范围,提高用户的关注度,以专业的话语表达实现部门或者行业话语权的提升。

2. 提高回应精准性

政务微博粉丝的关注目的偏向于实用性,如果能在答疑解惑的时候,给予必要而准确的回应与答疑,对于维护粉丝忠诚度大有裨益。随着社会的快速发展，普通人的生活半径和信息需求不断增加，需要仔细了解的各项规定和政策也日益增多，而政务微博则成为一个便捷的获取官方解读和答疑的有效途径。积极而准确的回应，在提高为民服务质量的基础上，也体现了政府机构的服务意识，有助于塑造可信的部门形象。长远来看，对于社会治理、增强政府公信力也有着积极意义。

3. 优化制度建设

如果重视并想切实发挥政务微博的重要作用，最好安排专门人员来负责运营工作，建立适合本部门的信息发布流程、明确的组织结构、绩效考核制度、监督运营制度，逐步建立岗位日常规范和部门协调机制，重视数据库系统建设，及时发现用户需求与反馈信息。部分将账号运营外包的政府部门，也需要建立考核制度，不能将政务微博的运营全部假手于人，关键时刻的回应与舆情的处理，不仅仅是信息发布工作，毕竟还与专业工作等相关。

历经十年发展，政务微博在政务信息公开、增加官民互动、及时回应社会关切、实时舆论监督与舆情监测等方面取得的成绩有目共睹，尤其是在公众关注的热点事件中。澄清谣言、准确表态，对于塑造部门良好形象，提高政府公信力和话语权具有重要的意义。

实践运营过程中，不同级别、区域、类型的账号在开设数量、粉丝规模、内容运营等方面存在着失衡的特点。掌握更多话语主动权，获取民众认可，建立专业影响力，凝聚社会力量，增进社会共识，可以看作政务微博运营的长远目标。但这一目标的实现，有赖于对政务微博（新媒体）的良好策划与运营。话语表达、双向互动、关系矩阵、亲民为民的意识是以微博为代表的政务新媒体实现话语权不可或缺的因素。

## 本章小结

以媒体机构和政务机构为代表的专业机构微博，在一定程度上，是党和政府网络影响力的拓展与延伸，承担着传播主流意识形态、弘扬社会正能量的功能。微博等网络新平台的内容经营，既关系到两者在移动互联网时代与用户之间连接关系的建立，也是彰显自身专业性、延伸话语影响力的重要方式。话语权实现的基础是建立人与内容之间的有效连接，并在纷繁的传播格局中确立自己的地位并赢得传播的主动权，具备阵地意识和传播实力，长远来看，对于增进社会共识、凝聚人心有着重要作用。得益于传播渠道的互联互通，二者可以实现传播中的相互支持，在复杂的传播格局中传递主流声音，引导舆论，促进社会整合与科学管理。

数十万个专业机构的微博账号，既是机构自身话语权的实现基础，也是党和政府传递主流声音、拓展话语权的一种有价值的探索。常态下的多形态宣传、重要事件中的及时回应与释疑，有助于掌握话语权力的主动性，为赢得网民的信任、认同与支持而积累资本，增强政府各部门的公信力和凝聚力。

# 第七章　关于明星话语权的思考

明星，以前多指电影明星，由演员本人、银幕角色、人格面具以及明星形象四个部分组成①，也是由传媒及其背后的文化资本共同创造，是媒体与消费合谋的产物，是媒体高强度、高密度宣传的结果。②理查德·戴尔指出，明星是"由媒体文本制造出来的，通过公共场合下的形象，宣传推广材料，电影（笔者认为包含影视作品等）本身以及学术批评和大众评论相结合的产物"。③

当下，微博平台的明星多指演艺明星。明星之所以成为明星，离不开大众媒介的精心包装和规模化宣传，人们从明星身上看到了世俗意义的成功与光鲜以及精心包装后所呈现的"完美"，获得了情感或窥私层面的满足，进而形成持续的喜欢与关注。

新浪公司在博客推广中采用的"名人、明星战略"也印证了明星在网络上的影响力。这一战略在微博的推广期被沿用，并取得了不错的营销效果。

从粉丝数量来看，多位明星粉丝数量过亿（谢娜、何炅等），相比于@人民日报、@新华视点、@新浪新闻等，粉丝数量更多。2018年12月微博V影响力峰会发布的数据显示，当年娱乐明星微博粉丝总计167亿人

---

① ［美］吉尔·尼尔姆斯：《电影学入门》，陈芸芸译，韦伯文化国际出版有限公司2006年版，第273页。
② 张晨阳：《"迷文化"：新媒介环境下的价值审视》，《中州学刊》2011年第6期。
③ ［英］理查德·戴尔：《明星》，严敏译，北京大学出版社2010年版，第56、70页。

次，比 2017 年增加了 39 亿人次。

明星与微博，不仅仅是信源和平台的关系，更是一种商业合作关系：明星需要微博这样可以直接"掌控"自由度的开放式媒介进行形象建构，实现自我宣传与商业价值；微博则需要明星吸引海量用户尤其是年轻用户的关注和参与，为其商业模式的开发提供基础。

## 第一节 被放大的明星话语影响力

### 一 直接发言，掌握发布主动权

明星直接发布的信息，可以满足用户和粉丝的猎奇心理，可以选择更多的"后台信息"予以呈现，使粉丝在即兴的亲昵感中获得虚拟的亲密[①]，拉近与粉丝之间的距离，扩大自我宣传的信息量和自由度，满足粉丝们的好奇心。而且自带话题，降低了对于大众媒体的依赖，可以自主地选择发布内容、时间和频率，增加曝光量和内容吸引力，尤其是在其作品需要市场推广的时候。

相比于严肃的时政新闻、法律、医疗、金融等专业信息，与明星有关的信息基于现实的粉丝基础更容易引发用户讨论且基本没有讨论的门槛，任谁都可以发言，极高地激发了用户的参与热情和表达欲望。

### 二 精选内容，实现议程设置

明星们可以在微博平台自由选择内容并更容易地进行议程设置，全面掌握宣传的议题和资源，而粉丝们的忠诚与加持更是极大地增强了内容的传播力。

#### （一）目标清晰，更新频繁

明星们对自己的作品、日常生活、兴趣或情感、代言的商品，甚至于部分个人隐私有选择地进行发布，也是其吸粉并拉近与粉丝间距离、营造

---

① 殷乐：《"八卦新闻"之流变及传播解析》，《新闻与传播研究》2011 年第 4 期。

虚拟亲切感的主要手段。偶尔的互动更会被粉丝们放大并过度解读与阐释。明星们的主动呈现还在一定程度上满足了粉丝的想象。

明星们基于商业和宣传目的精心选择自己的官微内容，用一整套视觉语言和符号塑造自己的形象，通过展示更多的"私密性"内容实现与粉丝的交流与互动，即使这种互动是单向的、是伴有一定的商业目的。很多明星会在微博上推广自己所代言的商品、所参与的影视作品。

### （二）内容丰富，表现活跃

据笔者的观察，明星们的微博内容 7 成以上与个人生活和工作有关，具体涵盖了家庭、友情、旅游、美食、运动休闲、兴趣爱好、工作宣传等，与公共议题有关的内容所占比例较低。

明星们微博的活跃度较高，主要体现在两点：一是发文频率较高，二是同行间的互动较多，这种拥有海量粉丝的明星之间的互动，更容易形成话题，引发二次传播。简而言之，明星的微博话语影响力基于先天的光环和行业特质以及拥有强大传播能力的互动伙伴。

### （三）自带话题，长于建构

明星自身特质决定了他们更容易吸引众人的关注，更容易成为大众话题的提供者，与他们有关的内容（尤其是图片、视频等表现形式的信息）更契合粉丝们的"窥探"欲和审美倾向。微博的自主式表达，打破了明星的前台和后台之间的界限，可以使明星更为自主地进行自我形象的塑造和建构，在消除神秘感、增加亲近感的同时，拉近与粉丝的距离，保持宣传的高频率和内容的多元性。明星本人及其作品的相关议题，除了吸引用户关注外，还会引发各路媒体的主动关注，这无疑也是微博、明星、媒体的三方共赢。

## 三 话语转化，凸显粉丝能量

与普通微博用户话语权利转化为话语权力的路径不同的是，明星们的粉丝不仅仅是普通的微博关注者，而且他们对明星拥有较高的忠诚度，也是最积极、最主动、最活跃的阅读者和消费者。必要的时候，他们会抱团，声援或者直接表态，或者自发组织必要的行动，哪怕未经明星本人的许可与默认。

普通人的话语影响力与其微博内容本身能否唤起大众的共鸣有关,而明星则不同,更多地与其个人身份有关,粉丝的行为具有非理性,但又具有活跃度高、忠诚度高、参与度高的特征。

### (一)发布诉求,促成事件解决

明星使用微博,固然与其职业诉求和个人事务相关,具有宣传和商业属性,但得益于明星个人的影响力,一些普通人通过网络表达很难解决的事情,会很快得到回应或者解决。经由他们转发的公共事件,传播效果极为显著。① 这在客观上体现了明星话语权的正面功能。

2017年10月9日晚9点40分,韩雪通过个人新浪微博账号发文"携程在手,看清楚再走",控诉携程机票订购中存在捆绑消费现象,引发2万多次转发,3万多个评论,众多网民在主动扩散该抗议的同时也纷纷谴责携程公司。10月10日早上,中国消费者协会表示将对此事展开调查。10月12日,携程公司悄悄地修改了订票页面,将潜藏的捆绑消费改为消费者自愿选择。其实,携程公司捆绑消费的情况,在此之前也有不少消费者控诉,中国消费者协会也早已对其展开调查,但是携程并未就此做出实质性改变。但韩雪微博控诉之后3天,携程便迅速修改了订票页面,在一定程度上体现了明星的话语影响力。

### (二)参与公益,扶助弱势群体

明星们在微博平台拥有较多的粉丝,且粉丝的关注度和活跃度较高,粉丝对自己喜欢的明星的认可度和支持度也较高,所以容易产生行动上的支持。参与公益活动,既有利于展示明星作为公众人物的社会责任感,也有利于其塑造更好的公众形象,客观上,也为需要帮助的群体提供了帮助。明星通过微博参与公益的实践,大致有两种形式:一是明星直接代言和参与并通过个人微博账号进行分享;二是通过个人微博发布有关公益的内容,以其自带流量的传播特质,引发更多的关注与支持。

---

① 朱燕丹、靖鸣:《娱乐界大V的传播行为与影响力研究》,《新闻爱好者》2015年第6期。

### （三）积极互动，彰显明星影响力

不同于普通微博用户与关注者的关系，同一明星的微博粉丝拥有更多的共性，其中最核心的是对明星本人及其作品等的偏爱与认同，这无形之中使他们具有天然的凝聚力和号召力。

忠实的粉丝还会成为有组织的力量，他们制作的创造性文本吸引着越来越多的人参与。2014年8月19日，吉尼斯世界纪录和微博共同宣布，鹿晗在2012年9月20日转发的来自曼彻斯特联队球迷俱乐部的单条微博获吉尼斯世界纪录"微博上最多评论的博文"称号。该微博下方的1300多万条评论，源于鹿晗的粉丝们在七夕节当天发起的集结1314万封"微博情书送鹿晗"活动。王俊凯在2014年生日时发布的一条微博，到2016年11月转发数超过1亿，2018年2月转发数超过3亿，是目前微博舆论场中唯一拥有3条过亿微博转发的艺人，成为吉尼斯纪录"微博之最"。

### 四 构建形象，获取粉丝认同

与普通人赢得粉丝关注的方式不同，明星们通过自己的影视作品及相关的宣传活动吸引更多粉丝的关注。他们的话语影响力并不来自于文字的表达，更倾向于视觉传播和话题传播。

精心修饰的妆容，与场景契合的服装、表情等，经过专业人士的包装与拍摄，以最佳的效果呈现在各自的微博账号上，更容易激发用户的关注，维持其热度，也给粉丝们提供了互动的话题或者"表白"的机会。如谢娜（截至2019年底，拥有1.24亿粉丝，微博粉丝数第一）的微博，其定位和图像个性鲜明。锦鲤、喜神的标签，辅之以大量的个人高清照片，表情丰富，传递的是欢乐与美丽，深受粉丝喜爱。她所主持或参与的节目的片段或截图，也是其微博内容的重要组成部分，通过精心选择和拍摄的照片，展现了谢娜多才多艺、精灵搞怪、善解人意的一面。

演艺明星们的影响力借助于自身形象和作品，可以延伸至微博，专业的形象塑造与内容发布，奠定了这一群体在微博端的超级影响力。

## 第二节 以明星为核心的"狂欢"与泡沫

当下社会节奏加快,人们的压力增加,需要通过各种娱乐方式减压,除了现实中的各种减压方式之外,满足好奇心和猎奇心理、窥探别人的生活和隐私也成为一种便捷的减压方式。

明星微博充分满足了关注者的好奇心与窥视感,也为用户的"狂欢"提供了话题与靶子。在展示自己的同时,也顺带进行节目宣传和商业推广。相比于直接展示的广告,不容易引起反感,在潜移默化中实现商业诉求。换句话说,明星成为一个具有商业价值的符号中心①,微博平台上的娱乐明星,更是如此。

### 一 自带光环:明星话语权的基石

明星在微博等社交媒体平台具备先天的传播优势,一来是明星"有一系列实体的特征,如脸蛋、胴体、玉腿、嗓音以及某种个性——还可以塑造成各种类型的人物",② 微博平台发布的话语、图像或视频,更具吸引力和传播力;二是基于其作品而产生的影响力可以轻松延伸至网络平台,并被不断扩大;三是微博新生代用户的崛起,使得新闻时政类话题的关注度有所下降,娱乐类话题的关注度有所提升。③

纵观明星的微博内容,多是个人影视作品、自身生活的展示,间或发布代言的商品。这个群体以被看和被消费来形成并维持其话语影响力。以它们为核心而形成的粉丝社群,对于增加明星的话语传播也起着推动作用。

---

① 蔡骐:《社会化网络时代的粉丝经济模式》,《中国青年研究》2015年第11期。
② [英]理查德·戴尔:《明星》,严敏译,北京大学出版社2010年版,第16页。
③ 张爱凤:《"围观"与表达——微传播中的"文化政治"参与》,《中国图书评论》2018年第10期。

## 二 主动曝光：设置议程的能力与动力

拥有议程设置能力的"微博热搜"屡屡会看到与明星有关的议题，热搜榜榜单由若干个不超过 15 个字的标签构成，根据搜索量排行，也可以付费购买，可以看作是资本权力为话语、知识、符号与可视化标签所设计的社会关系生产路径。① 每 10 分钟更新一次的热搜榜，纵观其长久以来的内容，明星远比普通人更容易上热搜，登上热搜榜之后，又会吸引更多的用户出于好奇去阅读相关信息，引发瞬间的关注高潮。

明星私生活的变化、兴趣或者审美的呈现、作品的宣传和上映等，在粉丝群体中都会引发关注，动辄数万的转发量和评论量，体现了其对于粉丝的议程设置的能力。从商业价值而言，明星不论是为了保持高关注度还是为了履行商业代言的义务，都有更强的发帖动力。

## 三 粉丝簇拥：想象的连接

在没有社会化媒体之前，粉丝与明星之间的关系是一种单向的、远距离的关系。进入微博时代，明星拥有更多的话语自主权和信息选择权，容易形成与粉丝之间的"拟互动关系"。那些主动呈现给粉丝们的自拍照、小视频、问候语、感恩和致谢等互动，看起来意义极为中性和暧昧，却实实在在让参与者成功建立起一种共同的意识、仪式和"传统"。② 明星及其团队更熟悉与粉丝沟通的技巧，能更巧妙地与粉丝建构起一种亲疏得当的特定关系，营造出一种比肩而坐、自由畅谈的幻象。在分享熟悉事物或共同兴趣的同时，缩小双方的距离感，营造一种亲切而熟悉的氛围。微博粉丝与明星间形成了与现实社会关系相区别的"伪社会互动关系"，近距离狂欢

---

① 杨爽：《微博中明星的"人设"话语生产与主体构建——福柯"规训思想"阐释下的自由假象》，《新闻知识》2018 年第 2 期。
② 戴斯敏、曲天谣、杜子程：《全面直播的隐喻：后现代视角下青年重建社群的尝试》，《青年探索》2017 年第 3 期。

取代了远距离膜拜。①但不能忽视的是,这种连接是经由明星的精心构建和粉丝的想象合力完成的,本质上还是一种单向的不易被倾听和关注的想象式连接。借助于经纪公司为明星量身打造的标签化身份,凸显个人特征和拉近与粉丝的距离,最终实现以资本获利为中心的审美控制。②

### 四 粉丝较量:烘托明星话语权

选择关注不同的明星,一定程度上是个人喜好,但也伴随着情感依赖和认同,同一明星的忠诚粉丝更容易形成一个利益共同体,在必要的时候,维护自己喜欢的明星的形象和口碑,这就改变了日常二者之间看与被看的关系。粉丝一般通过"控评"③、"轮博"④等行动来表达对明星的支持与爱护。当明星之间发生摩擦的时候,粉丝们也会分成不同的派别,在微博上公开对话或者掐架,甚至引发粉丝双方甚至多方之间的话语冲突。而这种冲突是为了维护自己偶像的形象,但其间常常伴随着谩骂和冲突,甚至上升到人身攻击,导致网络语境混乱不堪。⑤

### 五 数据注水:利益的推动

社会化媒体时代,明星的影响力,似乎可以直接用数据来量化和比较。基于此,粉丝规模及活跃度、转发量、评论量、点赞量等数据,就成为衡量明星市场影响力和商业价值的重要指标。从而以明星为核心的数据造假产业链逐步形成,粉丝对明星的热爱也被转化成了一种可衡量、可利用的"商品"。

---

① 黄婷婷、宋琴琴:《微博视域下的粉丝文化传播》,《编辑之友》2016年第10期。
② 王倩楠:《情感共同体:明星"人设"现象背后青年重建社群的尝试》,《中国青年研究》2018年第8期。
③ 即操控评论,指粉丝大规模出动控制某一条微博的评论,通过点赞、回复等方式使正面的评论登上热门评论,通过漠视或举报的方式避免负面的评论出现在前列。
④ 微博兴起后粉丝圈产生的行为和用语,指粉丝通过多次转发评论偶像个人及其相关微博,获得较为漂亮可观的数据。实践中存在一人利用不同账号反复操作、多次转发的现象,也指由利用第三方软件和技术进行机器轮博的情况。
⑤ 李华君、朱佩玲:《明星隐私曝光后粉丝群体性网络冲突的表现及其治理——以2013-2017年明星隐私曝光事件为例》,《电子政务》2018年第9期。

2018 年 8 月，明星蔡徐坤发布的新歌 MV 微博，9 天时间，转发量就过亿，引发质疑。后经警方调查才曝光了以"星援 App"为代表的一批庞大的网络数据造假产业链。半年时间，"星援 App"吸金超过 800 万元。

2019 年 2 月 23 日，央视新闻频道、央视财经频道曝光了娱乐圈的数据造假现象，并指出 8 位著名艺人活跃粉丝量在数据脱水后，最高降幅达 80%。① DT 财经分析了截至 2019 年 11 月，粉丝超千万的全部 317 位头部明星的微博粉丝数据后发现，他们微博粉丝平均的活粉率为 14.26%，4 位拥有过亿粉丝的明星（谢娜、何炅、杨幂和杨颖），活粉率最高的是何炅（14.0%），最低的是杨颖（11.3%）。②

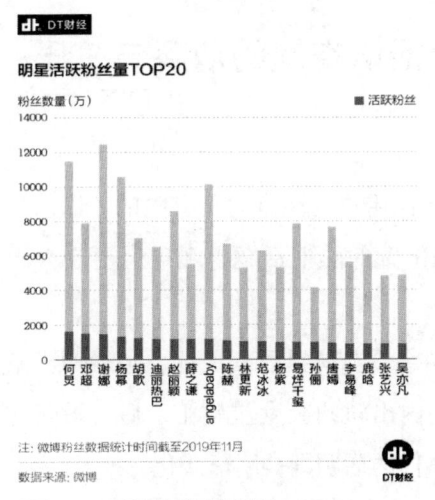

图7-1　明星活跃粉丝量TOP 20

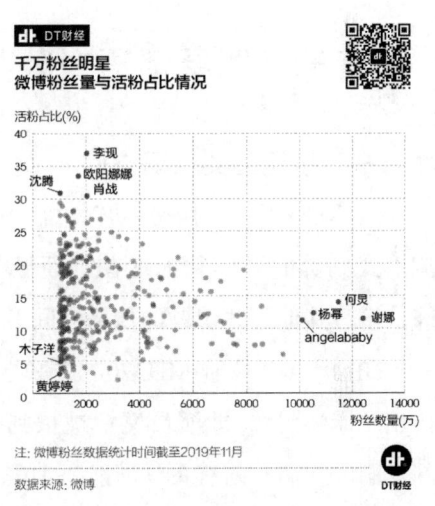

图7-2　千万粉丝明星微博粉丝量与活粉占比情况

脱离常识的奇高数据主要是借助各种可以登录多个微博账号的"外挂"软件完成，而"外挂"的开发运营者，则依靠登录账号的数量赚取利润。微博运营方认为流量"竞赛"已经蜕变为互联网黑产对整个产品和社

---

① 《明星 5 元可买 5000 粉丝　微博称已多次报案》（https://tech.qq.com/a/20190227/000387.htm）。
② 《317 位顶级明星 PK，谁的微博粉丝注水最严重？》（http://www.199it.com/archives/976387.html）。

会的侵蚀。在这种"竞赛"中,微博作为平台不仅收获不到正常的用户和流量,反而要承担由此带来的风险,①基于此,微博在2019年1月8日发布《关于调整微博转发评论数据显示方式的公告》,公告称,微博将对转发、评论计数显示方式进行调整,显示上限均为100万。即转发、评论数量超过100万时,相应的转发、评论数量均显示为"100万+"。②

围绕明星及其微博,已经形成了一个由微博、商家、明星、粉丝、"互联网黑产"等组成的商业圈,圈内存在着合作和博弈。明星话语权,也是一个与权力、资本、欲望、诉求密不可分的话题。

## 第三节 明星话语对公共话语空间的消解与挤压

### 一 挤压公共话语空间

微博每天上传的内容动辄过亿条,但用户的注意力是有限的。以信息流形式刷屏的微博和出现在页面显著位置的热搜话题,无疑会更夺人眼球,挤占其他公共议题的传播空间。

2014年,"马航MH370"失联事件备受媒体和网民关注,但微博头条传出"周一见"(即演员文章被拍到婚内出轨约会女星姚笛)后,瞬间被网友刷屏,而此前有关马航航班消失事件的话题则被明显淡化。③

2015年8月14日,王宝强在微博上发布"离婚声明",微博话题关注人数过亿,其风头盖过同时举办的里约奥运会。据统计,当天"共有8715个头条号参与了这场热点追逐战。共发表文章10629篇,其中106篇文章阅读量超过百万。#王宝强离婚#微博话题单日超过10亿次阅读。到8月

---

① 环球网:《微博调整流量数据外显数量:转发及评论上限为100万 超时100万+》(https://baijiahao.baidu.com/s?id=1626334779923953017&wfr=spider&for=pc)。

② 杨佩雯:《微博转发评论数限100万+,粉丝还会继续刷流量吗?》(https://baijiahao.baidu.com/s?id=1622183769084109332&wfr=spider&for=pc)。

③ 邱月:《娱乐至上——一场媒介与消费主义的合谋》,《文艺争鸣》2015年第10期。

19 日#王宝强#及#王宝强离婚#两个话题阅读量综合超过 110 亿次。"①

2018 年初的李小璐"夜宿"事件、赵丽颖和冯绍峰官宣结婚等明星私生活引发网友关注,给微博带来了极高的流量,但是也给普通用户造成了极大的干扰。一方面是明星的私人事件和话语挤占公共事件的讨论空间;另一方面,容易引发网民的非理性行为,网络平台的对骂、嘲讽等放大了事件本身的影响力,又会产生侵犯隐私权等问题。

学者陶东风认为:"私人事件的'公共化'(伪公共化)正是值得我们深入反思和批判的消费时代……的媒体病。它既是对私人领域的侵害,也是对公共领域的毒化。"②明星的私人事件,既吸引了微博用户的关注,也使一些媒体出于点击量的考虑而安排更多的版面与时间给这些"娱乐新闻",进而挤压同期发生的公共事件的报道规模。

## 二 加剧网络喧嚣与暴力

明星选择微博发布信息,可以收获关注度,但也容易被粉丝"围观"、谩骂,甚至引发"人设"崩塌。毕竟粉丝内部并非铁板一块,自由发言也是其基本权利。明星更容易成为关注的核心,引发微博暴力,加剧微博空间的喧嚣。

2016 年,乔任梁去世,不少明星纷纷发微博表示惋惜,与乔不相熟的明星发微博悼念被骂"蹭热搜",有过合作或交集的明星,如赵丽颖等又因为不发微博悼念而被谩骂,作为乔任梁挚友的陈乔恩没有发微博表态又被炮轰虚伪。2018 年 11 月 28 日,胡歌针对蒋劲夫家暴事件在微博发文"错了就错了,但别趴下",48 小时内引发 20000 多条攻击性评论,其中不乏"卑鄙龌龊""渣渣""畜生不如""当初车祸阎王就该收了他"等文字。俞灏明也因表述不当遭到网友的穷追猛打,几度在微博公开道歉。而就此

---

① 陈杏兰:《从使用与满足理论看传播"爆款"——以王宝强离婚事件扩散为例》,《传媒》2016 年 10 月(上)。

② 陶东风:《网络交往与新公共性的建构》,见雷跃捷《大众传播与媒介批评》,中国传媒大学出版社 2010 年版,第 10 页。

事发声的其他明星如古力娜扎、窦骁、孙艺洲等也都没能逃脱网友的口诛笔伐。①

微博成为网民站在道德制高点上，维护正义或者发泄情绪的一个通道，作为监督者和审判者的部分网民全然不顾事实与理性，引发一次次的语言暴力，凸显了微博作为话语空间的喧嚣与破坏性，以致个别明星逃离微博或关闭评论功能。

### 三　影响用户价值观

明星们在微博的行为以及公开表达的信息，无意中会对部分人尤其是年轻用户的价值观和社会行为产生影响，他们是否具备足够与其社会影响力相匹配的社会责任感，其实是一个值得思考的问题。2018年9月发布的《中国影视明星社会责任研究报告（2017—2018）》显示，2018年我国100名影响最大的影视明星社会责任指数平均得分仅为29.9分，仅9人及格，作品、公益、品行"三好"的明星更少。②

明星的婚恋信息、出轨、绯闻等在微博平台的曝光、发酵、评论与解读，泛娱乐化炒作肆无忌惮地蔓延，明星与名人生活被深入开掘，有的演艺明星甚至不惜编造八卦、花边新闻与桃色事件等低俗信息吸引社会公众眼球。演艺明星对网络话语表达的属性认识不足，往往把个人的利益表达、情绪宣泄绑架给社会公众，出现网络侵权、网络约架、网络爆黑等问题，甚至使用情感化叙事手段来进行造势动员，进而引发网络审判、道德恐慌、舆论倒逼与社会秩序脱域等问题。③

---

① 姜娜敏：《微博时代明星遭遇微博暴力问题研究——以胡歌事件为例》，《视听》2019年第3期。

② 刘婵：《社交网络结构及其用户影响力研究——基于新浪微博的V型明星用户和普通用户》，东南大学2015年硕士学位论文。

③ 郭小安：《公共舆论中的情绪、偏见及"聚合的奇迹"——从"后真相"概念说起》，《国际新闻界》2019年第1期。

## 本章小结

　　微博早期推广采用的名人、明星战略，将其现实社会中的影响力顺理成章地延伸至这一新的传播平台，奠定了微博话语权格局的不平等性。随着 2013 年微博等平台的净化举措，在微博影响力排行榜中，明星所占比重进一步加大。微博发展的需要与明星自我宣传的诉求有机结合，提升微博活跃度和关注量的同时，也增加了明星的曝光度，带动了相关影视作品的收视，微博平台和明星实现了双赢。微博成为明星集结粉丝群体的有利阵地和头号发声地，也是娱乐生态必不可少的环节之一，①借助微博，明星们则拥有了超量的粉丝、流量，为其实现网络营销和拓展商业价值奠定了基础。

　　微博，既是一个聚光灯，也是一个放大镜，也是一座"全景监狱"，在给明星提供了海量关注度的同时，也赋予了后者更大的社会影响力。明星账号微博内容更多的是与自身生活、作品、商业价值有关的议题，偏向于自我的呈现，虽然他（她）们拥有超量的粉丝和流量集结能力、很强的网络社会动员能力与舆论领袖的影响力，②更有能力对公共事务产生影响……但庞大的粉丝数并不能激发名人的公共参与热情，反而导致其在公共事件中选择性失语与发言。③与政府官员、公共知识分子、媒体精英等名人相比，娱乐明星对国家议程议题、公共政策议题、社会矛盾议题、涉外涉军议题等，关注度更少。④他们对灾难救助类议题的参与度高于上述几种议题，倾向性地避免参与有争议性的议题，更多地参与灾难救助型公

---

① 微博明星&新浪娱乐&艾漫数据：《2018 微博粉丝白皮书》（http://sina.aiman.cn/）。
② 宋红岩、俞定国等：《新浪微博意见领袖领导力的评测体系研究》，《新媒体研究》2018 年第 20 期。
③ 宴雪菲：《公共参与中的印象管理：微博名人公共影响力的实证研究》，南京大学 2017 年硕士学位论文。
④ 同上。

共事件的传播。

明星微博，形式上注重视觉化、唯美化呈现，在信息发布层面，动力更强，优势明显，但在杨春时和高上看来，他们并不具备人文理性的修养，而更多地具有表演性。①

明星背后是一整套成熟而复杂的生产系统，注重商业价值的最大化和风险的最低化，这在一定程度上也会影响到明星们在微博等网络空间的话语表达。换句话说，社会化媒体平台更容易传递并放大明星的话语权，但是他们关注的议题并没有超越所在领域而践行更多的社会责任，反倒是时不时爆出的私生活引发网民的围观与热议，在一定程度上增加了网民的道德困惑。

明星不恰当的微博"展示"和被围观、网友评论中的非理性和语言暴力、网络侵权等问题，如果不能有效解决，会降低用户对微博的忠诚度，也会促使明星转为自我保护式的使用行为。

---

① 杨春时、高上：《中国网络文化带来的两个错位》，《文艺评论》2014年第1期。

# 第八章　网络话语权的影响

微博，构建了话语表达的新空间，将分布在社会各处的不同阶层的群体联结了起来，更进一步地从技术和载体方面保障了社会个体话语权利的实现。虽然不同个体在微博空间中的话语权力存在差异，但是总体而言，微博的话语空间会和现实社会的话语空间不断交叉，不断融合，相互影响。本章主要研究微博话语权带来的影响及其对社会发展的意义。

技术所造就的新环境，"都将反过来影响人的生活、思维和历史进程"。[①] 作为一种塑造历史和社会的"隐蔽力量"，微媒介环境的变革打开了新的感知经验，引进了新的生活尺度，改变了人与世界和人与自我之间的关系。[②] 以微博为代表的"微"内容发布平台（如微博、微信、微/短视频等）适应了移动端的碎片化阅读，营造了"人性化"的、自由的信息接收、传播、"众乐乐"的共时化信息消费场景，多元主体从自我出发所展示的光怪陆离、五光十色的生活，为我们创造了一个丰富多彩的世界。

这个以技术为核心而打造的看似平等的传播平台，到底为现实社会中的个体带来了哪些变化，是否如预期那么美好，结论是未必。技术具有中立性，关键还在于其所处的社会环境和使用它的社会个体的能力和态度。

---

[①] ［加］马歇尔·麦克卢汉：《理解媒介》，何道宽译，商务印书馆2007年版，第10页。
[②] 于隽：《微媒介环境中的感知转向及对个人自我建构的影响》，《现代传播》2018年第7期。

## 第一节　映射现实社会话语权格局

随着技术使用难度和硬件成本的降低，互联网的普及率逐年提高，当其从社会精英下移至普通民众时，网民的分布结构更接近于现实社会。以此为基础，网络话语的格局也会成为现实社会话语权格局的一面镜子。

### 一　数字鸿沟

数字鸿沟，发端于知沟理论，是一种无法避免的"积累沟"，大致可以分为三个层面：第一道数字鸿沟，主要是接入沟，即不同地区、阶层之间存在的电脑、互联网等接入情况的信息化差距，梵·迪克又从精神接入、物质接入、技能介入和使用接入四个方面来进行分析；第二道数字鸿沟是使用沟，主要是人们因为互联网的使用、技能、兴趣等差异而产生的差距；第三道数字鸿沟，即由于新媒介技术接入和使用上的差距所导致的知识沟。①当接入沟在逐步缩小的同时，使用沟成为数字鸿沟产生的关键要素，既有的知识和社会资本、使用动机和兴趣、数字技能和可获得的社会支持等则成为数字鸿沟加大的重要变量。

安德鲁·查德威克指出，美国存在一个明显的经验鸿沟和一个内容创造鸿沟。前者表现为，那些使用互联网已达五年或五年以上的人，在开发网络的潜力方面比最近才上网的人更得心应手；后者表现为，较富有、受教育程度较高的白人家庭，更有可能使用宽带并有更广泛的社会用途。毕竟，相对于看电视、听广播，有效使用互联网需要掌握更高级的技能。②

经过20多年的发展，中国互联网接入机会泛化，接入成本下降，但

---

① 韦路、张明新：《第三道数字鸿沟：互联网上的知识沟》，《新闻与传播研究》2006年第4期。
② ［英］安德鲁·查德威克：《互联网政治学：国家、公民与新传播技术》，任孟山译，华夏出版社2010年版，第103页。

互联网使用时间、技能、使用目的等具体行为差异所产生的数字鸿沟开始显现。付晓燕认为，用户使用社交工具的素养、社交网络的结构及其使用内容影响了"虚拟社会资本"累积的多寡。[①]

但若从话语权的角度来看的话，博客和社交网站使用者比非使用者具有更多的网络社会信任[②]，拥有更为丰富的社会信用资产。微博等社交媒体，固然扩大了网民信息发布的自主性和交往能力，但在现实社会拥有更多社会资本的群体更容易将之延伸到网络平台，获得网络社会资产，当社会资产和信誉资产等结合时，不同阶层话语影响力的差异和数字鸿沟就会显现。

而这种差异还会累加，加深数字鸿沟。一方面是网络平台"马太效应"的存在，另一方面则是那些拥有话语权的群体（或阶层）对于新技术更为敏感，更乐于尝试，也更容易获得技术红利。如微博中的精英话语阶层会较早开设微信公众号、头条号、抖音号等，形成一种多平台的组合传播。对于技术的敏感性、内容与网络社交关系的经营意识、网络互动意识、音视频等信息表现形态的熟稔度等，无形之中都会扩大数字鸿沟。

当硬件和技术逐步普及，数字鸿沟的成因就更多地与使用者本人的态度、能力以及掌握的社会资源等有关。那些态度积极且熟练使用互联网并拥有较多社会资本的网民，会拥有较大的网络话语影响力，成为活跃的网络文化缔造者和传播者；而那些不能熟练使用互联网、主动性不强且拥有社会资本较少的网民，则会成为从属者。数字鸿沟在网络时代表现出的阶层分化作用和在自媒体时代表现出的文化壁垒影响，是网络媒介技术革新过程中受众发展与媒介技术发展不同步的必然结果。[③]

---

① 付晓燕：《中国网民的"虚拟社会资本"建构——基于中国网研究》，《中国地质大学学报》（社会科学版）2013年第6期。

② 邓建国：《Web2.0时代的互联网使用行为与网民社会资本之关系考察》，复旦大学2007年博士学位论文。

③ 严励、邱理：《从网络传播的阶层分化到自媒体时代的文化壁垒——数字鸿沟发展形态的演变与影响》，《新闻爱好者》2014年第6期。

## 二 社会不平等

网络社会的不平等其实是现实社会的一种映射,同时也会深刻地反作用于现实社会,从话语权的角度来看也是如此。

在现实社会,公众被划分为不同的社会阶层与群体,不同的社会地位导致他们拥有话语权程度的差别较大:

### (一)社会弱势群体在话语权层面同样处于弱势地位

弱势群体,在我国多是社会的边缘群体,他们拥有少量的社会资源,多由商业服务业员工,产业工人,农业劳动者,城乡无业、失业、半失业者构成。这些人社会地位相对较低,囿于教育水平和经济收入、个体意识等方面的限制,缺乏参与传播活动的机会和手段,多是被动地、无条件地接受媒介信息,而且表达自身诉求的渠道不通畅,所以,基本被排除在媒介表现内容之外。即使偶尔出现在传媒视界内,也多是以"主流受众的解读(消遣)对象"这种身份出现。如"随手拍解救流浪儿童"中的流浪儿童,"免费午餐计划"中的学童,微博图片中的环卫工人,蔬菜水果卖不出去的菜农和果农等,他们处于社会的最底层,经济条件、文化素养等自身条件的限制使得他们很多时候被排斥在微博话语场之外,即使偶尔出现,也多是被怜悯、被言说、被救助,甚至是被调侃、被嘲笑的对象。[①] 他们的自我表达和话语影响力并没有因微博等自媒体的出现而实现质的提升。

### (二)中间阶层积极争取话语权

在我国,中间阶层拥有一定的组织资源、经济资源和文化资源,主要由国家与社会管理者、经理人员、私营企业主等组成,这一阶层人士,具有一定的经济实力和教育背景,并有相应的设备和技术能力,注重保障和实现自己各项权利和权益。虽然他们不直接掌控传播资源的分配、处置权,但他们不是媒介产品的被动"购买者",而是"媒介产品的共同创造

---

① 李新蕾:《微博对公民话语权的影响研究》,南京师范大学 2014 年硕士学位论文。

者"。① 他们有意识、有能力利用各种媒介更好地表达、争取自己的权益，并关注社会的发展，容易成为微博中的"新意见阶层"。

**（三）强势群体拥有支配性话语权**

强势群体，由国家与社会高层管理者、大型企业管理人员和大型私营企业主构成，他们拥有较多的文化资源、技术资源，凭借自身的资源优势，随时能就社会公共事务在大众传媒上发表意见，在传播活动中拥有支配性话语权，可以在一定程度上决定绝大多数人的注意中心和社会舆论的基本导向。②

蔡文之认为，从网络交互层面看，具有话语魅力的文化精英把控着网络分层的高端。尽管网络赋予了每个人平等的话语权，但事实上是不可能实现这种平等的，即使互联网上没有任何制度性因素造就的权力存在，我们也未必能就上述问题做出一个肯定的回答。③ 毕竟，网络社会是现实社会在互联网上的一种投射而已。

## 第二节 推动社会发展

在传统媒体时代，大众传播模式是信息从专业的传播者流向普通的受众，而在互联网时代，普通个人也获得了信息发布的权利，话语权不再为专业的信息传播者和媒体所独享，而是被分散到每一个受众个体，去中心化和分权是这一时期最重要的特点。个体的表达平台经历了针对网络新闻发表评论、电子论坛、即时通讯软件、博客等的变迁，每一种新的表达平台的出现，都为普通个体的表达带来了操作上的便利，提高了表达的效果及潜在的影响力。

微博，将个体的话语表达从最初的"反馈"现实变为现在的"在场"

---

① ［加］文森特·莫斯可：《传播政治经济学》，胡正荣等译，华夏出版社 2000 年版，第 145 页。
② ［美］乔治·瑞泽尔：《后现代社会理论》，谢立中等译，华夏出版社 2003 年版，第 130 页。
③ 蔡文之：《网络传播革命：权力与规制》，上海人民出版社 2011 年版，第 107 页。

直播现实，从当初的以反馈获取彰显的力量到现在的主动"生产"获取影响。这一过程，是网络时代个体话语权的加强，是社会公众个体意识的增强和力量的累积。

### 一　彰显个体力量

达尔格伦认为互联网作为一种传播媒介的诞生，为相对自发的、灵活的、自治的公共辩论提供了多样性的场所。① 而公共辩论对舆论的形成、社会民主的建立而言是一个重要的条件。

现在我们很难想象，在传统媒体时代社会公众如何推动舆论的形成。那时，社会公众通过大众传播媒介发出自己的声音，与其他群体进行公共话题的交流和互动，并达成共识和合力，都不是容易实现的事情。

互联网出现以后，个体话语权的实现变得非常简单容易，群体之间、个体之间的大规模互动也成为现实，在表达和沟通基础上容易达成共识与合力，并形成网络舆论压力，从而行使对国家机关及其工作人员进行批评、建议、申诉、控告或者检举的权利。② 蔡文之认为，从这个角度可以看出，网络传播和社会民主的依存和互动关系。③ 网络表达伴随着辩论、监督、参与等行为，而网络监督权是社会民主的内核，甚至是实现民主政治的新元素。党的十七大报告中强调"保障人民的知情权、参与权、表达权、监督权"，是丰富民主形式、拓宽民主渠道的具体体现。而互联网的出现，则为这四权的实现提供了很好的表达渠道。因此，网络话语权在推进社会民主方面扮演着重要角色。

政治学上有一种著名的观点：所有的权力垄断到最后都是一种信息的垄断。陆小华认为，这个观点从另一侧面表达出一种判断，即权力的内核之一是对信息的占有。在信息时代，认识信息，就发现了力量；占有信

---

① 转引自［英］安德鲁·查德威克《互联网政治学：国家、公民与新传播技术》，任孟山译，华夏出版社2010年版，第103页。
② 《中华人民共和国宪法》（2018年修正）第四十一条。
③ 蔡文之：《网络传播革命：权力与规制》，上海人民出版社2011年版，第144页。

息，就拥有了权力；整合信息，就增强了能力；传播信息，就施展了力量；形成信息流，就形成了更强的支配力。①从这一点来说，网络赋予了社会公众个体表达、更多占有信息的可能，个体的力量会在网络时代进一步被放大。同时，陆小华也注意到所有信息都可能不是无意释放的，都可能暗含力量，都可能在酝酿较量，或就在较量。②那么，网络话语权带来的或许就是个体力量的彰显以及既有社会权力分布的微妙变化。

## 二 整合信息资源

彭兰教授早在 2006 年就指出，新技术一方面可以实现各种社会力量的汇聚与整合，但另一方面又会增强互联网分权、去中心化的力度。③新媒体技术还会影响到社会话语的构建，尤其是影响技术与民主的互动关系：新技术改变了社会的信息传递方式，使得信息封锁成为不可能；社会公众的民主精神也由于信息的丰富性，不同程度地得以改变。

夏学銮说，微博的出现，确实对社会建设和政府执政起到了积极作用。微博为每个人提供了发言的平台，"个体传媒"的存在，对促进社会进步，促进政府民主执政、科学执政、依法执政有许多积极影响。④

微博的主要价值在于建立了一张能高效集合社会个体信息、知识和智慧的网络，最大限度地搜集信息，整合信息资源，提高社会资本，为社会和个人的发展提供必要的支持。

微博联结了生活在世界各个角落的个体，使得他们能在瞬间知晓世界很多角落正在发生着的事情，这种随处可在的触角利于监测我们所生活的环境；从政府管理角度而言，相关部门可以通过监测微博舆情，更为直接地了解民情民意；从宣传和营销角度而言，更容易接近目标用户，针对性

---

① 陆小华：《新媒体观——信息化生存时代的思维方式》，清华大学出版社 2008 年版，第 2 页。
② 同上书，第 18 页。
③ 彭兰：《汇聚与分权——变革中的互联网》，《青年记者》2006 年 6 月（上）。
④ 朱清：《盘点 2011 微博中国：善与恶并列放大的围观》（http://news.cntv.cn/china/20111225/108128.shtml）。

更强。

从个体角度而言，以微博为代表的社会化媒体无疑会增加个人的社会资本，可以打造自己的信息交往圈；建立独特的"My Media"，打造专属的信息矩阵；扩大自己话语表达的影响力，使个体从"默默无闻"变为"新意见阶层"的可能性增加。

互联网，扩大了社群的分化，促进了交流的平等，提高了参与的能力；微博，作为新的表达手段，使个体在感知与介入现实生活方面获得了前所未有的快感和成就感，甚至提高了人们参与公共事件的热情，并提高了公众个体在利益诉求和权益争取方面的意识，将众多分散的个体和碎片化的信息更有效地进行整合，进而推动普通公民与公共权力机构实现直接对话，使这些机构更加重视普通公民的意见与情绪，经过长时间的锻炼和互动，有可能改变今后政治参与和社会治理的方式。

网络时代信息发布权的泛化和信息传递成本的降低，打破了垄断渠道的压制，释放了个体的潜能。当这些并不具备生产能力的个体通过网络聚合在一起时，哪怕仅仅是简单的信息堆积，也可以产生不可忽视的力量。用克莱·舍基的话来说，就是少数人使用廉价的工具，投入很少时间和金钱，在社会中开拓出足够多的集体善意，创造出5年前没有人能够想象的资源。[①]

微博在发挥正面作用的同时，其负面影响也不容忽视。信息的随便发布，群体的话语暴力，不负责任的非理性表达，侵害了他人的合法权益。恶的力量通过微博这个平台被放大，将渺小的个体笼罩在它的阴影下。如不加以引导，网民在行使"正义"的同时，或许也实施了新的"丑恶"。

## 第三节　增强表达意识

詹姆斯·凯瑞认为传播媒介不仅是某种意愿与目的的工具，更是一种

---

[①] [美]克莱·舍基：《认知盈余》，胡泳、哈丽丝译，中国人民大学出版社2012年版，第20页。

明确的生活方式，它是一种有机体，是我们思考、行动和社会关系的真实缩影。①而微博则将传播媒介的这种特质体现得更为明显。伴随微博普及过程的，则是普通个体拥有网络权力的变化以及这种变化所带来的网络民主的开启。

## 一 网络赋权

赋权（Empowerment），又译为增权，是20世纪六七十年代出现的用语，早期多用于教育学和心理学，与弱势群体相关。可以分为两种模式：个体自身的主动赋权和外力推动的赋权。②以微博为代表的自媒体平台是推动网民自我网络赋权的最重要的外力。有学者指出在公众依托新媒介获取话语权的过程中，两种模式其实是并存的，但媒介只是外力，其本身不能转移权力，但它可以通过公众的使用激发其获取权力和维护权益的意识，通过激发他们的自身潜能来推动和促使权力的传递、转移。③

微博话语场中民众的自我赋权更多地源自于多种制度性缺失与他们最基本的生存需求之间的巨大张力。这种张力的存在，使得微博等网络平台有可能成为中国社会中下阶层"弱者的武器"。④

### （一）网络赋权的类型

师曾志认为新媒介赋权存在三种类型，即自我赋权、群体赋权和组织赋权。自我赋权是一个从少权到增权的过程，它需要人能够不断地学习、感知和体验。师曾志认为，新媒介赋权主要体现在信息、表达、行动三个方面：⑤第一，它赋予我们获知信息的权利。大量的信息可以减少信息的不对称，增强人们对于事物的判断能力；第二，在获取异质性资讯的同时，

---

① ［美］詹姆斯·W·凯瑞：《作为文化的传播》，丁未译，华夏出版社2005年版，第7页。
② 范斌：《弱势群体的增权及模式选择》，《学术研究》2004年第12期。
③ 李之美：《新媒介与公众话语权》，《浙江学刊》2012年第5期。
④ 丁未：《新媒体赋权：理论建构与个案分析——以中国稀有血型群体网络自组织为例》，《开放时代》2011年第1期。
⑤ 师曾志、胡泳等：《新媒介赋权及意义互联网的兴起》，社会科学文献出版社2014年版，第16页。

容易形成公共讨论与辩论,来自于他人表达所带来的启发,还会增加表达的价值;第三,这里的行动可以是点赞、转发、评论等网络行为,也可以是线下的声援、救助行为。

网络在给我们呈现更为复杂、真实世界的同时,也会呈现不同事件的解读方式和处理方式,在增长见识、开阔视野的同时,在一定层面具有启蒙的意味,激发用户的表达和参与,在实践过程中实现网民的自我赋权;信息也可以在自由流通过程中实现增值,为群体或组织带来聚合效应或互补效应,实现群体或组织的赋权。

### (二)网络赋权的实践

网络赋权是通过信息交流、意见表达、群体意识建立、行动四个环节实现的。互联网使得网民能够及时获得多样化的信息,彼此交流,并就共同关注的事件表达意见,从而建立群体意识,经过协商集体行动。①

现实生活中,弱势群体的话语权因为各种因素实现起来难度较大,有了微博等自媒体,为其话语权的实现提供了较大的可能性。这种可能性体现在信息发布环节、发布之后的群体交流环节、引发共鸣的关注环节、激发集体行为的实施环节。可以说,弱势群体的表达和诉求可以嵌入传播过程中,进而影响现实社会的某些方面。蔡文之认为"这种以社会成员关系为中心的传播过程既是一个激励权力释放的过程,也是一个激励自我赋权、群体赋权乃至社会赋权的过程"。②

蔡文之认为网络赋权对传统赋权理论的一个革命性贡献是打破了赋权作为一种行为特征的自上而下、由强到弱的阶层性藩篱,激发了一种作为关系特征的由他者被动赋予向自我主动赋权的能动性力量,并形成了一种作为新权力要素在传播过程中把各种微小力量聚合起来的能力。网络赋权是一个伴随着权力改造的重新分配过程。网络传播革命使得信息加快扩散到整个社会,由于日益扩大的网民人群可以通过点对点的网络传播进行文

---

① 张建军:《虚拟空间的赋权与集体行动——互联网在中国社会的影响》(http://news.163.com/08/1217/15/4TCHB4QG000131UN.html)。

② 蔡文之:《网络传播革命:权力与规制》,上海人民出版社2011年版,第20页。

件资源共享，网络论坛给了人们政治参与的感受，网络交往方式由等级式单向性向平等性、交互性的非中心化转变，各种观点在此百花齐放，但这种数字化生存从本质上说还是一种虚拟的、精神与肉体都分离的、理想和现实间隔的状态，是一种隐蔽身份的权力实现。因此，这种赋权过程难免产生"技术乌托邦主义"之嫌。但是，它在特定阶段所承担的一种心理赋权和权利意识启蒙的使命却具有深远的历史意义。[①]

### （三）网络赋权的价值

赋权作为一个互动的社会过程，在新媒体提供的人人、处处、时时都能参与信息交流的环境下，得到了充分的实现。但是拥有资源或权力源泉并不意味着拥有了权力。因为，网络技术除了为各种新的社会关系的建立和拓展预留了极大的空间，同时它还在吸引人们共同使用的实践中消解或缩小了权利的"可以"与权力的"能够"之间的距离。[②] 随着微博等传播媒介的发展，其所营造的虚拟世界和现实世界的交叉会越来越多，二者相互映射、相互影响。

社会公众通过微博参与和互动来反映现实、改变现实。众多社会成员的自我赋权可以激发大多数人的创造力和想象力，主动表达自己的看法和观点，改变"沉默的大多数"的旧貌。换个角度，自我赋权也可以理解为是社会权力或公共权力的放开与扩大，甚至与社会主义民主的完善和实现密切相连。

微博主体，特别是微博传播中的弱势群体在利用微博话语场中的赋权功能的时候，其初衷和目的并不是对政治学中"权力"的追求，而是对由于各种原因造成的其生存困境的诉说，是寻求对自身"权利"的维护。[③] 综观多起微博维权事件及最终效果，我们可以看出，利益被侵犯的当事人通过在微博等平台的网络话语表达，寻求关注与支援，实现了在安全感、

---

① 蔡文之：《网络传播革命：权力与规制》，上海人民出版社 2011 年版，第 22 页。
② 同上书，第 96 页。
③ 李新蕾：《微博对公民话语权的影响研究》，南京师范大学 2014 年硕士学位论文。

人机互动和情感支持等层面的赋权。①

微博的开放式传播结构，消融了原有社会结构中个体、群体、组织等的边界，重塑了社会个体之间的关系，为社会成员提供了获取信息、表达思想和行动改变的可能性。②网络赋权正在通过连接众多的微力量和微关系，以及对社会政策和社会变革采取主动行为而产生的聚合能量得以实现。③自我赋权并非天然拥有，而是需要社会成员具备一定的网络媒介素养、自我维权意识，然后去表达、去体验、去参与，而非被动地等待。

## 二 网络分权

詹姆斯·卡伦在《媒体与权力》中指出："新媒体会导致新的权力中心出现，从而在现存的主导型维权结构内部引发日趋激化的紧张状态。"④彭兰教授认为，P2P等技术的使用，使大众传媒的权力受到削弱，和以往的互联网技术相比，RSS、博客等技术，可以使社会个体成为信息的生产者和再传播者，相当于给个体赋予了更多的权力。微博等媒介赋权的同时也引发了权力的分化，这种分化，与网民惯常所使用的新媒体产品以及由此形成的社交关系有关，也与个人的使用偏好和技巧、所掌握的社会资本等有关。

政治因素对于信息的可控性减弱，传统专业媒体机构的专业性和权威性也遇到了新媒体的冲击，政务机构和商业机构可以直接、自由发声，用户的信息选择、生产和传播渠道前所未有地多元，无形之中，权力结构具有了流动性，以往权力结构的垄断性也会被打破。一次次的新闻事件也让普通网民得以见证自身参与的价值和力量，无形之中，对于自身权益的关注与维护，对于公共议题的参与等，都在推动着以往"权力边缘者"的觉

---

① 师曾志：《公共传播与新媒体赋权：空间、想象与救赎》，见史安斌《清华新闻传播学前沿讲座录》（第三辑），清华大学出版社2018年9月。
② 同上。
③ 蔡文之：《网络传播革命：权力和规制》，上海人民出版社2011年版，第23页。
④ ［英］詹姆斯·卡伦：《媒体与权力》，史安斌、董关鹏译，清华大学出版社2006年版，第74页。

醒。当不同主体的声音广泛传播，当以往分散的、沉默的用户被激发的时候，网络分权就已发生。

技术给权力结构的变化提供了可能，线下社会权力结构中不同主体的位置、资源、关系等因素的变动都是促使网络分权发生的结果。自上而下的官方"赋权"与自下而上的社会"争权"的结合与嵌入，在未来会是一个常态，分权的过程也是一个在复杂的互动格局中寻找共识和最大公约数的过程。

政府主动、开放的态度也推动着分权。2011年，中共中央办公厅、国务院办公厅印发了《关于深化政务公开加强政务服务的意见》，提出要借助微博等新平台，"及时回应社会关切"的问题。之后，国务院办公厅历年发布的相关文件，基本都要求县级以上各政府部门重视政务新媒体的信息发布和回应，在搭建官民互动平台的同时，也推动了网络分权。网民可以接收来自官方的信息，并可以及时便捷地提出自己的问题，特定情境下的民意会给相关部门造成舆论压力，敦促后者更好地回应或解决群众关心的议题。

### 三 网络民主

马克·斯劳卡（Mark Slouka）于1995年最早提出"网络民主"，主要指"以网络为媒介的民主，或者是在民主中渗入网络的成分"[①]，再具体来说，即"公民借助网络技术，通过网络公共领域加强和巩固民主的过程"。[②]然而，互联网上的民主参与并非一种独立的民主机制，其实现的民主主体、民主范围、民主程度和民主方向需要在民主发展的主线中找到立足点和发展基点。[③]

---

[①] [美]马克·斯劳卡：《大冲突：赛博空间和高科技对现实的威胁》，黄倍坚译，江西教育出版社1999年版，第71页。

[②] 转引自郭小安《网络民主的可能及限度》，中国社会科学出版社2011年版，第123页。

[③] 罗慧：《传播中的社会冲突、民主实践与应激式改革——以"郭美美事件"为例》，《开放时代》2012年第5期。

互联网时代，大众的话语力量日渐被激活，约翰·杜威（John Dewey）所主张的"参与式民主"渐渐呈现出一种可能，大众成为重构社会传播生态的重要力量。①

微博的网络话语权在涉及公共政策和事物等特定情境中的意见表达，其突发性和围观性在一定程度上被视作网络民主的实践。社会事件更容易在微博平台被传播、被关注，即时的自由讨论可以形成"线上议政厅"，网民的态度、情绪和观点实时呈现，并能被相关部门精准地捕捉并分析。众多个体对相关部门工作提出的质疑和反馈，促使执政者正面回应公众的诉求，也在考验相关部门的处理与应变能力。

微博所搭建的社会网络沟通平台，实现了社会个体之间、个体与政府之间信息及时的流动与互动，使民主社会需要具备的多个、独立的信息来源有可能得以实现。广泛的话语表达与参与，释放了社会公众的表达热情，在一定程度上可以开启民智，提高个体的话语生产能力和资源掌控能力，进而改善网络社会和现实社会的民主状况。

但是技术的解放性与民主化的传播体系之间未必存在必然的因果关系。技术提供了一种平等表达的可能，但是传播主体和话语表达的复杂性远超预期。潘忠党认为虽然互联网使用与公民参与在统计上具有正向联系，但研究者也要谨防参与的幻想。②微博的话语表达，体现了社会个体权利意识的觉醒和政治参与的热情，对于公共议题的关注和表态，相比于传统媒体时代的受众有了很大的进步，但是这种微博话语表达并不与现实的决策发生衔接，仅仅是偶尔因为聚合所形成的舆论给相关公权力部门施压而已，对实际的政治系统产生的直接作用极其有限，因此还不能算作是事实上的民主参与。

越来越多的个体通过关注相关微博账号和热点事件，以点赞、转发、

---

① 喻国明等：《"个人被激活"的时代：互联网逻辑下传播生态的重构——关于"互联网是一种高维媒介"观点的延伸探讨》，《现代传播》2015年第8期。

② 潘忠党：《互联网使用和公民参与：地域与群体之间的差异以及其中的普遍性》，《新闻大学》2012年第6期。

评论等行为表达自己的意见和态度，是一种权利意识的觉醒，对规范公共事务行为和公权力的行使具有较好的监督作用。但由于微博平台自由表达、信息真假难辨、感性表达胜于理性声音、注意力转移迅速等特点，使得其很难在短时内达成共识，距离真正的民主参与和实践还有一定的距离。况且，民主是政治问题，植根于一个国家的社会政治制度之中，[①]远非新媒体技术所能实现。

## 本章小结

网络话语权主体权利意识的觉醒和参与热情的提高，造就了微博话题的多元性，但网络世界毕竟和现实世界有着千丝万缕的联系，所以网络话语权的格局映射着现实社会的状况。互联网并没有缩小不同阶层之间的数字鸿沟，但它在彰显个体力量、整合社会信息资源的基础上推动社会发展。历次的热点事件尤其是公共事件，在增强社会个体自我赋权意识和能力的同时，也促进了网络分权，给予了微博用户网络民主的可能和雏形。

---

① 吕新雨：《"微博时代"的终结？——〈新媒体与当代中国政治〉导言》，《新闻大学》2018年第1期。

# 第九章　微博话语表达与规制

以微博为代表的自媒体时代的到来，使用门槛的降低、多元主体的参与、传者和受者身份的模糊，改变了传播的格局，传播内容的庞杂和过程的多级化，加剧了传播环境的复杂。人人皆可轻松地实现自己的话语权利，在某种程度上绕过了传统媒体时代的重重"把关"，带来的不仅仅是预想中的自由，还伴随着信息超载、虚假信息泛滥、网络暴力弥漫、群体极化凸显、娱乐浪潮来袭。深层次思考的话，其影响的是整个社会的信任关系、价值认同，因此需要国家、运营商、网民等多元主体各司其职，共同打造清朗的网络空间。

## 第一节　微博话语表达带来的负面影响

### 一　信息超载增加选择成本

2018 年，微博日均发布文字 1.3 亿，图片 1.2 亿张，视频 150 多万条，日均长文发布量 48 万条，[①] 信息超载异常明显，使得信息的品质降低。这种降低主要表现在两个方面：噪音化和平庸化。噪音化，即这种信息是没有意义的，纯粹是有意义信息传播过程中的干扰因素；平庸化，即信息的

---

① 《2018 微博用户发展报告》（https://data.weibo.com/report/reportDetail?id=433）。

边际效用递减。① 微博运营商基于盈利考量的主动推送增加了内容传播的数量，加剧了噪音的扩张。

同质性信息泛滥，有价值的信息太少，真实的信息又难以在短时间内被甄别，新闻与评论、娱乐与广告混杂在一起，各种自媒体账号发布的互相矛盾的信息更是增加了信息接收环境的复杂性，以至网民选择和使用信息的成本日益增加；不同关注对象呈现的多元化的观点容易让网民没了主见；渐次补充的真假难辨的碎片化信息，让用户容易产生短时间的迷失。信息发布权利的"易得性"，导致信息的无限激增和交叉重复，这种无谓的重复占用了宝贵的注意力资源，并容易形成认识上的偏差与迷失。

## 二　虚假信息影响社会信任

微博在弱连接方面的优势，为谣言的传播提供了可能；无方向的、渗透不同社会网络的扩散也为流言的控制提出了很大的挑战。② 虽然微博平台有自净化功能，但这种自净化带有滞后性。

管理微博虚假信息难度较大，主要表现在：

第一，把关难。相比于传统媒体时代的各家媒体的多重把关，微博信息的传播首先在于发布者本人，除非是违反相关的规定受到新浪微博的管理，否则，信息发布比较随意。而且，即使微博不能发布，可以换成微信、论坛、贴吧等不同的平台进行信息发布，而看到该信息的人又会变成主动的传播者之一。每个平台把关的原则又会不同，因此给谣言的传播留足了空间和传播的可能性。

第二，澄清难。虽然微博具有自净化功能，但不能忽视谣言在传播之后，澄清的时间会有一定的时差，且在第一时间被谣言所"打动"而转发的人，及时地进行转发辟谣信息的比例并不高。麻省理工学院的科学家发现，在推特上不实消息被转发的概率比真相高 70%，真实消息扩散至 1500

---

① 转引自顾蒋犇《信息过载问题及其研究》，《中国图书馆学报》2000 年第 5 期。
② 刘海龙：《从传播学角度看：微博流言的特征》，《新闻与写作》2012 年第 5 期。

人所需的时间平均是不实消息的 6 倍。①

第三，传播速度快。微博是一个不同传播类型相融合的平台，它既不是纯粹的人际传播，也不是纯粹的大众传播，人际信任或者人际关系距离的影响降低，也促使了流言的传播。②基于弱连接形成的网状传播结构导致流言传播速度加快。即使先进的舆情监测软件可以捕捉，但是应对措施等往往是在虚假信息已经呈现端倪的基础上，而非事前或者同步追踪。

第四，易变形。信息在转发过程中，可以不留痕迹（相对而言，如果不是有意回溯，多数用户不会去核实自己所接触信息的真实性，但实际上每一个用户无从知晓自己所接触到的信息已经是传播了第几层）地进行加工。美国社会心理学家奥尔波特在研究口头传播（或类口头传播的书信传播）过程中提出了简化、锐化、同化三种不同的歪曲模式。虽然微博的转发功能可以将歪曲程度降低，但在关键点上的歪曲或转发过程中添加个人点评或补充特定信息，依然会增加信息歪曲的可能，并给信息的把关和控制带来挑战。

微博等自媒体的存在，既满足了现实环境和人的需求，也在一定程度上加剧了真实信息传播和虚假信息甄别的难度。我们不能忽视虚假信息"自由"传播所带来的危害性。

**（一）引发恐慌**

微博用户可以相对自由自主地发布信息，但是不负责任地发布虚假信息，出于热心地转发相关信息，则容易混淆视听，从而造成混乱。

2014 年 5 月微博上盛传"交通违章记录要和保险费用挂钩，5 月 23 日前必须处理完毕，否则将上浮10%"的消息③，导致大量私家车主扎堆处

---

① ［英］克莱夫·库克森：《在社交媒体上不实新闻比真消息更易传播》（http://www.ftchinese.com/story/001076644?archive#adchannelID=5000）。
② 刘海龙：《从传播学角度看：微博流言的特征》，《新闻与写作》2012 年第 5 期。
③ 苏州保监会：《车险会和违法挂钩 近期上浮系谣言》（http://news.2500sz.com/news/szxw/2014-5/19_2353764.shtml）。

理违章，车管所门前排起长龙，后经苏州保监会和交警部门联合辟谣才逐渐平息。这些通过微博所散布的虚假消息都不同程度地引发了社会恐慌，扰乱了正常的社会秩序。重大事件或涉及公共安全事件中的虚假信息，在一定程度上会扰乱社会稳定，重大疫情、灾情等更是如此。①

2014 年武汉破获的掌控 312 个微博大 V 的造谣公司粉丝数高达 2.2 亿。该公司涉嫌利用大 V 造谣，炒作 10 余起重大事件，造成非常恶劣的社会影响。②很多微博客发布信息时不交代必要的信源和时间地点等关键信息，甚至移花接木，为了点击量胡乱编造，缺乏责任心和准确性，在一些重要事件上会混淆视听，引起不必要的混乱。

### （二）直接侵权

微博中话语权的滥用也带来了一系列的法律问题，主要包括侵犯著作权、名誉权、隐私权、姓名权、名称权、商标专用权等六种。侵权的特性一是其传播特点加大了侵权的危害；二是构成微博侵权的博文往往指向性更强且更直接；三是侵权主体具有广泛性并难以识别；四是侵权具有即时性等。③

被称为"微博第一案"的是金山安全软件公司诉奇虎 360 公司董事长周鸿祎侵害名誉权案。2010 年 5 月 25 日至 27 日间，周鸿祎分别在多家微博平台连续发表所谓"揭开金山公司画皮"的系列文章，随后遭后者起诉，状告其侵害金山公司企业信誉，虽然周鸿祎认为自己是在"履行公民监督、批评指责的正当行为，不构成对原告名誉权的侵害，更未给原告造成任何经济损失"。2011 年 3 月，北京市海淀区人民法院判定周鸿祎应删除微博，并公开致歉，承担包括公证费在内的经济损失 8 万元。一审判决后，双方均提起上诉。最终二审法院认定两条微博用语具有明显的侮辱性质，周鸿祎应当通过删除的方式实现金山安全软件公司停止侵权的诉讼请求，并通过发表致歉声明等方式予以赔礼道歉，消除影响。而其他博文内容尚未达到构成侵犯名誉权的程度，法院酌判赔偿 5 万元。

---

① 刘海龙：《从传播学角度看：微博流言的特征》，《新闻与写作》2012 年第 5 期。
② 方兴东、叶秀敏：《微博意见领袖的评价研究》，《新闻界》2014 年第 5 期。
③ 靖鸣、祁丽婷：《我国微博侵权现象、特性及其对策》，《现代传播》2013 年第 2 期。

微博等网络平台中个人话语权的行使，应以不损害他人合法权益为前提。

### （三）降低信任

信任是主体在社会交往过程中的一种观念取向，它既形成于主体间的彼此互动，又对主体间的这种互动过程产生多方面的影响。信任关系本身的建立，则既涉及个体的德性和人格，也关乎普遍的社会规范和制度……信任不仅涉及当下，而且与未来相涉。信任以人与事为指向，也基于人与人之间的交往。[①] 微博上热点新闻事件的一次次反转，容易引发网民对于当下的社会运行环境、涉事单位、传媒机构等的不信任。而微博上自由的信息发布、快速的传播速度，裹挟着情绪与价值判断快速传播的信息，在一定程度上影响着社会信任关系的构建与维系。2018年10月28日的重庆万州大巴车坠江事件中，@新京报动新闻发布"重庆一公交车与逆行轿车相撞后坠江，女司机被控制"并配以动图进行演示，引发网民对后来被证明是受害者的女司机的愤怒，给当事人造成极大影响的同时，也使网民开始怀疑传统媒体的公信力和专业操守。而在微信朋友圈和微博上热传的塑料紫菜、棉花肉松等虚假信息，也让网民对食品安全更是担忧。一些对于医患矛盾、师生关系等的不实报道，在诱发恐慌心理的同时，更加剧了民众对于相关行业和群体的不信任感。

## 三 网络暴力扰乱社会秩序

网络话语权的滥用除了会带来系列的违法行为外，还会引起诸多社会道德层面的问题，如网民随意采用语言暴力、滥用"人肉搜索"、越位进行"网络审判"、集体发出"网络追杀令"等，对事件当事人的生活和社会秩序造成了一定影响。

网络暴力的产生，根源在于网络技术的风险特性，现实动因则是社会转型过程中风险的无序释放，当然也离不开网络行为主体（就主体特质而

---

[①] 杨国荣：《信任及其伦理意义》，《中国社会科学》2018年第3期。

言，网民群体年轻化的结构特点和泛道德化的文化心理也是催生网络暴力的重要因素）。①

在实践中，网络暴力多以不道德现象或事件（暂且不论真假）为由头，以伸张社会正义为名目，以自发性、攻击性、情绪性、非理性语言表达的形式表现，有时伴随群体性的"人肉搜索"等信息搜集与整合行为，延伸至线下的威胁、恐吓等行为，结果是事件当事人在心理和精神层面受到伤害，严重的甚至会导致当事人自杀等。

目前的网络暴力大致分为以下三类：

**（一）语言暴力**

语言是人们表达思想、传播情感和交流互动的符号工具。②语言暴力可以分为广义和狭义。广义的语言暴力，指会话中"一个参与者阻止另一参与者实施其话语权力，减少其会话的可能"。此类定义多见于政治学和语言学；狭义的语言暴力，指"使用嘲笑、侮辱、歧视、蔑视、恐吓等不文明、不道德的语汇，甚至使用造谣、中伤、诽谤、诋毁、人身攻击等手段致使他人在精神上和心理上遭受痛苦或伤害的语言现象"③。语言暴力大致可以分为：歧视型、讽刺型、辱骂型、威胁型。④可以是针对特定人的言语侮辱与谩骂，包括博主之间、博主与粉丝之间发文时的语言暴力，如孔庆东与关凯元对骂、周立波徐峥骂战、林妙可受辱事件、范玮琪"晒孩子"被骂事件等；也可以是无指向性地使用不文明词汇，如"脑残""变态""去死"等。

网络语言暴力体现了部分网民盲从、情绪化、非理性、攻击性的一面，既不利于社会和谐，也损害了公共空间的讨论秩序。而公共事件也容易在语言暴力的驱动下走向极端化，消解原本公平正义的话语⑤，降低理性商讨的可能性。

---

① 姜方炳：《"网络暴力"：概念、根源及其应对——基于风险社会的分析视角》，《浙江学刊》2011年第6期。
② 周彬：《网络场域：网络语言、符号暴力与话语权掌控》，《东岳论丛》2018年第8期。
③ 转引自郭亚东《网络语言暴力：调查与分析》，《南华大学学报》（社会科学版）2018年7月。
④ 党永刚：《语言暴力的类型研究》，《琼州学院学报》2011年第4期。
⑤ 徐莹：《微博时代的公民话语权研究》，武汉轻工大学2014年硕士学位论文。

## (二) 人肉搜索

"人肉搜索"原是猫扑网中流行的一种利用奖励金币进行的众人回答问题的方式[①],可以看作对机器搜索的补充、提纯与校正,体现了网民的集体"智慧"和"正义的力量",具有维护社会正义、积聚社会资源的积极效应,但有时也会在网络正义的面貌下表现出非理性"惩恶"的网络暴力,给当事人的正常生活造成极大的干扰。

## (三) 行为暴力

行为暴力典型的如微博约架,发布/传播有关血腥、暴力、虐待内容的行为等。当年的电视台记者周燕约架学者吴法天,吴法天约架五岳散人,周鸿祎约架雷军,张鸣约架司马平邦,史晓燕约架李开复等,这种约架行为,其话题有的与公共议题有关,有的事关个人行为与信誉,虽然最终是在网络围观者的狂欢与起哄中不了了之,但引发了不良的社会后果,有损于约架双方的社会形象。

从法律的角度而言,网络暴力行为如果符合侵权行为的构成要件,行为人具有主观过错,并造成了损害后果,且两者之间存在因果关系,那么就可以被界定为民法上的侵权。严重的网络暴力还可能构成刑法上的犯罪行为。《最高人民法院、最高人民检察院关于办理利用信息网络实施诽谤等刑事案件适用法律若干问题的解释》明确了网络暴力行为构成侮辱罪、诽谤罪、寻衅滋事罪、敲诈勒索罪的情形。网络话语权利需要保障,但是网民的言论和行为也需要规范,不能任性、侵权,给他人带来伤害。

## 四 群体极化伤害社会理性

桑斯坦最早界定了网络传播环境下的群体极化现象。他认为,网络上"志同道合的人可以在网络上轻易且频繁地沟通,但听不到不同的意见。持续暴露于极端的立场中,听取这些人的意见,会让人逐渐相信这个立场。各种原来无既定想法的人,因为他们所见不同,最后会各自走

---

[①] 石凤:《从网络媒体发展看网络话语权变迁》,中南民族大学 2011 年硕士学位论文。

向极端,造成分裂的结果,或者铸成大错并带来混乱。"① 美国心理学家萨拉·凯拉尔与同事通过研究证明,网络中的群体极化现象大约是现实生活中面对面时的两倍多。②

在理性缺乏、传播制约和暴力倾向的综合影响下,微博形成了一个易于群体极化现象发生的危险场域,如同"一堆干柴",随时有"一点就着"的可能。③ 此外,网络群体极化现象的产生还与三个因素有关:一是网络匿名性所带来的安全感,二是群体的从众心理和集体无意识,三是网络意见领袖的推动。但网络群体极化现象并非存在于所有话题,那些触及社会情绪的特定议题更能形成群体极化现象。其积极效应在于有可能引发关注,扩大舆论监督的力量,推动特定事件的解决;其消极作用则在于产生的强势意见有可能遮蔽部分理性声音,放大非理性、情绪性信息的影响。

## 五 过度娱乐挤占公共空间

2013年后,来自政府部门的信息安全考量和微博自身的商业化诉求,在一定程度上改变了微博的生态面貌,使之变成综艺明星和各类八卦的集中地。

王宝强离婚、林丹出轨激起网民"集体狂欢"式的热议,美国大选期间特朗普表情包,登上热搜的"杜甫很忙",傅园慧表情包系列,鹿晗公布恋情,冯绍峰和赵丽颖宣布婚讯等引发微博瘫痪。

一方面,众多的娱乐性信息,降低了用户关注公共议题的可能性;另一方面,公众话语日渐以娱乐的方式出现,形成解构经典、恶搞历史、揭秘八卦的语言生态环境④,消解了真正意义上的话语权。娱乐化的现状和趋势不可避免,但是对于其带来的负面影响也值得关注。

数以亿计的用户使用微博等平台,无异于将现实社会的复杂性延伸或

---

① [美]凯斯·桑斯坦:《网络共和国:网络社会中的民主问题》,黄维明译,上海人民出版社2003年版,第50—51页。
② [美]帕特里夏·华莱士:《互联网心理学》,谢影、苟建新译,中国轻工业出版社2001年版,第88页。
③ 曾志伟、李建华:《"微博政治":脆弱性及其引导》,《学术界》2016年第2期。
④ 靳琰、孔璐璐:《新媒体语境下的网络泛娱乐化机理探究》,《现代传播》2016年第12期。

投射其上，在自由表达、平等参与的同时，必定伴随着众声喧哗，有意或无意的话语权滥用等问题，具体表现在信息超载、虚假信息增加、网络暴力、群体极化、娱乐过度等五个方面。为了维持微博平台的有序性和吸引力，作为管理方和使用者都有责任和义务去改变它、规范它。

## 第二节　微博话语的规制

自接入互联网以来，我国政府对互联网管理的基本理念比较明确：一方面是最大限度地利用和发挥互联网促进经济和社会发展的巨大潜力；另一方面是运用强有力的管理手段控制互联网所带来的一切不稳定因素以维护国家和社会的安全稳定。① 治理思路是"刚柔相济"：刚的一面，是国家对言论的直接干涉；而柔性治理则是政府以外的行动主体，如网络公司、互联网协会、网评员、"自干五"、普通网民等等。其手段和策略，并不限于强制性的规定和法律，还包括主流媒体占领网络阵地、争夺话语权等手段。② 具体到微博平台的管理而言，也具有类似特征。

主要的规制包含以下几种：

### 一　法律规制

劳伦斯·莱斯格说，网络空间的自由绝非来源于政府的缺席。自由，在那里跟在别处一样，都来源于某种形式的政府控制。③ 政府的管理理念、思路和措施都会影响网络话语的表达。政府可以运用身份认证、信息过滤和分级管理等技术手段进行网上治理，也可以开展打击有组织制造传播谣

---

① 尹韵公：《"互联网站"到"网络文化"——党的十七大报告的网络学解读》，《新闻与传播研究》2007年第4期。
② 杨国斌：《情之殇：网络情感动员的文明进程》，《传播与社会学刊》2017年4月。
③ [美]劳伦斯·莱斯格：《代码：塑造网络空间的法律》，李旭等译，中信出版社2004年版，第5页。

言、整治网络违法犯罪的网下行动，还可以推动微博社区的自我约束，为网络营造良好的生态环境。①

**（一）管理微博的主要文件**

如果从 1994 年《中华人民共和国计算机信息系统安全保护条例》颁布算起，我国调整互联网的规范性文件超过 145 部，但并没有专门针对某一网络平台或应用的专门法律。因此，对微博言论的管理主要是从现行的法律法规和规范性文件中寻找依据。

张飞龙梳理了微博管理中两次大的起伏：2009 年新疆"七·五"事件发生后，政府关闭了很多微博网站，国外一些微博网站也先后被封锁，我国微博的发展一度跌至冰点；2012 年 3 月底，新浪微博不得不暂时停止微博网络中的互评程序。②

2013 年以来，"两高"加大了对微博言论侵权方面司法的解释力度。2013 年 9 月 6 日，"两高"发布了《关于办理利用信息网络实施诽谤等刑事案件适用法律若干问题的解释》，其中明确规定，对于"利用信息网络诽谤他人，同一诽谤信息实际被点击、浏览次数达到 5000 次以上，或者被转发次数达到 500 次以上的，应当认为《刑法》第 246 条第 1 款规定的'情节严重'，可构成诽谤罪"。③

2014 年 10 月 9 日，最高人民法院公布《关于审理利用信息网络侵害人身权益民事纠纷案件使用法律若干问题的规定》，首次对网上个人信息的定义和可公布的范围进行了界定，明确了利用微博、微信等自媒体"人肉搜索"他人个人信息行为的过错认定。不同职能部门陆续制定了一系列的法律法规来规范微博发展，下表仅列出近几年的主要规定：

---

① 叶穗冰：《微博大V话语霸权研究》，《广州大学学报》（社会科学版）2017 年 8 月。
② 张飞龙：《微博言论管理法制化研究》，苏州大学 2015 年硕士学位论文。
③ 最高人民法院，最高人民检察院：《关于办理利用信息网络实施诽谤等刑事案件适用法律若干问题的解释》（http://news.jcrb.com/jxsw/201309/t20130910_1199692.html）。

表9-1　　　　　　　　　　微博主要管理文件一览表

| 颁布时间 | 部门 | 文件 |
| --- | --- | --- |
| 2011.12.16 | 北京市：人民政府新闻办公室、公安局、通信管理局、互联网信息办公室 | 《北京市微博客发展管理若干规定》 |
| 2013.9.6 | 最高人民法院、最高人民检察院 | 《关于办理利用信息网络实施诽谤等刑事案件适用法律若干问题的司法解释》 |
| 2014.8.7 | 国家网信办 | 《即时通信工具公众信息服务发展管理暂行规定》 |
| 2014.10.9 | 最高人民法院 | 《关于审理利用信息网络侵害人身权益民事纠纷案件使用法律若干问题的规定》 |
| 2016.12 | 国家新闻出版广电总局 | 《关于加强微博、微信等网络社交平台传播视听节目管理的通知》 |
| 2017.6.1 | 国家网信办 | 《互联网新闻信息服务管理规定》 |
| 2017.8.3 | 北京网信办 | 《微博社区娱乐信息管理规定》 |
| 2018.2.2 | 国家网信办 | 《微博客信息服务管理规定》 |
| 2018.11.15 | 国家网信办和公安部 | 《具有舆论属性或社会动员能力的互联网信息服务安全评估规定》 |

### （二）微博话语表达的边界

我国现行宪法第二章第五十一条在对公民言论自由权利进行确认的同时，规定"公民在行使自由和权利的时候，不得损害国家的、社会的、集体的利益和其他公民的合法的自由和权利"。[①] 这也是政府对微博言论进行合法限制的依据。

我国现行的相关法律法规和规范性文件都是采用列举禁止的形式来对微博言论进行限制的，这些条款并没有对超越言论自由界限的违法行为构成要件进行明确规定，也没有对处罚标准进行界定，更没有对具体的色情、暴力、政治色彩等需要加以限制的言论内容进行分级。[②] 因此，在实践中，微博的言论边界并不是太清晰，对言论的界限也没有一个规范性的约束。

新浪微博 2012 年 5 月 28 日开始施行的《新浪微博社区管理规定（试

---

① 《中华人民共和国宪法》（2018年修正），第二章，第五十一条。
② 张飞龙：《微博言论管理法制化研究》，苏州大学 2015 年硕士学位论文。

行)》第四章中将违规行为界定为三大类：危害信息、不实信息、用户纠纷类信息，该规定可以看作是微博自身对于用户所发布信息的边界框定。

2013年8月10日，国家互联网信息办公室提出的"七条底线"也可以看作是规范微博言论行为的规定：法律法规底线、社会主义制度底线、国家利益底线、公民合法权益底线、社会公共秩序底线、道德风尚底线、信息真实性底线。

2018年10月，微博根据《中华人民共和国网络安全法》等相关法律法规及主管部门的管理政策制定了新的《微博社区公约》，并于10月22日开始施行，规定了用户不得发布如下表所示的两大类信息：时政有害信息和违法信息。

表9-2　　　　　　　微博不得发布的两大类信息[①]

| 不得发布的信息类型 | 主要表现 |
| --- | --- |
| 时政有害信息 | （一）危害国家及社会安全的信息，主要表现：<br>1. 反对宪法确定的基本原则；<br>2. 危害国家统一、主权和领土完整；<br>3. 泄露国家秘密、危害国家安全或者损害国家荣誉和利益；<br>4. 煽动民族仇恨、民族歧视，破坏民族团结，或者侵害民族风俗、习惯；<br>5. 破坏国家宗教政策，宣扬邪教、迷信；<br>6. 散布谣言，扰乱社会秩序，破坏社会稳定；<br>7. 歪曲、丑化、亵渎、否定英雄烈士事迹和精神，侮辱、诽谤英雄烈士；<br>8. 宣扬赌博、暴力、凶杀、恐怖或者教唆犯罪；<br>9. 煽动非法集会、结社、游行、示威、聚众扰乱社会秩序；<br>10. 突破社会道德底线、制度底线的负面信息；<br>11. 含有法律、行政法规和国家规定禁止的其他内容 |
| | （二）社会类有害信息危害国家及社会安全的信息，主要表现为：<br>1. 血腥且引起生理不适的内容；2. 自我伤害的内容，包括描述自残自杀过程、发布自残自杀图片视频、直播自残自杀、展现血腥暴力的骇人内容等；3. 影响未成年人身心健康，诱导未成年人违法犯罪的内容 |

---

① 据《微博社区公约》整理（http://service.account.weibo.com/roles/gongyue）。

续表

| 不得发布的信息类型 | 主要表现 |
| --- | --- |
| 违法信息 | （一）含有扰乱公共秩序，妨害公共安全，侵犯人身权利、财产权利，妨害社会管理内容的信息。（二）涉黄信息。（三）兜售、贩卖各类法律法规所规定的禁止流通物和限制流通物的信息 |

微博不是法外之地。作为自媒体平台提供者应该担负一定的社会责任，对用户发布的信息进行必要的管理。用户也在一次次的审查事件和具体使用过程中逐步熟悉、把握微博平台的言论自由在具体执行层面的边界。

## 二 行政监管

我国行政机关在互联网管理中存在"九龙治水水成龙"现象①，即多头管理，各自从自己部门工作进行管理。

### （一）行政限制

行政限制是指政府主管部门通过制定规章制度、出台政策等行政手段，对微博言论进行限制。②对于微博的直接管理，始于北京市在2011年12月16日公布并实施的《北京市微博客发展管理若干规定》，该《规定》指出网站开展微博客服务，应当"遵守宪法、法律、法规、规章，坚持诚信办网、文明办网，积极传播社会主义核心价值体系，传播社会主义先进文化，为构建社会主义和谐社会服务"；应当"建立健全信息内容审核制度，对微博客信息内容的制作、复制、发布、传播进行监管"。

2018年施行的《微博客信息服务管理规定》明确规定国家互联网信息办公室和地方互联网信息办公室分别负责全国、本行政区域内的微博客信息服务的监督管理执法工作。

### （二）约谈整改

对于微博言论的管理，相关的政府部门可以直接约谈网络平台负责

---

① 徐汉明、张新平：《网络社会治理的法治模式》，《中国社会科学》2018年第2期。
② 张飞龙：《微博言论管理法制化研究》，苏州大学2015年硕士学位论文。

人，并敦促其对出现的阶段性问题进行整改，这种方式效果明显，对平台的约束力较强。

2017年6月1日，广电总局发布《关于进一步加强网络试听节目创作播出管理的通知》，6月7日，第一狗仔卓伟、名侦探赵五儿、风行工作室等八卦类账号被封，微博、今日头条、腾讯被约谈；6月8日，@毒舌电影、@关爱八卦成长协会等25个微信公众号被封；6月22日，广电总局要求新浪微博、A站等关停网络视听节目服务，进行全面整改。

2018年1月27日，国家网信办指导北京市网信办约谈微博负责人，主因是新浪微博对用户发布的违法违规信息未尽到审查义务，持续传播炒作导向错误、低俗色情、民族歧视等违法违规有害信息，故责令其立即自查自纠，全面深入整改。① 之后，新浪微博对问题突出的热搜榜、热门话题榜、微博问答功能、热门微博榜明星和情感版块、广场头条栏目情感版块暂时下线一周进行整改。

2018年2月，国家网信办相关负责人强调，微博客服务提供者应切实履行职责和义务，自觉接受社会公众和行业监督，积极营造清朗的网络空间。2018年11月上旬，国家网信办又约谈腾讯微信、新浪微博等自媒体平台，对其主体责任缺失、疏于管理、放任野蛮生长、造成种种乱象，提出严重警告。

约谈整改的方式可以对发现的问题及时进行处理，效果明显，具有阶段性特征，但缺乏系统性管理思路。

### （三）专项行动

2013年8月20日，全国公安机关开展了集中打击网络有组织制造、传播谣言等违法犯罪专项行动，"秦火火""立二拆四"等人相继落网；2014年7月22日，国家互联网信息办、工信部、公安部开展联合行动，集中部署打击利用互联网造谣、传谣行为。

---

① 《北京网信办约谈新浪微博：热搜榜等版块暂时下线整改》（http://news.sina.com.cn/o/2018-01-27/doc-ifyqyesy2860240.shtml）。

上述"自上而下"的管理在一定程度上使得自媒体上的内容相对"干净",有利于营造清朗的网络空间和良好的网络秩序。

### 三 自我管理

相对于政府部门的事后"硬约束",微博等平台的自我管理是一种"软约束"。微博运营商可以在某些微博言论公开发布之前或后果尚未造成之前通过技术手段对侮辱、淫秽等有害言论进行过滤。① 自我管理,有助于微博平台的持续健康发展,使其在健康发展的同时维护平台的活跃度。

早在门户网站时期,新浪就积累了丰富的自我管理经验,对内容的管理和审查意识较强。微博发展初期,新浪公司就将审核机制上升到了战略地位,用户发布的信息会被时时监控,"有害信息"会被及时删除。

2010年10月,新浪微博成立了由7名资深新闻编辑组成的辟谣小组,专门从事针对虚假信息、不准确信息和商家欺诈类信息等的监控、查证和辟谣工作,并开设了专门的管理账号@微博辟谣。2011年3月日本大地震之后,官方辟谣账号已经成为几大微博运营商的"标配"。另外,新浪微博也推出不实信息曝光专区,集中澄清谣言,曝光和处罚恶意上传虚假内容的用户。

2012年5月8日,新浪微博发布《新浪微博社区公约(试行)》《社区管理规定(试行)》及《社区委员会制度(试行)》等规范微博用户及其内容的管理规定,该《公约》被认为是标志着我国互联网开始尝试步入"网络自律"阶段;2017年8月3日,北京网信办指导微博制定并发布的《微博社区娱乐信息管理规定》,被视作国内首个由行业领军网站制定的互联网娱乐信息自律管理制度;2018年10月实施的新版《微博社区公约》,用以维护微博社区秩序,保障微博用户的合法权益。

---

① 上海交通大学公共关系研究中心、舆情研究实验室:《2011上半年度中国微博报告》(http://www.csstoday.net/Item/5836.aspx)。

此外，微博专门设立了微博社区管理中心，并定期发布《微博社区管理中心工作报告》，内容涉及对各类违规行为的处置情况、#微博辟谣#平台的工作内容、近期社区管理工作的重点方向、举报产品更新的说明解释等。

微博的自我管理，在保护言论自由的同时，防止虚假信息或者危害信息的传播，可以解决简单的网络纠纷。但面对数亿用户的不同需求来确定具体的管理标准，实践中也面临着不小的挑战。

### 四 技术监控

除了采用人工信息审核之外，微博还依靠相关技术完成内容的审查与删除，以及个别用户的信息传播权利和自由度，这个庞大的系统基于内容理解的不良信息过滤技术，具有过滤目标明确且相对稳定等特点。技术控制多由专门的机构实施，如"微博小秘书""微博管理员""小黑屋""微博社区管理中心""辟谣小组"等和技术控制密切关联的组织。

从各类资本的争夺以及符号的合法性建构的角度而言，技术控制是优势资本诉诸技术暴力之举，是无所不在的"权力的眼睛"，也是一种"对他者的权力"。[1]

微博技术控制规则也随着控制技术的发展而完善。下表列出了微博在管理中采用的主要技术手段，这些技术控制更容易对特定的社会群体产生影响，如言辞激烈而又难以驯化的各类微博大V、公知中的激进群体、弱势群体等。[2] 当然，这些技术手段基本上也适用于微信及微信公众号的治理。[3]

---

[1] 郭栋：《社交媒介法治研究：基于微博规制实践的考察》，复旦大学2014年博士学位论文。
[2] 同上。
[3] 张爱军、崔莹：《微博政治伦理研究》，《自然辩证法研究》2013年11月。

表9-3　　　　微博在运营管理过程中主要采用的技术手段[①]

| 主要方式 | 主要内容（说明） |
| --- | --- |
| 实名认证 | 对网络、微博中的网名实名制认证，证明微博用户的真实身份 |
| 监控与屏蔽 | 主要涉及敏感词、敏感人物、敏感文章、敏感事件、敏感内容等 |
| 销号和取消认证 | 用户的言论发表资格 |
| 删帖 | 对公共权力的不当言论 |
| 限制和转发评论 |  |
| 禁言 | 短期禁言一般在七天左右；长期禁言在一个月到半年不等；如果永久性禁言则与销号等同 |
| 断网 | 当涉及重大事件、民族问题、环境保护问题且上述问题严重影响社会稳定、民族和谐而又不可控时 |
| 侵占私人微博账号 | 公权用非常规手段侵入私人微博号发布有利公权力的微博 |

值得注意的是，微博技术控制的规则并不透明，而"不言明的规则尤其易受策略性的解释和操作的影响"。[②]微博场域中的绝大多数群体也会面临技术控制所带来的技术暴力的侵扰，在毫不知情的情形下，转发和评论信息的权力被限制，即便该信息在网络媒体和传统媒体中已广为传播。[③]

技术控制仅仅在物质域里发挥作用，微博用户往往会通过小号、换马甲、让他人代发言、改变敏感词表述等技巧来绕过技术控制所设置的藩篱，形成了人与技术之间的较量。技术控制可以提高信息管理的效率，但相对而言比较直接，所以需要辅之以人工审核。

## 五　网民自审

用户在使用微博的过程中，既感受到发布和传播信息的自由与便捷，

---

[①] 张爱军、崔莹：《微博政治伦理研究》，《自然辩证法研究》2013年11月。
[②] ［美］詹姆斯·罗尔：《媒介、传播、文化：一个全球性的途径》，董洪川译，商务印书馆2012年版，第89页。
[③] 郭栋：《社交媒介法治研究：基于微博规制实践的考察》，复旦大学2014年博士学位论文。

间或也会直接体会到信息发布的不畅，微博给出的不能发布或评论的提示或理由，久而久之会让用户逐渐感知到表达自由的边界。也许用户不会仔细阅读微博推出的相关规定，但基于其在现实生活中所接收的信息和媒体使用经验，对于那些明显的危害性信息和违法信息，多数用户还是拥有较高的自觉性。

对于一些不能顺利发布的信息，在得到微博提示之后，用户会发挥主动性，进行自我学习、摸索，以便揣摩文字表达的技巧与把握微妙的尺度。

传播并发酵于微博平台的一次次新闻反转，让网民越来越理性，不再像最初的急于站队、急于表态，对于微博用户的网络话语表达、网络行为参与等都会带来潜移默化的改变。

微博的商业价值在于用户的规模和活力，而清晰的话语表达规则、惩戒机制，完备的申诉流程和科学的管理等才能保证网民参与的持续性。不信谣、不传谣、文明上网、理性上网、不发布不良信息、不进行人身攻击等要求或者倡议，在实践中还需要清晰、可行的使用细则，使不同的用户在特定时刻感受到平台的管理制度与处理流程。用户日益重视自我表达权利的实现，而且选择余地更趋多元化，在保障平台规范运行和用户自由之间，需要细化管理办法，提高用户反馈或申诉的处理效率，体现管理者的智慧。

## 第三节 网络话语权的忧虑与提升

互联网在带来自由的同时，也带来了信息的超载和冗余，网民花在网络上的时间逐年上升：2013 年 6 月底我国网民人均上网周时长 21.7 小时，2018 年人均周上网时长 27.7 小时，接收各种信息等的轰炸、刷屏，在一次次唯恐落伍的心态下，以好奇的心态主动阅读、搜索各种信息，无形之中挤压了人全面发展的时间。

## 一　网络话语权引发的忧虑

以微博、微信、抖音、快手等为代表的互联网平台，为实现全民的话语表达提供了技术基础，激发了网民表达的热情，与之配套的打赏、销售、广告等商业模式，为悉心经营内容生产的用户带来了经济回报，在一定程度上保证了用户内容生产的动力和持续性。

但平台运营者垄断式的地位以及商业公司的属性，使其最终的指向依然是商业价值的实现。这一基本特征，会影响普通用户话语表达的具体方式和内容倾向。

### （一）商业力量影响人文精神

如果说传统媒体还有公共利益的考量，而以技术起家的互联网运营商则不同，他们遵循和崇拜的是市场逻辑。为了保持平台的活跃度，增强用户的黏性，以微博为代表的网络平台，以用户需求和体验为核心，降低话语表达的门槛，利用技术手段增强话语表达的传播效果，但也弱化了"把关人"的效果。众声喧哗之中，出现了"劣币驱逐良币"的状况，那些能激发用户兴趣的事件或话题更容易被广为传播，即使是虚假信息也不例外。

2016年4月19日，习近平主席在国家网络安全和信息化工作座谈会上发表的《在网络安全和信息化工作座谈会上的讲话》明确指出：办网站的不能一味追求点击率，开网店的要防范假冒伪劣，做社交平台的不能成为谣言扩散器，做搜索的不能仅以给钱的多少作为排位的标准。希望广大互联网企业坚持经济效益和社会效益统一，在自身发展的同时，饮水思源，回报社会，造福人民。[①]

互联网公司和那些自媒体机构的盈利需求是应有之义，但也不能一味考虑挣钱，而漠视自身的社会责任、最起码的人文关怀意识和道德感。要考虑经由自家平台生产、传播的信息所可能带来的社会影响尤其是给新闻

---

① 习近平：《在网络安全和信息化工作座谈会上的讲话》（http://cpc.people.com.cn/n1/2016/0426/c64094-28303771.html）。

当事人带来的二次伤害。人人皆可发布，与之对应的是责任、善良与包容，而非没有底线的制造爆款、追求流量，全然不顾信息发布出去之后对于他人和社会所造成的负面影响。

### （二）众声喧哗消解理性讨论

私人领域叠加到公共领域，公共领域越来越呈现出私人属性。尤其是购物、娱乐等私人事项越来越多地被放在公共领域讨论，情感在公共传播中越来越重要，也越来越具有私人属性。[①]这降低了网民参与评论的难度，因为相比于政治、经济、外交关系等硬核话题，娱乐性话题、民生话题等基本没有什么门槛，人人皆可自由评论，但也正是在这一过程中，诉诸感性的观点和评论居多，理性的发言和思辨占比极小。网络上的谩骂、语言暴力等并不鲜见，预想中的理想的交流空间并未出现。情绪性的、非理性的、简短的评论随处可见，尊重对方、建立在翔实资料或共同认知基础上的平等、理性讨论，在微博等平台并不常见，一则热点新闻或热门博文下方即使有数千条留言，也多是孤立的自说自话，缺少网友之间的理性讨论，显示了话题的吸引力和交流的无奈，预想中的群体智慧较难实现。

王维佳和杨丽娟以微博中对于"吴英案"的讨论为例，分析了微博公共议题讨论的传播特征。他们选取新浪微博中转发量超过1000次的围绕该案讨论的所有原创微博82条为分析对象，发现这些博文发布者的社会角色和阶层属性高度一致，多为学者、媒体人、企业管理者和律师，博文对"吴英案"的态度完全一致，没有一条博文从正面支持法院的判决，也没有一条博文引述和回应法院判决时给出的事实依据。据此，他们认为由于微博意见领袖群体社会阶层相似，政治观念同质化，在讨论特定政治议题时，有明确而统一的政治目标，因而微博上的言论和意见具有明显的党派特征和宣传意味，而不是公共性和开放性。[②]微博开放式的结构适于话语的自由表达和群体"围观"，但并不是一个适合的理性的公共商讨空间。

---

[①] 陈力丹：《网络传播技术正在发生突破性进展》，载陈力丹、刘海龙：《解析中国新闻传播学 2018》，中国人民大学出版社 2018 年 Kindle 版本（Kindle 位置 5211—5212）。

[②] 王维佳、杨丽娟：《"吴英案"与微博知识分子的"党性"》，《开放时代》2012 年第 5 期。

### （三）身份差异导致失衡加剧

自由、平等是互联网的基本理念，但当每一个现实中的人在网络平台上建立账号时，自然而然会将物理世界中的很多特质延伸至网络平台，每一个起始地位平等的网络节点，若加上时间这一变量后，其在网络中所处的地位和影响力便有所不同。身份差异会在很短时间内延伸至微博，相比于现实世界中已经获得一定知名度的人，普通人需要通过内容来吸引关注，增加微博账号的影响力，而这需要长时间的内容经营与关系拓展。尤其是对于较晚使用微博的大多数而言，已经错过了平台早期发展的推广优势，话语权力的实现难度更大。而普通人又缺少生产话题的优势和传播的技巧，因此，传播的影响力相对有限，很难成为传播的焦点，但这一点并不妨碍其话语的平等表达。与粉丝数量在百千万甚至上亿的博主相比，那些粉丝数量不多的"围观者"组成了微博用户的绝大多数，成为微博话语权力的底层。但在特定传播情境中的话语表达，处于"底层"的众多用户却彰显了微博的活力与竞争力，也不可小觑。

## 二 提高用户的网络媒介素养

微博用户很容易实现话语权利，在相关规定范围内，可以进行信息的自由发布，但若要转化为话语权力，普通用户则依赖于：第一，独特内容能否引发群体的共鸣；第二，能否引起意见领袖的关注并转发。并且这种权力的实现需要多种因素，且是短暂的，会暂时性的打破微博传播失衡的格局。

微博名人（包括拥有一定粉丝基础和稳定影响力的微博客）话语权力的实现相对而言难度更小些，这一群体拥有较为稳定的粉丝规模、社交关系和较高的活跃度，自身熟悉微博的传播技巧和规律，能主动地实现传播意图的最大化。借助于悉心建立的传播网络，更容易通过"友情"实现话语权力的转化以及资源效应的最大化。他们更注重建立自身的影响力和口碑效应，以身份优势、信息优势、关系优势等实现话语权力。

要实现更大的话语权，需要主体的不断努力和悉心经营，尤其需要提高网络媒介素养。结合本书结构,笔者主要从官员、媒体人、网民三个维度进行网络媒介素养提升的探讨。

(一)官员的网络媒介素养

官员作为新媒体的管理者、参与者,既需要通过微博、微信等平台塑造自身及所在部门的形象,也需要进行舆情应对、熟悉媒介功能、保障记者和公民相应的权利,而非维持传统媒体时代的固有认知,以防范和监测的态度面对媒体质疑和公众监督。[①]官员对待微博等社交媒体的态度和网络媒介素养,既关系到本部门或领域政务新媒体的具体运营理念、服务态度,也会影响到相关政策的制定和政府的公信力。从宏观上看,政府政策还会影响网络话语权结构和网络话语空间的格局。

了解互联网尤其是社会化媒体的传播规律,在熟悉其社会功能的基础上,尊重网民,实事求是,以专业、务实、负责的态度推动信息公开,积极与网民互动沟通。以互联网推动社会发展的理念,制定恰当的政策,在保障公民知情权、表达权、参与权的前提下,研判并规范互联网发展中存在的问题,为其良性发展提供支持。

无论是作为"管理者"的政府机构及官员在传播系统中的管理理念与方式,还是作为"使用者"的政府机构与官员对媒体及公众舆论的态度,都会直接影响公众对于政府整体管理水平与社会发展的信心。所以媒介素养是政府管理与服务能力中非常重要的一部分。[②]

(二)媒体人士的网络媒介素养

相比而言,传统媒体已然过了黄金年代,面临比较大的市场压力,但是这并不能成为其降低专业标准的理由。微博时代的到来,改变了媒体话语权的格局,一方面使信息采集变得更为容易,但另一方面信息的核查难度却在加大。如何在与网络媒体的竞争中体现自己的专业优势和权威声音,仅仅靠一味地贩卖焦虑是没有用的。一要领会并贯彻中央"传统媒体

---

① 彭兰:《社会化媒体时代的三种媒介素养及其关系》,《上海师范大学学报》(哲学社会科学版)2013年第3期。

② 同上。

新媒体融合发展"的要求；二要传递社会正能量，在报道中建立自己的口碑和影响力；三要坚持专业主义，具有职业责任感和引领意识。

接地气，重采访。深入新闻一线，多方采访；熟悉传播规律，改变以往那种只关注新闻生产、忽视新闻传播的行为；夯实基本功，以用户需求为核心，关注公共利益，发挥舆论监督功能。

**（三）网民的媒介素养**

作为传播系统的主要"消费者"，公众享受着公共信息产品，他们的"消化吸收"能力，决定了信息产品的转化效果。社会化媒体时代，公众作为"生产者"的角色也日益突出，相应地，话语权力也在与日俱增。但这种权力的增强，也意味着责任意识的增强以及相应能力的提高，否则公众的话语权也有可能被误用。公众的媒介素养，在很大程度上体现为他们从媒体获得有效信息、通过包括社会化媒体在内的公共话语空间进行理性表达与交流的能力。①

普通网民作为微博平台的基石，占比最大，也是信息传播的最主要推动力，网民在发布或转发信息过程中的理性和责任意识，对于事件的关注与评论在一定程度上影响着传播的效果，关乎舆情，形成民意。因此，提高网民的网络媒介素养，也是关系到互联网空间良好秩序的一个要素。

网民的网络媒介素养包括新媒体的使用能力、信息的甄选能力、批判性思维能力、负责任地发布信息的能力、参与网络社交和写作的能力等。规模庞大的网民的素养和行为在一定程度上决定着网络空间的秩序和讨论氛围。

要合理运用话语权，应在不损害社会和他人利益的基础之上，以理性、包容的态度尊重多元价值观，平和地参与讨论，尊重法律法规，维护公共利益。尤其是那些拥有较多话语权的网络意见领袖，应该具有更强的社会责任感，使自己的行为和言论与网络社会地位相匹配。

---

① 彭兰：《社会化媒体时代的三种媒介素养及其关系》，《上海师范大学学报》（哲学社会科学版）2013 年第 3 期。

## 本章小结

网络话语权下移与普及，离不开互联网相关技术和商业资本的推动，也与当下社会转型过程中网民的权利意识、参与意识等密不可分。但众声喧哗的语境下，各种商业力量的裹挟、利益主体的激烈竞争、政府层面的安全考量等，决定了微博场域话语规制的必要性。

互联网发展之初就崇尚自由、平等、免费，但作为投资者的运营商需要考虑的是商业模式，作为管理者的政府需要考量的是建立清朗的网络空间，作为话语活跃者的相关机构需要的是影响力，作为基石的网民需要的是自由表达与参与，不同的身份和目的决定了他们在微博甚至互联网场域中的行事规则和角色扮演。微博作为一个信息发布的平台，我们不能忽视它的阶级性：资本、市场与"名人战略"的结合。[1] 微博运营商的战略决策助长了泛娱乐化的氛围，政府层面的文件和约谈等行为影响着微博话语空间的自由度，辗转于多家网络平台的用户，回头后发现微博最终是一个适于话语表达和社会参与的开放空间。

长远来看，提高网络媒介素养，规范并细化管理制度，承担必要的社会责任，是微博运营者、管理者、使用者在未来都需要着力思考和践行的议题。社会的发展需要自由的表达，每个人都会从多元的表达中获益，但必要的规范也是题中应有之义。

---

[1] 吕新雨：《"微博时代"的终结？——〈新媒体与当代中国政治〉导言》，《新闻大学》2018年第1期。

# 结　　语

　　在技术和资本的双重驱动下，互联网从科技精英们的小众使用成为生活中同水、电一样的基础配置，这种下移实现了社会普通个体的话语权利，延伸并放大了社会精英阶层的话语影响力。

　　微博的联结功能，实现了信息短时间内的裂变式传播，极度压缩了信息传播的时间感和空间感。借助于微博，每一个用户都可能成为热点事件的见证者、参与者、记录者，平等的发声渠道暂时消解了社会不同阶层的区隔，使我们得以窥探更多元的世界和更丰富的解读。在看似自由、平等的表象之外，其实是现实社会中失衡的话语格局的翻版，最大之不同在于微博等网络话语平台提供了一种打破这种失衡格局的空间和可能性，网民的自由表达和选择（包括选择性接触、选择性理解、选择性记忆），伴之以数亿规模的用户和互联互通的网络平台，最大程度扩大了网络话语在网络用户认知、情感和行为等方面的影响力。虽然不同发布主体的诸多话语之间也存在着竞争关系，但在特定情境中会形成合力。

　　微博结构上的平等性和传播模式的开放性，实现了社会个体理论上平等的话语权利，但是不同个体在社会地位、社会资本等方面的差异延伸到微博之后，传统社会中金字塔式的失衡话语结构被平移到了微博平台，只不过是变成了网状的结构，网络建立初期的去中心化特质衍变为目前社交平台上的再中心化。

　　以微博为代表的社会化媒体，改变的不仅仅是人类的交流方式和表达方式，重要的是在表达和互动过程中个体的自我意识、身份认同等层面的变化，这些变化，最终都会对传统的层级制权力关系、既有的社会认知等构成挑战或者进行重塑。

丹·席勒（Dan Schiller）指出："互联网绝不是一个脱离真实世界之外而构建的全新王国，相反，互联网空间是现实世界不可分割的一部分。互联网实质上是政治、经济全球化的最美妙的工具。互联网的发展完全是由强大的政治和经济力量所驱动，而不是人类新建的一个更自由、更美化、更民主的另类天地。"[①] 任何一家营利性的互联网公司，商业价值最大化是其发展的目标。为了实现商业目的的各种创新，我们没有必要去高估或美化，但是也不能忽视其在发展中给社会发展所带来的积极作用。

具体到微博来说，它是推动中国进步的重要媒体之一，它所搭建的开放、平等表达的平台，至少给社会各个阶层提供了一个表达的渠道，开拓了信息和观点的来源，可以展示更真实的社会。微博等自媒体打造的平台，在实现网民话语权的同时，可以使现实生活中阶层固化、资源占有不均衡等问题在网络平台上呈现，在展现社会复杂性的同时兼具减压阀功能，有利于管理和决策部门了解民情民意、改进工作态度，也能有效整合社会资源、增强社会凝聚力和认同感。

微博在"再中心化"的过程中，也伴随着"去权威化"。长远来看，可以在多元主体呈现社会复杂性的同时，完成技术赋权与价值认同。在当下社会转型过程中，具有社会黏合剂、稳定剂和减压阀的功能，可以形成对公权力的监督，启蒙和培育民众的公民意识和社会关怀意识，联结社会资源，增强社会凝聚力，推动社会发展。

微博，虽然搭建了帮助实现全民网络话语权的平台，但是距离理想的商谈空间还存在一定的距离。一方面是微博既有的失衡结构，在基础上决定了主体话语影响力的不平等性；二是基于热点事件传播和发酵形成的网民"围观"，彰显了普通网民话语的现实影响力，但这种基于特定议题而

---

① ［美］丹·席勒：《数字资本主义》，杨立平译，江西人民出版社2001年版，第287页。

产生的集体兴奋式的话语"权力"会很快转移、褪去，其间形成的社会共同体和认同感也会解散，不具有稳定性，也比较难以实现理性的讨论。

思想活跃、利益分化、价值多元等成为这个时代发展的必然，而技术为支撑、资本为驱动的社会化媒体又给这种必然搭建了自由表达、多向博弈的平台。它虽然没有实现很多人预想中的自由、平等、去中心化，但在释放表达热情、激发社会参与、呈现社会复杂性、监督公权力、汇聚社会资源、扶助弱势群体等方面有着重要价值。自由的表达，在意见层面是前所未有的丰富和多元。在信息层面，不同主体生产的海量的碎片化信息到底是还原了真相，还是撞碎了真相，其实需要具体分析，谨慎下结论。

每个网络的使用者既是信息的发布者、传播者，也是态度和情绪的发布者与传播者，诸多个体的表达，体现了网民对于自己所生活环境的呈现与建构。在微博、微信等社会化媒体平台上，那些关系到国家民族利益的事件、与国计民生相关的政策或法规、反映社会主要矛盾的事件、与弱势群体和个体权利相关的事件等，会更容易激发网民的代入感和情绪，进而形成线上舆论对线下社会的具体影响。

作为一款实现二度崛起的互联网产品，微博具有较强的生命力，这期间离不开管理者的眼光与智慧。在政府部门的管理框架下，微博运营方调整战略方向，转向泛娱乐化方向，下沉至三四线城市，锁定年轻用户，重金扶植MCN，增强内容竞争力。虽然泛娱乐化特征明显，但微博当下依然是不可替代的、搭建不同阶层互动交流、传播热点事件和公共议题的重要平台。

但有几点在未来值得继续关注：首先，微博的泛娱乐化战略在商业上取得了成功，但是目前所显现出的过度娱乐化势必会挤压公共议题的传播空间；其次，微博的管理政策和运营规则，强化了不同社会阶层在话语影响力方面的失衡格局，社会弱势群体的话语权并未发生本质变化；再次，微博面临侵犯用户隐私、增长放缓甚至停滞等问题。

为了实现广告营收的增长，既有的明星战略和泛娱乐化路线必须保持，这在一定程度上决定了微博话语空间的失衡格局会长期存在。普通用户对于热点事件尤其是涉及公共事务或利益的事件，还会保持一如既往的高关注度和参与热情，但据笔者观察，历经多次的新闻反转，网民少了一些盲目，多了一些理性和耐心。

虽然网络话语权的实现，伴随信息超载、网络暴力、群体极化、过度娱乐等问题，有的也许会影响社会信任，扰乱社会秩序，但笔者认为搭建并维护话语表达的空间，体现了社会的进步与开放。那些不具备持续生产有传播潜力内容的普通微博用户，他们的关注与转发是精英阶层或机构媒体话语权力实现的基础条件。而那些成为热点事件议题中心的普通人，虽然拥有的是短暂而充满偶然性的网络话语权力，折射的却是现实社会存在的问题，也体现了社会中的善意和问题解决的另外一种方式。

互联网技术有自身发展演进的逻辑。微博从经营战略和盈利模式上看，也显现出与传统媒体时代专业机构某些雷同的特质，数亿用户的话语权利从载体而言拥有了更多选择权和自主权，但是要实现向话语权力转化的难度却在加大，一是平台运营商所处的外部生态环境与内部运营环境更为复杂；二是用户的注意力分散而且多变；三是议题和行动的聚合，信息的公开、透明与流动是基本条件。此外，还与社会信任、社会认同等紧密相关。

# 附录1：新浪微博发展大事记

1. 2009年8月14日，新浪网推出"新浪微博"内测版，成为门户网站中第一家提供微博服务的网站。
2. 2009年9月25日，正式添加了@功能以及私信功能，评论和转发功能。
3. 2010年10月底，新浪宣布微博注册用户超5000万。
4. 2010年11月，成立微博辟谣小组，第一时间澄清谣言，并对发布谣言的微博用户做出处罚。
5. 2011年3月2日，注册用户数超过1亿。
6. 2011年4月7日，正式激活新域名weibo.com和weibo.cn，同时激活新版logo。
7. 2011年5月13日，新浪微博加V认证系统上线。
8. 2011年6月，宣布准备进军海外市场，但是仍然遵守中国的法律；新浪希望复制Tumblr轻博客，不过这次创新并未成功；新浪微博为品牌商推出了高度定制化的主页服务，企业可以利用自己的微博官方账户直接与消费者互动。
9. 2011年7月27日，姚晨成为微博首位关注人数突破1000万的博主。
10. 2011年8月31日，新浪微博宣布公测新版面，加入微相册、好友聊天和微博精选功能，同时改进私信等功能。同时推出专业版，分成政府版、企业版、媒体版、校园版。

11. 从 2011 年 12 月 16 日起，在北京、上海、天津、广州、深圳 5 个城市试点推行微博用户用真实身份信息注册的工作。

12. 2012 年 3 月 16 日，新浪微博与搜狐、网易和腾讯微博共同正式实行微博实名制。

13. 2012 年 4 月，推出广告平台，全面启动商业化。

14. 2012 年 5 月 16 日，新浪微博用户数超过 3 亿。

15. 2012 年 6 月 8 日，官方平台微游戏确定 3:7 的分成方案，开发商将获得 70% 的游戏收入。

16. 2012 年 8 月 29 日，新浪微博正式版上线。

17. 2012 年 11 月 21 日，小米手机在微博平台启动开放购买。这也是新浪微博首次启动社会化电商，打通营销闭环。

18. 2012 年 12 月，测试基于微博信息流的自助广告系统"粉丝通"。

19. 2013 年 4 月，推出面向商业品牌客户的品牌信息流产品。

20. 2013 年 4 月 29 日，阿里巴巴 5.86 亿美元投资微博，获得了其 18% 的股权。

21. 2013 年 7 月 23 日，新浪微博宣布接入 Facebook 平台，支持海外用户通过 Facebook 账号登录新浪微博。

22. 2013 年 9 月 5 日，新浪微博 2500 万美元投资移动视频技术公司炫一下 B 轮，双方合作并通过秒拍 App 为新浪微博用户提供 10 秒短视频。

23. 2013 年 11 月，10 万用户账号被封。

24. 2014 年 3 月 15 日，向美国证券交易委员会提交了上市申请文件，计划融资 5 亿美元。

25. 2014 年 3 月 27 日，新浪微博更名为"微博"。

26. 2014 年 4 月 1 日，确定登陆纳斯达克市场，股票代码"WB"。

27. 2014 年 4 月 17 日，正式在美国纳斯达克交易所挂牌上市，发行价 17 美元，当日收报 20.24 美元，收盘后市值约 41 亿美元。

28. 2014 年 5 月，微博公布上市后的首个财报，虽然业务收入有所增长，但亏损严重。

29. 2015年3月11日，公布财务报告称2014年第四季度实现上市后的首次盈利，净利润460万美元。

30. 2016年1月，宣布将取消140字字符限制；月活跃用户量2.36亿。

31. 2016年8月16日，市值首次突破100亿美元。

32. 2017年5月，推出垂直MCN合作计划，强化内容生产，扶持优质内容创作者和机构。

33. 2017年12月，宣布成立30亿基金扶持MCN。

34. 2018年8月8日，推出"微博内容商业联盟助力计划"，打造微博平台、KOL、广告主三方的生态闭环，实现MCN机构与品牌的双向商业变现。

35. 2018年11月1日，新版本客户端暂停对未满14周岁的未成年人开放注册功能。

# 附录 2：《微博客信息服务管理规定》[①]

**第一条** 为促进微博客信息服务健康有序发展，保护公民、法人和其他组织的合法权益，维护国家安全和公共利益，根据《中华人民共和国网络安全法》《国务院关于授权国家互联网信息办公室负责互联网信息内容管理工作的通知》，制定本规定。

**第二条** 在中华人民共和国境内从事微博客信息服务，应当遵守本规定。

本规定所称微博客，是指基于使用者关注机制，主要以简短文字、图片、视频等形式实现信息传播、获取的社交网络服务。

微博客服务提供者是指提供微博客平台服务的主体。微博客服务使用者是指使用微博客平台从事信息发布、互动交流等的行为主体。

微博客信息服务是指提供微博客平台服务及使用微博客平台从事信息发布、传播等行为。

**第三条** 国家互联网信息办公室负责全国微博客信息服务的监督管理执法工作。地方互联网信息办公室依据职责负责本行政区域内的微博客信息服务的监督管理执法工作。

**第四条** 微博客服务提供者应当依法取得法律法规规定的相关资质。向社会公众提供互联网新闻信息服务的，应当依法取得互联网新闻信息服

---

[①] 《微博客信息服务管理规定》（http://www.cac.gov.cn/2018-02/02/c_1122358726.htm）。

务许可，并在许可范围内开展服务，禁止未经许可或超越许可范围开展互联网新闻信息服务活动。

第五条　微博客服务提供者应当发挥促进经济发展、服务社会大众的积极作用，弘扬社会主义核心价值观，传播先进文化，坚持正确舆论导向，倡导依法上网、文明上网、安全上网。

第六条　微博客服务提供者应当落实信息内容安全管理主体责任，建立健全用户注册、信息发布审核、跟帖评论管理、应急处置、从业人员教育培训等制度及总编辑制度，具有安全可控的技术保障和防范措施，配备与服务规模相适应的管理人员。

微博客服务提供者应当制定平台服务规则，与微博客服务使用者签订服务协议，明确双方权利、义务，要求微博客服务使用者遵守相关法律法规。

第七条　微博客服务提供者应当按照"后台实名、前台自愿"的原则，对微博客服务使用者进行基于组织机构代码、身份证件号码、移动电话号码等方式的真实身份信息认证、定期核验。微博客服务使用者不提供真实身份信息的，微博客服务提供者不得为其提供信息发布服务。

微博客服务提供者应当保障微博客服务使用者的信息安全，不得泄露、篡改、毁损，不得出售或者非法向他人提供。

第八条　微博客服务使用者申请前台实名认证账号的，应当提供与认证信息相符的有效证明材料。

境内具有组织机构特征的微博客服务使用者申请前台实名认证账号的，应当提供组织机构代码证、营业执照等有效证明材料。

境外组织和机构申请前台实名认证账号的，应当提供驻华机构出具的有效证明材料。

第九条　微博客服务提供者应当按照分级分类管理原则，根据微博客服务使用者主体类型、发布内容、关注者数量、信用等级等制定具体管理制度，提供相应服务，并向国家或省、自治区、直辖市互联网信息办公室备案。

第十条　微博客服务提供者应当对申请前台实名认证账号的微博客服

务使用者进行认证信息审核,并按照注册地向国家或省、自治区、直辖市互联网信息办公室分类备案。微博客服务使用者提供的证明材料与认证信息不相符的,微博客服务提供者不得为其提供前台实名认证服务。

各级党政机关、企事业单位、人民团体和新闻媒体等组织机构对所开设的前台实名认证账号发布的信息内容及其跟帖评论负有管理责任。微博客服务提供者应当提供管理权限等必要支持。

第十一条　微博客服务提供者应当建立健全辟谣机制,发现微博客服务使用者发布、传播谣言或不实信息,应当主动采取辟谣措施。

第十二条　微博客服务提供者和微博客服务使用者不得利用微博客发布、传播法律法规禁止的信息内容。

微博客服务提供者发现微博客服务使用者发布、传播法律法规禁止的信息内容,应当依法立即停止传输该信息、采取消除等处置措施,保存有关记录,并向有关主管部门报告。

第十三条　微博客服务提供者应用新技术、调整增设具有新闻舆论属性或社会动员能力的应用功能,应当报国家或省、自治区、直辖市互联网信息办公室进行安全评估。

第十四条　微博客服务提供者应当自觉接受社会监督,设置便捷的投诉举报入口,及时处理公众投诉举报。

第十五条　国家鼓励和指导互联网行业组织建立健全微博客行业自律制度和行业准则,推动微博客行业信用等级评价和信用体系建设,督促微博客服务提供者依法提供服务、接受社会监督。

第十六条　微博客服务提供者应当遵守国家相关法律法规规定,配合有关部门开展监督管理执法工作,并提供必要的技术支持和协助。

微博客服务提供者应当记录微博客服务使用者日志信息,保存时间不少于六个月。

第十七条　微博客服务提供者违反本规定的,由有关部门依照相关法律法规处理。

第十八条　本规定自2018年3月20日起施行。

# 参考文献

## 一　中文著作

1. 唐绪军：《中国新媒体发展报告（2019）》，社会科学文献出版社2019年版。

2. 陈力丹、刘海龙：《解析中国新闻传播学2018》，中国人民大学出版社2018年版。

3. 史安斌：《清华新闻传播学前沿讲座录》（第三辑），清华大学出版社2018年版。

4. 彭兰：《网络传播概论》（第四版），中国人民大学出版社2017年版。

5. 刘少杰：《中国网络社会研究报告2016》，中国人民大学出版社2016年版。

6. 王健：《受众的再现——法兰克福批判理论中的大众、精英与公民》，广西师范大学出版社2015年版。

7. 师曾志、胡泳等：《新媒介赋权及意义互联网的兴起》，社会科学文献出版社2014年版。

8. 毕宏音：《微博诉求表达与虚拟社会管理》，中国社会科学出版社2013年版。

9. 师曾志：《新媒介赋权：国家与社会的协同演进》，社会科学文献出版社2013年版。

10. 郭小安：《网络民主的可能及限度》，中国社会科学出版社2011年版。
11. 何威：《网众传播——一种关于数字媒体、网络化用户和中国社会的新范式》，清华大学出版社2011年版。
12. 尹韵公：《中国新媒体发展报告2011》，社会科学文献出版社2011年版。
13. 喻国明：《微博：一种新传播形态的考察——影响力模型和社会性应用》，人民日报出版社2011年版。
14. 杜子建：《微力无边》，万卷出版公司2011年版。
15. 李开复：《微博改变一起》，上海财经大学出版社2011年版。
16. 吴玫、曹乘瑜：《网络推手运作揭秘：挑战互联网公共空间》，浙江大学出版社2011年版。
17. 夏德元：《电子媒介人的崛起——社会的媒介化及人与媒介关系的嬗变》，复旦大学出版社2011年版。
18. 谢耘耕：《中国社会舆情与危机管理报告2011》，社会科学文献出版社2011年版。
19. 纪秋发：《中国数字鸿沟——基于互联网、普及和使用的分析》，社会科学文献出版社2010年版。
20. 朱海松：《网络的破碎化传播——传播的不确定性与复杂适应性》，中国市场出版社2010年版。
21. 刘燕：《媒介认同论：传播科技与社会影响互动研究》，中国传媒大学出版社2010年版。
22. 唐魁玉：《网络化的后果——日常生活与生产实践的变迁》，社会科学文献出版社2010年版。
23. 郭道晖：《社会权力与公民社会》，译林出版社2009年版。
24. 李金水：《中国网络话语权保障研究》，吉林人民出版社2009年版。
25. 刘学义：《话语权转移——转型时期媒体言论话语权实践的社会路径分析》，中国传媒大学出版社2008年版。

26. 胡泳：《众声喧哗——网络时代的个人表达和公共讨论》，广西师范大学出版社2008年版。
27. 姚君喜：《社会转型传播学》，上海交通大学出版社2008年版。
28. 王四新：《网络空间的表达自由》，社会科学文献出版社2007年版。
29. 胡春阳：《话语分析：传播研究的新路径》，上海人民出版社2007年版。
30. 蔡文之：《网络传播革命：权力与规制》，上海人民出版社2011年版。
31. 李培林：《社会冲突与阶级意识——当代中国社会矛盾问题研究》，社会科学文献出版社2005年版。
32. 谢俊贵：《信息的富有与贫乏——当代中国信息分化问题研究》，三联书店2004年版。
33. 李培林、李强、孙立平等：《中国社会分层》，社会科学文献出版社2004年版。
34. 李水雄：《结构博弈——互联网导致社会扁平化的剖析》，华夏出版社2003年版。
35. 卢汉龙、杨雄：《社会阶层构成的新变化》，上海社会科学院出版社2002年版。
36. 鲁兴虎：《网络信任：虚拟与现实之间的挑战》，东南大学出版社2002年版。
37. 段若鹏等：《中国现代化进程中的阶层结构变动研究》，人民出版社2002年版。
38. 段伟文：《被捆绑的时间——技术与人的生活世界》，广东出版社2001年版。
39. 陈卫星：《网络传播与社会发展》，北京广播学院出版社2001年版。
40. 甄树青：《论表达自由》，社会科学文献出版社2000年版。
41. 崔保国：《媒介变革与社会发展》，南京师范大学出版社1999年版。
42. 冯鹏志：《延伸的世界——网络化及其限制》，北京出版社1999

年版。

43. 周晓虹：《现代社会心理学》，上海人民出版社1997年版。
44. 张咏华：《大众传播社会学》，上海外语教育出版社1984年版。

## 二　中文译著

1. ［美］劳伦斯·莱斯格：《代码2.0：网络空间中的法律》（修订版），李旭、沈伟伟译，清华大学出版社2018年版。
2. ［美］尼尔·波兹曼：《娱乐至死》，章艳译，中信出版社2015年版。
3. ［美］比尔·科瓦奇、汤姆·罗森斯蒂尔：《真相：信息超载时代如何知道该相信什么》，陆佳怡、孙志刚译，中国人民大学出版社2014年版。
4. ［美］克莱·舍基：《认知盈余：自由时间的力量》，胡泳等译，中国人民大学出版社2012年版。
5. ［美］詹姆斯·罗尔：《媒介、传播与文化：一个全球性的途径》，董洪川译，商务印书馆2012年版。
6. ［英］安德鲁·查德威克：《互联网政治学：国家、公民与新传播技术》，任孟山译，华夏出版社2010年版。
7. ［美］以色列：《微博力》，任文科译，中国人民大学出版社2010年版。
8. ［美］彼得·R.芒戈、诺什·S.康特拉克特：《传播网络理论》，陈禹等译，中国人民大学出版社2009年版。
9. ［美］克莱·舍基：《未来是湿的》，胡泳等译，中国人民大学出版社2009年版。
10. ［美］约瑟夫·R.多米尼克：《大众传播动力学：数字时代的媒介》，蔡骐译，中国人民大学出版社2009年版。
11. ［美］彼得·M.布劳：《社会生活中的交换与权力》，李国武译，商务印书馆2008年版。

12. ［美］凯斯·R.桑斯坦：《信息乌托邦——众人如何生产知识》，毕竞悦译，法律出版社2008年版。

13. ［美］欧文·戈夫曼：《日常生活的自我呈现》，冯钢译，北京大学出版社2008年版。

14. ［意］葛兰西：《狱中书简》，田时纲译，人民出版社2007年版。

15. ［美］保罗·莱文森：《莱文森精粹——保罗·莱文森研究书系》，何道宽编译，中国人民大学出版社2007年版。

16. ［美］詹姆斯·E.凯茨、罗纳德·E.莱斯，《互联网使用的社会影响——上网、参与和互动》，郝芳等译，商务印书馆2007年版。

17. ［英］詹姆斯·卡伦：《媒体与权力》，史安斌、董关鹏译，清华大学出版社2006年版。

18. ［美］沃尔特·李普曼：《公众舆论》，阎克文、江红译，上海世纪出版集团2006年版

19. ［美］戴维·格伦斯基编：《社会分层》，王俊等译，华夏出版社2005年版。

20. ［美］曼纽尔·卡斯特：《网络社会的崛起》，夏铸九译，社会科学文献出版社2006年版。

21. ［美］詹姆斯·W.凯瑞：《作为文化的传播：媒介与社会论文集》，丁未译，华夏出版社2005年版。

22. ［法］加里布埃尔·塔尔地、［美］特里·N.克拉克编：《传播与社会影响》，何道宽译，中国人民大学出版社2005年版。

23. ［英］利萨·泰勒、安德鲁·威利斯：《媒介研究：文本、机构与受众》，吴靖、黄佩译，北京大学出版社2005年版。

24. ［英］诺曼·费尔克拉夫：《话语与社会变迁》，殷晓蓉译，华夏出版社2003年版。

25. ［美］保罗·莱文森：《思想无羁》，何道宽译，南京大学出版社2003年版。

26. ［荷］梵·迪克：《作为话语的新闻》，曾庆香译，华夏出版社2003

年版。

27. [加]哈罗德·英尼斯:《传播的偏向》,何道宽译,中国人民大学出版社2003年版。

28. [美]马克·波斯特:《第二媒介时代》,范静哗译,南京大学出版社2005年版。

29. [美]马克·波斯特:《信息方式》,范静哗译,商务印书馆2000年版。

30. [美]保罗·莱文森:《数字麦克卢汉》,何道宽译,社会科学出版社2001年版。

31. [美]丹尼斯·K.姆贝:《组织中的传播和权力:话语、意识形态和统治》,陈德民等译,中国社会科学出版社2000年版。

32. [法]古斯塔夫·勒庞:《乌合之众——大众心理研究》,冯克利译,中央编译出版社2000年版。

33. [美]斯蒂文·小约翰:《传播理论》,陈德民等译,中国社会科学出版社1999年版。

34. [法]皮埃尔·布尔迪厄:《文化资本和社会炼金术——布尔迪厄访谈录》,包亚明译,上海人民出版社1997年版。

35. [美]阿尔温·托夫勒:《未来的冲击》,孟广均等译,新华出版社1996年版。

36. [美]阿尔温·托夫勒:《权力的转移》,刘江等译,中共中央党校出版社1991年版。

37. [美]彼特·M.布劳:《不平等与异质性》,王春光等译,中国社会科学出版社1991年版。

38. [美]格尔哈特·伦斯基:《权力与特权:社会分层的理论》,关信平等译,浙江人民出版社1988年版。

## 三 中文期刊

1. 李晓静:《数字鸿沟的新变:多元使用、内在动机与数字技能》,

《现代传播》2019年第8期。
2. 宋红岩：《基于形象传播的中国演艺明星网络素养研究》，《未来传播》2019年6月。
3. 黄楚新、郑智文：《当前我国政务微博的发展特点及趋势》，《中国记者》2019年第4期。
4. 张庆园、程雯卿：《回归事实与价值二分法：反思自媒体时代的后真相及其原理》，《新闻与传播研究》2018年第9期。
5. 周彬：《网络场域：网络语言、符号暴力与话语权掌控》，《东岳论丛》2018年第8期。
6. 张小强：《互联网的网络化治理：用户权利的契约化与网络中介私权力依赖》，《新闻与传播研究》2018年第7期。
7. 于隽：《微媒介环境中的感知转向及对个人自我建构的影响》，《现代传播》2018年第7期。
8. 陈敏、黄睿：《"大V"去哪儿了？——基于微博、微信、知乎南海仲裁案讨论文本的分析》，《新闻记者》2018年第7期。
9. 邢若南：《Web2.0时代粉丝文化现象研究》，《编辑学刊》2018年第4期。
10. 黄楚新、刁金星：《我国微博发展的现状、问题与趋势》，《中国记者》2018年第3期。
11. 杨国荣：《信任及其伦理意义》，《中国社会科学》2018年第3期。
12. 杨国荣等：《"当代社会的伦理信任问题"笔谈》，《中国社会科学》2018年第3期。
13. 陈昌凤、马越然：《连接、联动、认同：公众生产新闻的传播路径研究》，《新闻与写作》2018年第2期。
14. 王晗啸、于德山：《意见领袖关系及主题参与倾向研究——基于微博热点事件的耦合分析》，《新闻与传播研究》2018年第1期。
15. 吕新雨：《"微博时代"的终结？——〈新媒体与当代中国政治〉导言》，《新闻大学》2018年第1期。

16. 杨磊：《媒介新环境下互联网群体传播研究》，《当代传播》2018年第1期。

17. 杨国斌：《情之殇：网络情感动员的文明进程》，《传播与社会学刊》2017年（总）第42期。

18. 庞云黠、苗伟山：《意见领袖的结构极化研究：以新浪微博为例》，《传播与社会学刊》2017年（总）第42期。

19. 华珍珍：《网络暴力的治理困境及法律规制》，《湖北经济学院学报》（人文社会科学版）2017年第8期。

20. 曹洵、张志安：《社交媒体意见群体的特征、变化和影响力研究》，《新闻界》2017年第7期。

21. 魏建宇：《认同的幻觉与隐匿的压抑："偶像物恋"背后的资本逻辑 以演员王凯的微博粉丝为中心》，《北京电影学院学报》2017年第5期。

22. 李良荣：《新生态新业态新取向——2016年网络空间舆论场特征概述》，《新闻记者》2017年第1期。

23. 侯玉波、李昕琳：《中国网民网络暴力的动机与影响因素分析》，《北京大学学报》（哲学社会科学版）2017年第1期。

24. 黄婷婷、宋琴琴：《微博视域下的粉丝文化传播》，《编辑之友》2016年第10期。

25. 杨蕾：《对作为一种非实体性组织的纪检监察政务微博的功能考察——基于省、市（县、区）的12个微博样本》，《电子政务》2016年第6期。

26. 涂凌波：《草根、公知与网红：中国网络意见领袖二十年变迁阐释》，《当代传播》2016年第5期。

27. 胡百精：《互联网、公共危机与社会认同》，《山东社会科学》2016年第4期。

28. 沈阳、杨艳妮：《中国网络意见领袖社区迁移影响因素及路径分析》，《国际新闻界》2016年第2期。

29. 曾志伟、李建华：《"微博政治"：脆弱性及其引导》，《学术界》2016年第2期。

30. 吴闻莺、蔡尚伟：《中国微博规制模式演变、效果及创新机制研究》，《中共天津市委党校学报》2015年第5期。

31. 郭栋：《建构法律习性：新媒介的自治想象——以微博社区管理中心为研究对象》，《编辑之友》2015年第1期。

32. 谢进川：《微博参与社会管理的可行性分析》，《新闻界》2014年第11期。

33. 蔡骐、曹慧丹：《何种意见？何种领袖？——对网络意见领袖的几点思考》，《新闻记者》2014年第8期。

34. 白淑英、牛鸽军：《微博社区中的网络结构与权力分配》，《湖南师范大学社会科学学报》2014年第6期。

35. 彭兰：《"连接"的演进——互联网进化的基本逻辑》，《国际新闻界》2013年第12期。

36. 郭栋：《运动式治理、权力内卷化与弥散性惩罚——当前微博规制检视》，《国际新闻界》2013年第12期。

37. 董昕：《后现代语境下微博文化的生态价值反思》，《学术论坛》2013年第10期。

38. 顾理平、徐尚青：《微博实名制："错装在政府身上的手"——兼论基于"成本收益"分析的网络空间规制理念与管理战略》，《新闻与传播研究》2013年第9期。

39. 马子博：《政务微博应对网络舆情危机失灵的原因及改进策略分析》，《中国出版》2013年9月（上）。

40. 李彪、郑满宁：《从话语平权到话语再集权：社会热点事件的微博传播机制研究》，《国际新闻界》2013年第7期。

41. 吴靖：《精英控制互联网议程的机理分析——资本裹挟下的网络公共领域"单极化"》，《人民论坛》2013年6月（下）。

42. 赵红艳：《中心性与权力体现：基于社会网络分析的网络媒介权力生

成路径研究》，《新闻与传播研究》2013年第3期。

43. 隋岩、曹飞：《从混沌理论认识互联网群体传播特性》，《学术界》2013年第2期。

44. 许燕：《以近年热点事件及其应对为例看中国社会各阶层媒介话语重构（下）》，《新闻大学》2013年第1期。

45. 李彪：《微博意见领袖群体"肖像素描"——以40个微博事件中的意见领袖为例》，《新闻记者》2012年第9期。

46. 胡泳：《我们需要什么样的网络意见领袖》，《新闻记者》2012年第9期。

47. 潘忠党：《互联网使用和公民参与：地域与群体之间的差异以及其中的普遍性》，《新闻大学》2012年第6期。

48. 许燕：《以近年热点事件及其应对为例看中国社会各阶层媒介话语重构（上）》，《新闻大学》2012年第6期。

49. 王思雪，郑磊：《政务微博战略定位评估——以"上海发布"为例》《电子政务》2012年第6期。

50. 刘海龙：《从传播学角度看：微博流言的特征》，《新闻与写作》2012年第5期。

51. 李之美：《新媒介与公众话语权》，《浙江学刊》2012年第5期。

52. 曾繁旭、黄广生：《网络意见领袖社区的构成、联动及其政策影响：以微博为例》，《开放时代》2012年第4期。

53. 黄河、刘琳琳：《试析政府微博的内容主题与发布方式——基于"广东省公安厅"与"平安北京"微博的内容分析》，《现代传播》2012年第3期。

54. 陈岳芬、李立：《话语的建构与意义的争夺——宜黄拆迁事件话语分析》，《新闻大学》2012年第1期。

55. 郑燕：《网民的自由与边界——关于微博公共领域中言论自由的反思》，《社会科学研究》2012年第1期。

56. 丁未：《新媒体赋权：理论建构与个案分析——以中国稀有血型群体

网络自组织为例》，《开放时代》2011年第1期。

57. 方可成、运安琦：《谣言止于微博》，《南方周末》2011年8月11日，B11版。

58. 姜方炳：《"网络暴力"：概念、根源及其应对——基于风险社会的分析视角》，《浙江学刊》2011年第6期。

59. 方兴东：《即时网络时代的传播机制与网络治理》，《现代传播》2011年第5期。

60. 王君超、郑恩：《微传播与表达权——试论微博时代的表达自由》，《现代传播》2011年第4期。

61. 彭兰：《网络传播与社会人群的分化》，《上海师范大学学报》（哲学社会科学版）2011年第3期。

62. 卢旭成：《草根牛博操控者》，《创业家》2011年5月3日。

63. 朱海威、范以锦：《浅析微博"自我净化"功能的利用和提升》，《新闻记者》2011年第5期。

64. 谢耘耕、徐颖：《微博的历史、现状与发展趋势》，《现代传播》2011年第4期。

65. 张佰明：《嵌套性：网络微博发展的根本逻辑》，《国际新闻界》2010年第6期。

66. 赵云泽、付冰清：《当下中国网络话语权的社会阶层结构分析》，《国际新闻界》2010年第5期。

67. 夏雨禾：《微博互动的结构与机制——基于对新浪微博的实证研究》，《新闻与传播研究》2010年第4期。

68. 喻国明：《微博价值：核心功能、延伸功能与附加功能》，《新闻与写作》2010年第1期。

69. 汝绪华：《话语权观的流派探微》，《湖北行政学院学报》2010年第1期。

70. 于波、闫明星：《网络社会分层标准综述》，《哈尔滨学院学报》2009年第11期。

71. 蒋建国：《新媒体事件：话语权重构与公共治理的转型》，《国际新闻界》2009年第2期。

72. 姚君喜：《我国当代社会的传播分化》，《当代传播》2006年第2期。

73. 范斌：《弱势群体的增权及模式选择》，《学术研究》2004年第12期。

74. 陈力丹：《试看传播媒介如何影响社会结构——从古登堡到"第五媒体"》，《国际新闻界》2004年第6期。

75. 黄哲：《网络社会分层与地位不平等》，《云南民族大学学报》(哲学社会科学版)2004年第3期。

76. 段京肃：《社会的阶层分化与媒介的控制权与使用权》，《厦门大学学报》2004年第1期。

77. 陆学艺：《当代中国社会阶层的分化与流动》，《江苏社会科学》2003年第4期。

78. 李强：《社会分层与社会发展》，《中国特色社会主义研究》2003年第1期。

79. 夏禹龙：《中国社会阶层结构变迁的展望和导向》，《上海交通大学学报》（哲学社会科学版）2003年第1期。

80. ［英］凯文·罗宾：《虚拟技术，新的知识空间？》，《现代传播》2003年第2期。

81. 俞虹：《当代社会阶层变迁与电视传播价值取向》，《当代传播》2002年第6期。

82. ［美］罗伯特·O.基欧汉等：《信息时代的权力与相互依赖》，《马克思主义与现实》2001年第2期。

83. 仇立平：《职业分层：社会分层的指示器》，《社会学研究》2001年第3期。

84. 张宛丽：《中国社会阶级阶层研究二十年》，《社会学研究》2000年第1期。

85. 仇立平：《社会阶层理论：马克思和韦伯》，《上海大学学报》（社会科学版）1997年第5期。

## 四　外文资料

1. Francesco Buccafurri et al. (2015). Comparing Twitter and Facebook user behavior: Privacy and other aspects.Computers in Human Behavior，52，87–95.

2. Elanor Colleoni et al. (2014). Echo Chamber or Public Sphere? Predicting Political Orientation and Measuring Political Homophily in Twitter Using Big Data. Journal of Communication，64，317–332.

3. Mike Thelwall, Kevan Buckley, and Georgios Paltoglou. (2011). Sentiment in Twitter Events，Journal of the American society for information science and technology，62(2):406–418.

4. L. Humphreys et al. (2013). Historicizing New Media: A Content Analysis of Twitter. Journal of Communication，63，413–431.

5. C. J. Vargo et al. (2014) . Network Issue Agendas on Twitter During the 2012 U.S. Presidential Election. Journal of Communication，64，296–316.

6. Eun-Ju Lee. (2013). Effectiveness of Politicians' Soft Campaign on Twitter Versus TV: Cognitive and Experiential Routes，Journal of Communication，63，953–974.

7. Wall St. (2009). "Profitable Microblogging: 10 Ways Twitter Will Change American Business". from http://content.time.com/time/specials/packages/article/0，28804，1901188_1901207_1901196，00.html.

8. Enyon, R., Schroeder, R., & Fry, J. (2009). New techniques in online research: Challenges for research ethics.21st Century Society，4(2)，187–199.

9. Hughes, A.L., & Palen, L. (2009). Twitter adoption and use in mass convergence and emergency events. International Journal of Emergency

Management, 6(3-4), 248-260.

10. Steve Johnson. (2009). How Twitter will change the way we live. from http://www.time.com/time/business/article/0,8599,1902604,00.html.

## 五 电子资源

1. 人民网：《2018年度人民日报·政务指数微博影响力报告》（http://yuqing.people.com.cn/NMediaFile/2019/0121/MAIN201901211335000329860253572.pdf）。
2. 界面网：《国办发文：县级以上地方政府部门应开设政务新媒体》（https://www.jiemian.com/article/2748493.html）。
3. 宴雪菲：《公共参与中的印象管理：微博名人公共影响力的实证研究》，南京大学2017年硕士学位论文。
4. 郭栋：《社交媒介法治研究：基于微博规制实践的考察》，复旦大学2014年博士学位论文。
5. 邓建国：《Web2.0时代的互联网使用行为与网民社会资本之关系考察》，复旦大学2007年博士学位论文。
6. 何玉兴：《社会群体构通平衡问题学理资源探析》，中国社会科学院2000年博士学位论文。
7. 胡泳：《中国互联网二十年：自由的向往，信任的呼唤》（https://mp.weixin.qq.com/s/iumLaTFJ-euVulRJTbgx-w）。
8. 郭一刀：《微博十年往事：商业化进击与后遗症》（http://baijiahao.baidu.com/s?id=1617618279458788139）。
9. 方宏进：《用数据复盘"和颐酒店女生遇袭"事件，弯弯背后站的到底是谁？》（http://www.tmtpost.com/1707824.html）。
10. 范承刚等：《大V近黄昏？》，《南方周末》2013年9月12日（http://www.infzm.com/content/94222）。
11. 微博数据中心：《2017微博用户发展报告》（http://data.weibo.com/report/reportDetail?id=404）。

12. 微博数据中心：《2016微博用户发展报告》（http://data.weibo.com/report/reportDetail?id=346）。

13. 邱瑞贤：《郭美美事件聚民间调查力量80后曝幕后核心》（http://www.fjsen.com/h/2011-07/14/content_5174279_2.htm）。

14. 石勇：《南风窗：微博——一种新的"社会权力"在生长》（http://www.chinadevelopmentbrief.org.cn/newsview.php?id=3814）。

# 致　　谢

　　写论文，从最初题目确定的短暂欣喜，到真正写作过程中的力不从心、缓慢推进，回想起来是一个艰难的过程。

　　写作和思考的过程，不仅是写作能力的历练，也是专业能力的检视，更是对人生的一次严肃思考。写作陷入停滞时，常常会陷入反思与自我怀疑，后来总以陈阳学姐的一句"每个人都需要安身立命"来鼓励自己。对事物的研究，本就需要不同角度的探讨。当思路顺畅的时候，享受那种酣畅淋漓的感觉；但多数时间，都是在平淡中思考，尝试着回答一个又一个的问题。

　　2012年完成的博士论文，因为个人工作和生活的调整，一直拖到了2018年才正式修订。微博也经历了高峰、低谷、重归巅峰又面临挑战的过程，时间的拉长，固然增加了博士论文修改的难度，但也可以更理性地分析它所带来的变化。

　　回首论文的写作过程：从选题的确定，到框架的组织，再到反复的修改，直至定稿、再查阅资料、完善修改，都离不开导师彭兰教授的悉心指导，从硕士论文再到博士论文，都凝聚着彭老师的辛劳。自2002年始，眨眼之间就是17年，跟随彭老师的这些年，深受彭老师为人和学术品格潜移默化的影响。彭老师认真严谨的治学态度、扎实深厚的学术功底，令我肃然起敬。生活中，彭老师随和、体贴、淡然、豁达，每一次交谈都如沐春风，总能抚平我的浮躁，启迪我的人生；学术上，彭老师通过鼓励、启发式的教育，引导我在体验中思考，在实践中进步，在诸多现象中发现问题本质，并结合相关学科理论来分析问题。当我面临困惑的时候，彭老师总能及时地答疑解惑，指点迷津。很庆幸能跟随彭老师这么长时间，其间的言传身教让我获益良多，终生难忘。

我还要感谢中国人民大学新闻学院所有给予我帮助和教诲的老师，在新闻学院前后九年的求学时光，是我人生中最充实、最美好的日子，感谢这里的每一位老师！感谢高钢教授，他在课堂上充满激情与活力，对于新媒体的研究，高屋建瓴，对我论文提出的意见，让我受益匪浅！感谢匡文波教授，匡老师为人和蔼，视野开阔，很有针对性地指出了我论文的问题所在。感谢倪宁教授、喻国明教授、陈力丹教授、蔡雯教授、杨保军教授、陈阳副教授、刘海龙教授等老师的悉心授课，老师们的授课方式和精彩内容都值得我在今后的教学中好好学习。感谢赵云泽教授在我思维停滞时给予的耐心指导。

博士阶段的学习以及15年来的工作，我得到了所在单位西北政法大学新闻传播学院的大力支持。在此非常感谢学院书记冯冬梅女士、院长孙江教授、前院长慕明春教授、王俊荣教授的关心与帮助；感谢我博士后阶段的合作导师李震教授，李老师的指导与提点让我感动；感谢学院许多同事的关心与帮助，在此一并致谢。

感谢我博士期间的同班同学们，三年的博士生活，从他们身上我学到了很多，和他们在一起，博士阶段的学习也成了一种美好的享受。

由衷感谢本书责任编辑张湉女士的严谨、认真和敬业。也感谢最初对接本书出版工作的李炳青编辑。

硕士毕业至今的15年时间，结婚、生子、读博、从事博士后阶段的研究、生二胎，每一个阶段，都离不开家人的默默付出和大力支持，感恩生活，感谢家人。

因为研究能力和时间等问题，本文难免存在不足之处，希望得到专家和读者的批评指正。网络与新媒体发展之迅速、影响领域之宽广，对其研究总觉力有不逮，唯有努力，不负韶华。

申玲玲<br>
2019 年 12 月 28 日